方 介著

韓柳新論

臺灣學生書局印行

韓柳新論　目錄

自序

一直很喜歡柳宗元，讀了又讀，寫了又寫，總忘不了他的寂寞，他的冤屈，以及他那邁越流俗的眞知卓見，而有不容已於言的衝動，想要爲他剖白，爲他申訴。就像他寫永州八記，獨獨鍾情於那不爲人知的山水而一再爲之表白一樣；閱讀柳文，探索他那受錮的靈魂，也使我深受震撼，不吐不快。時代雖然不同了，沒有所謂君王了，但，士人的升升黜黜，遇與不遇，被知與不被知，仍然是揮之不去的夢魘，此起彼落，不斷上演著相同的悲劇，令人憫然。我不是文學家，也幸而沒有太多的怨憤要吐，卻還是愛讀柳文，一頭栽進這個研究領域，竟然流連已逾二十年了。

這本論文集，收了五篇專論柳宗元的文字，都是近年所作。比諸早年撰寫碩士論文《柳宗元思想研究》，投注了更多的心血和感情，也多了幾分自信和從容，所以比較大膽地去蹤幾個旁人不曾處理的問題。例如〈聖人觀〉一文，試圖探討他一再爲文稱述的聖人，究竟是以何種形象呈現？是否寄託了他的人生理想而具有異樣的光彩？是否在儒學發展史上也有不可忽視的時代意義？〈名實觀〉一文則針對前人以其爲名家之說進行檢討，廣徵柳文爲證，謂其力主「覈名實」、「去名求實」，具有強烈的政治意義與務實傾向，應與先秦名家不同。

至於〈生死觀〉一文，則欲探討他在萬死千難的處境中，如何省思生命的價值，而與死神競走。這三篇論文在研討會上發表時，都曾因題爲某某觀，使人以爲將作純哲學的探討，而受到質疑。但我以爲，哲學家固可有其論證嚴謹的某某觀，詩人、文人、凡夫、俗子對這些問題又何嘗沒有或深或淺的看法？柳宗元不是符合現代標準的所謂哲學家，他的思想散見於各類文學作品中，雖未必以嚴謹的論證形式呈現，卻亦可謂精湛，而足以發人深省。因此，我喜歡透過文學作品探索他對這些問題的看法，更甚於鑽研那些偉大哲學家的論著。這一系列研究，雖或難以符合方家所期，卻應可以如實反映他做爲一個文學家的思想樣貌，而稍獲寬宥吧！他如〈愚者形象〉一文，是以〈愚溪詩序〉爲中心，結合其他詩、文進行研究，發現他以愚、拙自命，是要凸顯一往直前、無吝無悔、堅持到底，以「利安元元」爲職志的「愚者」精神，非僅牢騷而已。〈伊尹五就桀贊析論〉一文，則以其贊伊尹之「急生人」、「不夏商其心」，知其一生志業所在，最富民主、共和之精神。這些都是我們閱讀柳文不可忽略的重點。

相形之下，我對韓愈的喜愛是稍遜於柳的。這或許是因爲他以顯達終，比較不能引起我們對弱者的同情；也或許是因爲他強調尊君，比較不合今人講民主的胃口。但，他不顧流俗，倡爲古文，抗顏爲師，排斥佛老，爲了維護儒家道統，雖千萬人吾往矣的自信和勇氣，確也令我傾倒。特別是他的文章，氣勢渾浩流轉，佈局狡獪莫測，眞是雄奇萬變，百讀不厭。因此，我對韓文亦有深嗜，積年研究不輟。這本論文集，收了三篇專論韓愈、兩篇比論韓柳的文字，便是其中一點成果。〈聖人觀〉一文，探討韓愈「非聖人之志不敢存」的用心何在，並在儒學發展史上爲之定位。〈對禹問析義〉一文，則取《孟子·萬章篇》加以比較，指出韓、孟政治理念之歧異，並析其主旨、背景，給予評價。而〈伯夷頌析論〉一文，則就其一生行事、爲文，指出以伯夷自況之深意，並對其寫作技巧、文體歸屬加以分析。至於〈韓柳交誼與相互影響〉一文，乃以二人全集爲主，配合相關傳記資料，仔細析讀而得，論述務求詳盡有據，對於前人誤說亦有所訂補。〈韓柳對儒釋道之取捨〉則著眼於韓、柳同尊儒學而一排佛老、一主融合之取向有別，故詳析其同中之異、異中之同，以明各人思想特色與時代趨勢。這些論文或長或短，都投注了不少心血，至盼能使讀者不致空無所獲。

治學之路，難免艱苦。讀書有得，欲表而出之，時或苦於心手不能相應，總覺不能愜意，而遲遲不願出書。但，愚者千慮，亦有一得，今效野人獻曝，將此十篇論文結集成書，取便讀者參考而已，還盼方家不吝指正。

以上論文曾分別發表於《漢學研究》、《故宮學術季刊》、《國立編譯館館刊》、《中正大學中文學術年刊》、以及中國唐代學會、中正大學舉辦之學術研討會中。其中，〈韓愈的聖人觀〉、〈韓愈對禹問析義〉、〈韓愈伯夷頌析論〉、〈柳宗元的聖人觀〉、〈柳宗元的名實觀〉、〈柳宗元伊尹五就桀贊析論〉等六篇曾獲國科會甲種研究獎助六次，謹此誌謝。

方　介

一九九九年三月
謹識於中正大學

韓愈的聖人觀

一、前　言

中唐時代，韓愈提倡古文，不僅是要從事文學上的改革，而且企圖復興儒學，抵排佛、老。因此，他說：

> 愈之所志於古者，不惟其辭之好，好其道焉爾。❶
>
> 其業則讀書著文，歌頌堯、舜之道。……其所讀皆聖人之書，楊、墨、釋、老之學無所入於其心，其所著皆約六經之旨而成文。❷

可見，在他讀書、著文之時，儒家聖人之道時時縈繞在心，所謂「非聖人之志不敢存」❸，正是我們研究韓文，必須特別重視的問題。

---

❶ 馬其昶《韓昌黎文集校注》（世界書局本，以下簡稱《韓昌黎集》）卷三，頁一〇二〈答李秀才書〉。

❷ 《韓昌黎集》卷三，頁九〇，〈上宰相書〉。

❸ 同上，頁九九，〈答李翊書〉。

過去有許多學者針對韓愈的道統觀、人性觀、天命觀、政治觀，做了相當廣泛的論述。這些論述事實上已從不同的角度呈現了韓愈聖人觀的一部分❹。但是，由於論述的重點不同，所以未必能使讀者留心於「聖人之志」的探索。至於在韓愈心目中，聖人何以爲聖？聖人可否學而至？以及如何學爲聖賢？均爲儒家成聖之學的核心問題，迄今爲止，卻罕有學者加以論述。因此，本文擬就韓愈的聖人觀做一比較完整的論述。

二、韓愈聖人觀的要旨

韓愈的聖人觀可分六節加以探討：

(一)聖人尊天命、敬鬼神

「天」的觀念在中國起源很早。先民認爲，上天具有無上的權威，創生萬物，主宰一切，人秉天命而生，應當遵循天意，代天行道。這種「天命」思想根深蒂固，在相當程度上，支配了「聖人」觀念的發展。因此，昔賢多以聖人爲天授，把聖人視爲上天降生在人間的代言人。孔子說：「君子有三畏：畏天命，畏大人，畏聖人之言。」❺便反映了這種天命觀與聖

❹ 散見於各種中國哲學史、思想史的論著，或是韓愈研究的專書、論文之中，多不勝舉。

❺ 《論語・季氏第十六》（藝文印書館十三經注疏本），頁一四九。

人觀。他的學生子貢視孔子爲「天縱之將聖」；❻而儀封人也說：「天將以夫子爲木鐸」❼，可見，在他們的心目中，孔子便是天所降生的聖人，能以其天賦才德來實現天所交付的使命。孔子雖然不敢自居爲仁、聖❽，然而，他自稱「五十而知天命」❾，並且一再強調：

> 天生德於予，桓魋其如予何？❿
>
> 文王既沒，文不在茲乎？天之將喪斯文也，後死者不得與於斯文也；天之未喪斯文也，匡人其如予何？⓫

他認爲自己秉受了天賦的德行，承擔了天賦的使命，將繼文王之後，振興斯文。因此，雖遭困厄，亦能泰然處之。這種尊天知命的思想，後爲孟子所繼承，故曰：

> 五百年必有王者興，其間必有名世者。由周而來，七百有餘歲矣。以其數則過矣；以其時考之，則可矣。夫天未欲平治天下也；如欲平治天下，當今之世，舍我其誰也？吾何爲不豫哉？⓬

❻《論語・子罕第九》，頁七八。
❼《論語・八佾第三》，頁三一。
❽《論語・述而第七》，頁六五。
❾《論語・爲政第二》，頁十六。
❿《論語・述而第七》，頁六三。
⓫同註六，頁七七。
⓬《孟子・公孫丑下》（藝文印書館十三經注疏本），頁八五。

孟子自認能承天命之所託，做個名傳於世的豪傑，以輔佐聖王平治天下。這種樂天知命，「舍我其誰」的氣度，實與孔子一脈相承。

韓愈上承孔、孟，也具有尊天知命的思想。因此，當張籍勸他著書以闢佛、老時，他說：

夫子聖人也，……猶且絕糧於陳，畏於匡，……其道雖尊，其窮也亦甚矣。……自文王沒，武王、周公、成、康相與守之，禮樂皆在，及乎夫子未久也；自夫子及乎孟子未久也；自孟子及乎揚雄亦未久也；然猶其勤若此，其困若此，而後能有所立。吾豈可易而為之哉？……今吾之得吾志，失吾志，未可知；待五六十為之未失也。天不欲使茲人有知乎？則吾之命不可期；如使茲人有知乎？非我其誰哉？其行道，其為書，其化今，其傳後，必有在矣。吾子其何遽戚戚於吾所為哉？⑬

從孔、孟、揚雄所遭遇的困厄，便可了解，要維護聖人之道是何等不易。然而，韓愈也如同孔、孟一般，堅信自己負有天賦的傳道使命，因此，儘管佛、老熾盛，排之不易，卻仍挺身而前，以道自任。

他曾作〈爭臣論〉，諷勸陽城善盡諫議大夫的言責，而論及所謂「聖賢」，曰：

自古聖人賢士皆非有求於聞用也，閔其時之不平，人之不乂，得其道，不敢獨善其身，

---

⑬《韓昌黎集》卷二，頁七八至七九，〈重答張籍書〉。

> 而必以兼濟天下也。孜孜矻矻，死而後已。故禹過家門不入，孔席不暇暖，而墨突不得黔。彼二聖一賢者，豈不知自安佚之爲樂哉？誠畏天命而悲人窮也。夫天授人以賢聖才能，豈使自有餘而已？誠欲以補其不足者也。耳目之於身也，耳司聞而目司見，聽其是非，視其險易，然後身得安焉。聖賢者，時人之耳目也；時人者，聖賢之身也。且陽子之不賢，則將役於賢，以奉其上矣；若果賢，則固畏天命而閔人窮也，惡得以自暇逸乎哉？[14]

韓愈認爲，上天授人以賢聖才能，是要使之成爲衆人的耳目，藉著耳目「聽其是非」、「視其險易」，便可確保身體的安寧。因此，大凡具有賢聖才能者，都不敢自求安逸，獨善其身，而必以兼濟天下爲己任。大禹治水，三過家門而不入；孔子、墨子奔走道途，棲棲遑遑，就是因爲秉承了天授的才能，固當「畏天命而悲人窮」，所以不暇自安。

在〈原人〉一文中，他說：

> 形於上者，謂之天；形於下者，謂之地；命於其兩間者，謂之人。形於上，日月星辰皆天也；形於下，草木山川皆地也；命於其兩間，夷狄禽獸皆人也。……天者，日月星辰之主也；地者，草木山川之主也；人者，夷狄禽獸之主也。主而暴之，不得其爲主之道矣！是故聖人一視而同仁，篤近而舉遠。[15]

---

[14] 同上，頁六四至六五，〈爭臣論〉。

[15] 同上，卷一，頁十五。

所謂「命於其兩間」，即指人受命於天地之間。韓愈認爲，人既受命爲夷狄禽獸之主，便須以人道治之。因此，聖人「一視而同仁」、「篤近而舉遠」，便是善盡人道以完成天命。

綜合以上所述，便可了解，韓愈心目中的聖人，秉承了天授的才能、天賦的使命，咸能尊天知命，善盡人道，以兼濟天下。這樣的天命思想，不僅能使聖賢豪傑產生以道自任的勇氣，而且展現了不憂不懼的仁者風範，顯然得自於孔、孟之傳。

但是，値得注意的是，孔子雖然尊信天命，卻主張「敬鬼神而遠之」⑯。他稱讚大禹「菲飲食而致孝乎鬼神」⑰，又說：「祭如在，祭神如神在……吾不與祭，如不祭。」⑱，都可說是「敬鬼神」的表現。但是，《論語》又載：

王孫賈問曰：「與其媚於奧，寧媚於竈，何謂也？」子曰：「不然！獲罪於天，無所禱也。」⑲

子疾，病，子路請禱。子曰：「有諸？」子路對曰：「有之。誄曰：禱爾于上下神祇。」子曰：「丘之禱久矣。」⑳

---

⑯《論語・雍也第六》，頁五四。

⑰《論語・泰伯第八》，頁七三。

⑱《論語・八佾第三》，頁二八。

⑲同上。

⑳《論語・述而第七》，頁六五。

孔子認爲，一個人如果行爲不正而得罪於天，無論如何諂媚鬼神，都不會有用。反之，如果平日言行端正，無違於天，那更無須向鬼神祈禱求福，而寧可做個知命君子。可見，無論在何種情況之下，他都不願諂媚鬼神求福。這就是所謂「敬鬼神而遠之」。

然而，韓愈卻說：

> 儒譏墨以上同、兼愛、上賢、明鬼。……孔子祭如在，譏祭如不祭者曰：「我祭則受福」，不明鬼哉？㉑

墨子主張「上尊天，中事鬼神，下愛人」㉒，認爲天子應當順從天志，兼愛天下，臣、民也當上同於天子，兼相利，交相愛，否則就會遭到鬼神的懲罰。〈明鬼篇〉說：「今若使天下之人，偕若信鬼神之能賞賢而罰暴也，則夫天下豈亂哉？」㉓可見，墨子有意藉著鬼神賞賢罰暴的觀念，來防止天下生亂。這種鬼神觀念，在韓愈看來，似與孔子相近，因此他說，孔子強調「祭如在」、「祭則受福」，就是相信鬼神可以降福。其實，孔子所重視的，乃是祭祀時的誠敬。而所謂「祭則受福」，語出儒家後學所編的《禮記・禮器篇》，未必符合孔子不願諂事鬼神求福的精神。韓愈卻據以謂孔、墨鬼神觀念相近，可見他對其中差異未能清楚

㉑《韓昌黎集》卷一，頁二二，〈讀墨子〉。

㉒《墨子・天志上》頁一七七（孫詒讓《墨子閒詁》，北京中華書局點校本）

㉓《墨子・明鬼下》，頁二〇一。

分辨。他在〈原鬼〉中指出：

漠然無形與聲者，鬼之常也。民有忤於天，有違於民，有爽於物，逆於倫而感於氣，於是乎鬼有形於形，有憑於聲以應之，而下殃禍焉，皆民之爲之也。㉔

他認爲人若違反天意，悖逆倫常，就會產生感應作用，使鬼一反常態而出現，並且降下殃禍做爲懲罰。因此，要想不爲鬼神所禍，就須注意自己的行爲。〈與孟尚書書〉曰：

孔子云：「丘之禱久矣。」凡君子行己立身自有法度，聖賢事業具在方冊，可效可師。仰不愧天，俯不愧人，內不愧心，積善積惡，殃慶自各以其類至。何有去聖人之道，捨先王之法，而從夷狄之教以求福利也？假如釋氏能與人爲禍祟，非守道君子之所懼也。況萬萬無此理。……天地神祇昭布森列，非可誣也，又肯令其鬼行胸臆，作威福於其間哉？㉕

可見，他之所以強調「積善積惡，殃慶自各以其類至」的鬼神觀念，旨在效法聖賢，做個行己有道、俯仰無愧的君子。這種態度，基本上，仍是承襲孔子。孔子曰：「非其鬼而祭之，諂也。」㉖韓愈不願事奉夷狄之佛以求福利，就是基於此種觀念。但是，孔子不語怪、力、

㉔《韓昌黎集》卷一，頁十六。
㉕同上，卷三，頁一二五。
㉖《論語·爲政第二》，頁二〇。

亂、神，㉗「敬鬼神而遠之」，臨死亦不禱神求福；韓愈則作〈原鬼〉，強調鬼神能夠賞善罰惡，遇事亦或拜神求福，例如〈黃陵廟碑〉云：

> 湘旁有廟曰黃陵，……今之渡湖江者，莫敢不進禮廟下。元和十四年春，余以言事得罪，黜爲潮州刺史，……癘毒所聚，懼不得脫死，過廟而禱之。㉘

可見，他不僅敬畏鬼神，而且禱以求福。這種態度便與孔子相異了。

(二)聖人具有上品之性

在傳統的人性論中，聖人之性與常人之性有無不同？人性是善？是惡？抑或有善有惡？一直是學者們爭論不休的重要問題。孔子未曾明言性之善惡，只說：「性相近也，習相遠也。」㉙似謂人性並非完全相同，而是大體相近，只因後天習染不同，方纔相去漸遠。他說：

> 生而知之者，上也；學而知之者，次也；困而學之，又其次也；困而不學，民斯爲下矣。㉚

㉗《論語·述而第七》，頁六三。
㉘《韓昌黎集》卷七，頁二八六至二八七。
㉙《論語·陽貨第十七》，頁一五四。
㉚《論語·季氏第十六》，頁一四九。

中人以上，可以語上；中人以下，不可以語上也。❸❶

唯上智與下愚不移。❸❷

據此似可推知，孔子把人分成三等：生而知之者，可謂上智；困而不學者，即是下愚；學而知之與困而學之者，則可謂之中人。中人可以因爲學習而遷移向上；下愚之人困而不學，所以不移；上智之人，生而知之，善惡是非了然於胸，不致移而從惡。因此，後儒論性，亦往往將人分爲上、中、下三等。例如漢儒董仲舒曰：

名性不以上，不以下，以其中名之。❸❸

聖人之性，不可以名性；斗筲之性，又不可以名性。名性者，中民之性。……待漸于教訓而後能爲善。❸❹

王充亦曰：

余固以孟軻言人性善者，中人以上者也；孫卿言人性惡者，中人以下者也；揚雄言人性善惡混者，中人也。❸❺

---

❸❶《論語·雍也第六》，頁五四。

❸❷同❷❾。

❸❸《春秋繁露·深察名號第三十五》，卷十，頁二〇九，蘇輿《春秋繁露義證》。（河洛圖書出版社）

❸❹《春秋繁露·實性第三十六》，卷十，頁二一七。

❸❺《論衡·本性篇》，頁六七（劉盼遂《論衡集解》，世界書局）。

董、王二儒論性，均將人分三等，這種觀點後爲韓愈所繼承。他在〈原性〉中指出：

> 孟子之言性曰：「人之性善」；荀子之言性曰：「人之性惡」；揚子之言性曰：「人之性善惡混」。夫始善而進惡，與始惡而進善，與始也混而今也善惡，皆舉其中而遺其上下者也，得其一而失其二者也。叔魚之生也，其母視之，知其必以賄死；楊食我之生也，叔向之母聞其號也，知必滅其宗；越椒之生也，子文以爲大戚，知若敖氏之鬼不食也；人之性果善乎？后稷之生也，其母無災，其始匍匐也，則岐岐然，嶷嶷然；文王之在母也，母不憂，既生也，傅不勤，既學也，師不煩；人之性果惡乎？堯之朱，舜之均，文王之管、蔡，習非不善也，而卒爲姦；瞽叟之舜，鯀之禹，習非不惡也，而卒爲聖；人之性善惡果混乎？故曰：三子之言性也，舉其中而遺其上下者也，得其一而失其二者也。[36]

孟子認爲，人之性善，人人皆有仁義禮智四端，只要擴而充之，便可爲聖。[37]荀子則認爲，人之性惡，然而，聖人可以「積思慮，習僞故，以生禮義而起法度」[38]。塗之人若能「積善而全盡」[39]，亦可成聖。揚雄則認爲，人性之中兼有善惡，「修其善，則爲善人；修其惡，

[36] 《韓昌黎集》卷一，頁十二至十三。

[37] 《孟子．告子上》，頁一九五，曰：「仁、義、禮、智非由外鑠我也，我固有之也」頁一九六，曰：「聖人與我同類……聖人先得我心之所同然耳。」皆其證。

[38] 《荀子．性惡》，頁四三七（王先謙《荀子集解》，北京中華書局）。

[39] 《荀子．儒效》曰：「塗之人百姓，積善而全盡謂之聖人。」，頁一四四。

則爲惡人。」❹⓪這三種性論，在韓愈看來，都是以偏概全，因此，他採取王充的說法，舉出若干例證加以反駁。他認爲，叔魚、楊食我、越椒，都是一生下來，就註定了爲惡取禍的下場，可見，人之性未必皆善。后稷、文王則由娘胎到出生，便顯露了善良的天性，所以成爲聖人。可見人之性未必皆惡。至於堯、舜、文王都是聖人，而其子弟朱、均、管、蔡，在賢父兄的習染之下，卻不免爲姦人；瞽叟和鯀皆可謂惡，而其子舜、禹，在如此惡劣的習染之下，卻都成爲聖人。可見，人性未必皆是善惡相混，否則，何以習善而爲惡？習惡而爲善？因此，他認爲，天生人性便有三品，不可一概而論。〈原性〉曰：

性也者，與生俱生也；情也者，接於物而生也。……性之品有上、中、下三。上焉者，善焉而已矣；中焉者，可導而上下也；下焉者，惡焉而已矣。其所以爲性者五：曰仁、曰禮、曰信、曰義、曰智。上焉者之於五也，主於一而行於四；中焉者之於五也，一不少有焉，則少反焉，其於四也混；下焉者之於五也，反於一而悖於四。性之於情視其品。情之品有上、中、下三，其所以爲情者七：曰喜、曰怒、曰哀、曰懼、曰愛、曰惡、曰欲。上焉者之於七也，動而處其中；中焉者之於七也，有所甚，有所亡，然而求合其中者也；下焉者之於七也，亡與甚，直情而行者也。情之於性視其品。❹①

❹⓪《法言·修身第三》，頁八四（汪榮寶《法言義疏》，北京中華書局點校本）。

❹①《韓昌黎集》卷一，頁十二。

韓愈認爲，「性」是與生俱來的本質，「情」是接觸外界事物而產生的反應。因此，性與情具有相互對應的關係。構成「性」的要素是仁、禮、信、義、智五常；構成「情」的要素則是喜、怒、哀、懼、愛、惡、欲七情。具上品之性者天生具備五常，能以一德爲主，而兼通四德，故其性爲善，當他發爲七情之時，「動而處其中」。具中品之性者對於五常，不是略欠一德，就是稍有違背，但仍或多或少具備其他四德，故可導而上下，當他發爲七情之時，雖或有過有不及，卻可予以教導，以求適中。具下品之性者則不僅違反一德，也違悖其餘四德，故其性爲惡，只知放縱情欲。這三種品級，在韓愈看來，皆是與生俱來，難以改變，因此，他說：

> 上之性就學而愈明，下之性畏威而寡罪，是故上者可教，而下者可制也，其品則孔子謂不移也。[42]

韓愈認爲，生來具有上之性者可以藉著後天的學習而發明其善，生來具有下之性者可以因著威刑的管制而減少罪行，但是，上、下品級卻是永遠不變。這種嚴格畫分品級的人性觀念，在相當程度上，限制了學爲聖賢的可能性。特別是具有下品之性者，可制而不可教，自是永無成聖的可能。這就與孟、荀主張人皆可以爲聖的理念有所不同。至於后稷、文王、堯、舜、禹之所以能爲聖人，在韓愈筆下，亦以生來具備上品之性爲先決條件。故雖「就學而愈明」，

---

42 同上，頁十三。

不就學亦已明。如后稷「始匍匐也，則岐岐然，嶷嶷然」，便是顯例。而舜、禹處於惡劣習染之下，未受良好教育，不致變壞，反成聖人，亦端賴天性。可見，後天的學習能使「聖益聖」，而不能使聖爲惡。聖人受命於天，具有上品之性，終必成爲聖人。[43]

韓愈的人性論，看似接近董仲舒與王充，其實仍有差異。以性的品級而言，董仲舒認爲，「中民之性」必待聖人教化，而後能爲善；「斗筲之性」無法教化，不可以名性；「聖人之性」不待教化，亦不可以名性。可見，所謂「聖人之性」與「斗筲之性」都屬於不移的品級。韓愈謂上、下之性品級不移，與董仲舒同。但是，董仲舒所謂「聖人」指王者，所謂「中民」與「斗筲」亦就社會階級畫分；韓愈所謂下之性，卻未必皆就「斗筲」階級而言，例如叔魚、楊食我等人，皆屬士大夫階層，卻具下品之性。可見，董、韓分品依據，並不一致。至於王充則曰：「稟氣有厚泊，故性有善惡也。」[44]「人之性，善可變爲惡，惡可變爲善。……今夫性惡之人，……教導以學，漸漬以德，亦將日有仁義之操，……亦在于教，不獨在性也。」[45]可見，王充雖把人性分爲三等，但是，他從氣稟論性，認爲性善之人可變爲惡；性惡之人亦可經由教導而變爲善。韓愈卻認爲上、下二品永遠不移，故與王充不同。

再就性、情關係而言，董仲舒曰：

---

[43] 同上，頁二四，〈師說〉。

[44] 《論衡・率性》，頁三八。

[45] 《論衡・率性》，頁三四至三七。

> 天兩有陰、陽之施，身亦兩有貪、仁之性。……天地之所生，謂之性情，性情相與爲一瞑，情亦性也。謂性已善，奈其情何？故聖人莫謂性善，累其名也。身之有性、情也，若天之有陰、陽也。[46]

這是以性爲陽、爲仁，而以情爲陰、爲貪。因爲情也是性的一部分，所以不說人之性善，而說「身兩有貪、仁之性」。王充則曰：

> 董仲舒……作情性之說曰：「……性生於陽，情生於陰。陰氣鄙、陽氣仁。……」夫人性情同生於陰、陽，其生於陰陽，有渥有泊。玉生於石，有純有駁，情性於陰陽，安能純善？仲舒之言未能得實。[47]

王充認爲，性、情同生於陰、陽，有厚有薄，不能以性爲陽、情爲陰，也不能謂情性爲純善，而必有純有駁。因此，他不贊同董仲舒的說法。韓愈則認爲，性是「與生俱生」，情是「接於物而生」，性與情具有相互對應的關係，所以，有上品之性者，其情「動而處其中」；有中品之性者，其情有過有不及，而「求合其中」；皆不可謂惡。可見，他也未取董仲舒以情爲惡的觀點。

《中庸》曰：「喜、怒、哀、樂之未發，謂之中；發而皆中節，謂之和」[48]，韓愈認爲

---

[46] 《春秋繁露・深察名號》，頁二〇七。

[47] 《論衡・本性》，頁六五。

[48] 《中庸章句》首章，頁一八，（採用朱熹《四書章句集注》，北京中華書局點校本）

有上品之性者，其情「動而處其中」，實與《中庸》思想一致。但是，他的弟子李翺據《中庸》作〈復性書〉卻受佛教影響，而主張滅情以復性㊾。因此，韓愈在〈原性〉篇末指出：

> 今之言性者異於此，何也？曰：今之言者，雜佛、老而言也；雜佛、老而言也者，奚言而不異？㊿

佛家把情欲視爲無明、煩惱的根源，認爲要明心見性，就必須消滅情欲。道家也主張「去情」、「無情」，要求清心寡欲。因此，韓愈在〈原性〉篇特別強調性情具有相互對應的關係，七情的發動，只須「求合其中」，而無須滅情。在他看來，聖人乃是有情而「博愛」的，這種性情觀點，就對抗佛、老而言，自有其特殊的時代意義。

宋儒朱熹曾經指出：

> 韓子說：「所以爲性者五，而今之言性者，皆雜佛、老而言之，所以不能不異。」在

㊾〈復性書〉上篇曰：「人之所以爲聖人者，性也；人之所以惑其性者，情也。喜、怒、哀、懼、愛、惡、欲七者，皆情之所爲也。情既昏，性斯匿矣，非性之過也。七者循環而交來，故性不能充也。……情不作，性斯充矣。」（《李文公集》，頁一〇七八—一〇六臺灣商務印書館文淵閣四庫全書）中篇曰：「情者，妄也，邪也。邪與妄則無所因矣，妄情滅息，本性清明。……所以謂之能復其性也。」（頁一〇七八—一一〇）可見，李翺主張滅情以復性。這種觀念受到佛學影響，古今學者多有論及。大抵而言，他所說的「性」近於佛教所謂的「佛性」；而他所謂的「情」，亦似佛教所謂的「無明」。

㊿《韓昌黎集》卷一，頁十三。

諸子中最爲近理。蓋如吾儒之言，則性之本體，便只是仁、義、禮、智之實。如老、佛之言，則先有個虛空底性，後方旋生此四者出來。[51]退之說性，只將仁、義、禮、智來說，便是識見高處。如論三品亦是。但以某觀人之性，豈獨三品？須有百千萬品。退之所論，卻少了「氣」字。[52]

宋儒論性，多強調有義理之性，有氣質之性。因此，朱熹稱許韓愈以仁、義、禮、智說性，能夠掌握性之本體，以實實在在的義理之性，來針砭佛、老言性虛空之病。至於韓愈以三品論性，在朱熹看來，可以分爲百千萬品，因爲，這就是所謂「氣質之性」，原本因人而異。韓愈論「性」，沒有提出「氣」字，但是，他以仁、禮、信、義、智爲性所本有，又論性有三品，正好同時論及義理之性與氣質之性，對於宋儒當亦有所啓發。

(三)聖人無過

韓愈認爲，聖人之所以爲聖，出於天授。而天所授予聖人者，除了全備的才能以外，還有完美的德性。因此，他說：

夫聖人抱誠明之正性，根中庸之至德，苟發諸中，形諸外者，不由思慮，莫匪規矩，

---

[51] 《朱文公文集》卷六十一，〈答林德久〉（引自吳文治《韓愈資料彙編》，頁四〇一，學海出版社）

[52] 《朱子語類》卷一三七，（引自《韓愈資料彙編》頁四一五）。

不善之心無自入焉，可擇之行無自加焉。故惟聖人無過。53

《中庸》說：「天命之謂性」54，又說：「自誠明，謂之性」55，「誠者，不勉而中，不思而得，從容中道，聖人也。」56韓愈乃據以謂，聖人天生便具有誠明之正性，可以自誠而明，使其本性所具有的中庸之德，自然而然地朗現於外，因此，聖人不須經由思慮，便能保持內在心境與外在言行的完美無過。

這種「無過」的境界，看似全由聖人所稟具的天性所造成，絲毫不須修養工夫。其實，要達到此種境界，仍須透過學習、修養的工夫。以孔子而言，直至七十歲，始能「從心所欲不踰矩」57。在此之前，也不免有過。因此，他說：「加我數年，五十以學易，可以無大過矣！」58又說：「德之不脩，學之不講，聞義不能徙，不善不能改，是吾憂也。」59可見，孔子之所以能於七十歲時達到無過的境界，是憑藉著好學不倦的工夫。他曾稱讚弟子顏回

53 《韓昌黎集》卷二，頁七二，〈顏子不貳過論〉。
54 《中庸章句》首章，頁一七。
55 《中庸章句》第二十一章，頁三二。
56 《中庸章句》第二十章，頁三一。
57 《論語・爲政第二》，頁一六。
58 《論語・述而第七》，頁六二。
59 《論語・述而第七》，頁六〇。

「好學，不遷怒，不貳過」[60]。這種「不貳過」的工夫，正是通向至聖之域所必奉行的修養工夫。因此，韓愈特爲申論曰：

> 所謂過者，非謂發於行，彰於言，人皆謂之過而後爲過也；生于其心則爲過矣。故顏子之過此類也。不貳者，蓋能止之于始萌，絕之於未形，不貳之於言行也。《中庸》曰：「自誠明謂之性，自明誠謂之教。」自誠明者，「不勉而中，不思而得，從容中道，聖人也」；無過者也。自明誠者，「擇善而固執之者也」；不勉則不中，不思則不得，不貳過者也。故夫子之言曰：「回之爲人也，擇乎中庸，得一善，則拳拳服膺而不失之矣。」又曰：「顏氏之子其殆庶幾乎！」言猶未至也。而孟子亦云：顏子具聖人之體而微者。皆謂不能無生于其心，而亦不暴之於外，考之於聖人之道，差爲過耳。[61]

韓愈特別強調，所謂「過」，是就「生于其心」而言。所謂「不貳」，也必須在心上做工夫。只要邪念一開始萌芽，便立刻制止禁絕，使它消失，而不讓它盤據心頭，更不讓它表現於外，造成言行上的過失。這就是所謂「自明誠」，由明善而誠身，必須先在心上做省察、克己的工夫，才能擇善去惡，拳拳服膺而不失。如果未至聖之人境，便欲「不勉」、「不思」，那

60 《論語·雍也第六》，頁五一。

61 《韓昌黎集》卷二，頁七二，〈顏子不貳過論〉。

就難免有「過」。顏回自知去聖一間，不敢「不勉」，不敢「不思」，故雖「不能無生于其心」，卻可「不暴之於外」。他對聖人之道的追求，可以說是不遺餘力，死而後已。韓愈稱讚他說：

> 顏子自惟其若是也，於是居陋巷以致其誠，飲一瓢以求其志，不以富貴妨其道，不以隱約易其心。確乎不拔，浩然自守，知高堅之可尚，忘鑽仰之為勞，任重道遠，竟莫之致。是以夫子歎其不幸短命，今也則亡，謂其不能與己並立於至聖之域，觀教化之大行也。不然，夫行發於身加於人，言發乎邇見乎遠，苟不慎也，敗辱隨之，而後思欲不貳過，其於聖人之道不亦遠乎？而夫子尚肯謂之其殆庶幾，孟子尚復謂之具體而微者哉？則顏子之不貳過，盡在是矣。[62]

顏回並不以「不貳過」為已足，為了追求內聖的境界，做到「無過」於心，他在陋巷之中，一簞食、一瓢飲，過著非常貧苦的日子，卻還是安貧樂道，不斷地「致其誠」、「求其志」。可惜不幸短命而死，故終未能與孔子並立於至聖之域。但是，他的「不貳過」卻已遠遠超過一般人，而幾達聖境，故為孔、孟所稱許。

韓愈認為，一般人都是在言行不慎，招致敗辱的情況下，方才思欲「不貳過」，這種「不貳過」未免太過粗疏，永遠難臻聖境。因此，他特別強調要在心上做工夫，而且特別標

[62] 同上。

舉《中庸》的「誠」字，做爲通向至聖之域的不二法門。在這樣的詮釋之下，所謂「不貳過」，便有了全新的意義，而開啓了注重心性修養的內聖之學。此後，程伊川作〈顏子所好何學論〉，稱顏子「有不善未嘗不知，知之未嘗復行」爲「不貳過」[63]，便是上承韓愈之論。

韓愈對於內聖之學的重視，又見於〈答侯生問論語書〉：

> 聖人踐形之說，孟子詳於其書，當終始究之。若「萬物皆備於我，反身而誠」是也。苟有僞焉，則萬物不備矣。……足下謂賢者不能踐形，非也。賢者非不能踐形，能而不備耳。形言其備也，所謂具體而微是也。「充實之謂美，充實而有光輝之謂大。」充實則具體，未大則微，故或去聖一間，或得其一體，皆踐形而未備者。唯反身而誠，則能踐形之備者耳。[64]

孟子說：「形色，天性也，惟聖人然後可以踐形。」趙岐注曰：「形謂君子體貌尊嚴，……色謂婦人妖麗之容，……此皆天假施於人也。……聖人內外文明然後能以正道履居此美形。」[65]韓愈顯然並未採取其說，而主張從《孟子》書中求解。他認爲，孟子說：「萬物皆備於我，

---

[63] 程伊川〈顏子所好何學論〉曰：「故顏子所事，則曰『非禮勿視，非禮勿聽，非禮勿言，非禮勿動。』仲尼稱之，則曰『得一善，則拳拳服膺而弗失之矣』又曰：『不遷怒，不貳過，有不善未嘗不知，知之未嘗復行也。』此其好之篤，學之之道也。」《二程集‧河南程氏文集》卷八，頁五七七，北京中華書局。

[64] 《韓昌黎集》遺文，頁二四一。

[65] 《孟子‧盡心上》，頁二四一。

反身而誠」[66]，便足以說明聖人踐形之道。又認爲，賢者雖能踐形，而猶未備，故可謂「具體而微」[67]，「充實」而「未大」[68]。這樣解釋「踐形」之說，便能凸顯「反身而誠」的工夫是極爲重要的。

孟子認爲，仁、義、禮、智四端爲人心所固有，「求則得之，舍則失之」[69]，故須「反求諸己」[70]，擴而充之。擴充到底，便能盡心、知性、知天[71]，故曰：「萬物皆備於我，反身而誠」，又說：「君子所性，仁、義、禮、智根於心，其生色也，睟然見於面，盎於背，施於四體，四體不言而喻。」[72]可見，若能「反身而誠」，把四端擴充至盡，而施於四體，便能「踐形」。這種由內而外的致聖工夫，已爲韓愈所注意，只是立論未造精微，故亦有待宋儒去發揮。

綜上所述，便可了解，韓愈心目中的聖人，具有誠明之正性，中庸之至德，故能「無

---

[66] 《孟子・盡心上》，頁二二九。

[67] 《孟子・公孫丑上》曰：「昔者竊聞之子夏、子游、子張皆有聖人之體。冉牛、閔子、顏淵則具體而微。」，頁五五。

[68] 《孟子・盡心下》，頁二五四，曰：「可欲之謂善，有諸己之謂信，充實而有光輝之謂大，大而化之之謂聖。」

[69] 《孟子・告子上》，頁一九五。

[70] 《孟子・公孫丑上》，頁六六。

[71] 《孟子・盡心上》，頁二二八。

[72] 《孟子・盡心上》，頁二三三。

過」，能「踐形」，達到至爲完美的境界。賢者欲達至聖之域，必須好學不倦，在心上做工夫，自明而誠，以求「不貳過」、能「踐形」。但是，賢如顏子，儘管好學不倦，卻因不得天年，而終未至聖境。可見，能否成爲聖人，並非全憑好學工大，而猶有待於天命。

(四)聖人博愛

「博愛」一詞不見於《論語》，然而，孔子教人「汎愛衆而親仁」[73]，又以「博施濟衆」爲聖[74]。當樊遲問仁時，他說：「愛人」[75]，可見，孔子早以「愛人」爲仁，且具有「汎愛」、「博施」的觀念。後代儒者以「博愛」爲仁，實可溯源於孔子。

孔子之後，《孝經》曰：「先王見教之可以化民也，是故先之以博愛。」[76]已用「博愛」一詞言先王教化。漢儒董仲舒亦喜言「博愛」，他說：「聖人之道，不能獨以威勢成政，必有教化。故曰：先之以博愛，教之以仁也。」[77]又曰：「忠信而博愛，……此聖人之善也。」[78]可見，他很強調聖王治天下，須以「博愛」爲先，與《孝經》同。此後，學者屢言「博愛」，

---

73 《論語·學而第一》，頁七。
74 《論語·雍也第六》，頁五五。
75 《論語·顏淵第十二》，頁一一〇。
76 《孝經·三才第七》，頁二八，藝文印書館十三經注疏本。
77 《春秋繁露·爲人者天地篇》，頁二二四。
78 《春秋繁露·深察名號篇》，頁二一二。

如漢末徐幹《中論》曰：「君子仁以博愛。」[79]三國韋昭注《國語》曰：「博愛於人為仁。」[80]皆其例[81]。

特別值得注意的是，梁皇侃《論語義疏》曰：「五常謂仁、義、禮、智、信也。……人稟此五常而生，則備有仁、義、禮、智、信之性也。人有博愛之德謂之仁，……。」[82]可見，韓愈〈原性〉謂「所以為性者五：曰仁、曰禮、曰信、曰義、曰智。」以及〈原道〉曰：「博愛之謂仁」[83]，皆承前人舊說，可以反映傳統儒學的觀點。

韓愈認為，天生大聖，授予全備的才能與德性，是要使之作君、作師，以教化百姓，生養萬民，因此，〈原道〉一文特別強調「博愛之謂仁」，〈原人〉也說：「人為夷狄禽獸之主，……聖人一視而同仁，篤近而舉遠。」[84]皆謂聖人博愛。至於〈讀墨子〉說：「孔子泛

[79] 《中論・智行》，頁二一。（上海古籍出版社，諸子百家叢書本）

[80] 案韋氏以此語注《國語・卷三・周語下》：「言仁必及人」。（見九思出版社《國語》點校本，頁九五）

[81] 陳榮捷《王陽明與禪》，頁十，〈仁的概念之開展與歐美之詮釋〉曰：「博愛一詞首見於國語周語下注。……孝經亦用之。復見於徐幹中論。」韋政通《中國哲學辭典》，頁六一九，則謂：「博愛」的觀念在西漢時代就已經有了。本文依據陳、韋所引古書例證，略作補充，並按時代先後，重新考察「博愛」一詞的出現，應以《孝經》較早。

[82] 案皇疏見於《論語・為政第二》「子張問十世可知也」章（鼎文書局《古經解彙函》本，第四冊，頁一八六四）。

[83] 《韓昌黎集》卷一，頁七。

[84] 同上，頁十五。

愛親仁，以博施濟眾爲聖，不兼愛哉？」[85]則以儒家「博愛」與墨家「兼愛」並提，以爲相去不遠。可見，韓愈雖然推崇孟子闢楊、墨，卻仍依據儒家「博愛」的觀點，包容了墨家「兼愛」的主張。孟子說：「墨子兼愛，摩頂放踵，利天下爲之。」[86]韓愈所取於墨者，正在於此，故〈爭臣論〉曰：「孔席不暇暖，而墨突不得黔」，亦是孔、墨並稱。至於孟子批評墨子兼愛是無父、是禽獸[87]，乃就其愛無差等而言。韓愈則以「一視而同仁」、「篤近而舉遠」連言，可見，他所主張的博愛，仍有親疏遠近之別，實與墨子兼愛無別之思想有所不同。

傳統儒學謂先王教化以博愛爲先，而所謂「博愛」，就具體表現於生養萬民，兼善天下。《易・繫辭》說：

> 古者庖犧氏之王天下也。……作結繩而爲罔罟。……神農氏作，斲木爲耜，揉木爲耒，……以教天下。……日中爲市，致天下之民。……黃帝堯舜垂衣裳而天下治。……上古穴居而野處，後世聖人易之以宮室。……古之葬者，厚衣之以薪，葬之中野，……後世聖人易之以棺槨。[88]

---

[85] 同上，頁二二。
[86] 《孟子・盡心上》，頁二三九。
[87] 《孟子・滕文公下》，頁一一七。
[88] 《繫辭下》，第二章，頁一一六六（十三經注疏本）。

《孟子》也說：

當堯之時，水逆行，氾濫於中國。……禹掘地而注之海，驅蛇龍而放之菹，……鳥獸之害人者消，然後人得平土而居之。[89]

可見，在儒家典籍中，人類社會由原始邁向文明，是由於聖人的發明、制作與改進。這種聖人史觀爲韓愈所繼承，故〈原道〉說：

古之時，人之害多矣，有聖人者立，然後教之以相生養之道。爲之君，爲之師，驅其蟲蛇禽獸而處之中土。寒，然后爲之衣；飢，然后爲之食；木處而顚，土處而病也，然后爲之宮室；爲之工，以贍其器用；爲之賈，以通其有無；爲之醫藥，以濟其夭死；爲之葬埋祭祀，以長其恩愛；爲之禮，以次其先後；爲之樂，以宣其壹鬱；爲之政，以率其怠勌；爲之刑，以鋤其強梗；相欺也，爲之符璽、斗斛、權衡以信之；相奪也，爲之城郭、甲兵以守之；害至，而爲之備；患生，而爲之防。……如古之無聖人，人之類滅久矣。何也？無羽毛鱗介以居寒熱也，無爪牙以爭食也。是故……君不出令，則失其所以爲君；臣不行君之令而致之民；民不出粟米麻絲，作器皿，通貨財，以事其上，則誅。[90]

[89] 《孟子・滕文公下》，頁一一七。

[90] 《韓昌黎集》卷一，頁八至九。

韓愈認爲，古代聖人發明各種衣、食、宮室、器物、醫藥、城郭、甲兵，又制作禮、樂、刑、政，以「相生養之道」教化百姓，「爲之君，爲之師」，才使人類脫離種種患害而能安居樂業，這就是「博愛」的具體表現。如果古代沒有聖人，人類早就滅亡了。至於後代君、臣制度的建立，追本溯源，正是出於聖人的教化，自應予以奉行，方能維繫人類的生存，促進社會的文明。

但是，當時佛、道二教盛行，僧尼、道士咸以出家爲尚，不事生產，不納賦稅，甚至不婚不娶，對君臣、父子的倫常關係構成了很大的威脅，整個社會的政治、經濟、文化都受到了嚴重的衝擊，因此，韓愈力闢佛、老，他說：

> 今其法曰：必棄而君臣，去而父子，禁而相生養之道，以求其所謂清淨寂滅者。嗚呼！其亦幸而出於三代之後，不見黜於禹、湯、文、武、周公、孔子也，其亦不幸而不出於三代之前，不見正於禹、湯、文、武、周公、孔子也。帝之與王，其號名殊，其所以爲聖一也；夏葛而冬裘，……其事殊，其所以爲智一也。今其言曰：「曷不爲太古之無事？」是亦責冬之裘者曰：「曷不爲葛之之易也？」[91]

韓愈認爲，佛教追求所謂清淨寂滅，拋棄君臣、父子之倫，而破壞了「相生養之道」，若是處於三代之前，必見黜於禹、湯、文、武、周公、孔子。而老子批評儒家聖王之有爲，要求

---

[91] 同上，頁九。

復歸太古之無事，就好像要求冬天穿裘衣者改穿葛衣，完全不合時宜。在他看來，「帝之與王，其號名殊，其所以爲聖一也。」五帝與三王的時代不同，或稱帝，或稱王，雖有不一，卻都是聖人，不必強分高下，更不必以古帝非後王。試想，人類社會如果一直停留在上古無爲的時代，又豈能不斷進步、向前發展？因此，他特別強調儒家聖人的「有爲」，來駁斥佛、老的「無爲」，他說：

傳曰：「古之欲明明德於天下者，先治其國；欲治其國者，先齊其家；欲齊其家者，先修其身；欲修其身者，先正其心；欲正其心者，先誠其意。」然則古之所謂正心而誠意者，將以有爲也。今也欲治其心，而外天下國家，滅其天常，子焉而不父其父，臣焉而不君其君，民焉而不事其事。[92]

儒家《大學》一書也講心性修養，但是，儒者正心誠意，重視修身，是爲了齊家、治國、平天下。這種積極「有爲」的入世精神，便是本著「博愛」的襟懷。反觀佛徒，卻是自私自利，只顧講求個人心性修養，而自外於天下、國家，拋棄爲子、爲臣和爲民的責任，而受教於夷狄，因此，韓愈特別指出：

孔子之作春秋也，諸侯用夷禮，則夷之；進於中國，則中國之。經曰：「夷狄之有君，不如諸夏之亡。」詩曰：「戎狄是膺，荊舒是懲。」今也舉夷狄之法，而加之先王之

---

[92] 同上，頁十。

> 教之上，幾何其不胥而為夷也？[93]

孔子作《春秋》，攘斥夷狄之禮，是為了維護中國的文化，使先王之教能夠發揚光大。身為中國的子民，自應奉行先王的禮教，而不應奉行夷狄的佛法，否則必將淪為夷狄。

夷狄之教與先王之教有文化本質上的差異。夷狄之教違反「相生養之道」，為禍於中國，故應予以力斥；先王之教以仁義為本，能使中國之人臻於幸福之境，故應予以奉行。它的具體內容是：

> 博愛之謂仁，行而宜之之謂義，由是而之焉之謂道，足乎己，無待於外之謂德。其文：《詩》、《書》、《易》、《春秋》；其法：禮、樂、刑、政；其民：士、農、工、賈；其位：君臣、父子、師友、賓主、昆弟、夫婦；其服：麻絲；其居：宮室；其食：粟米、果蔬、魚肉；其為道易明，而其為教易行也。[94]

這樣的生活方式，易明而又易行，早已由聖人鋪好大道。只要在人倫日用之間去遵行，便可通向安和樂利的境域，故曰：

> 以之為己，則順而祥；以之為人，則愛而公；以之為心，則和而平；以之為天下國家，

---

[93] 同上。

[94] 同上。

> 無所處而不當。是故生則得其情，死則盡其常，郊焉而天神假，廟焉而人鬼饗。[95]

韓愈認爲，聖人之道無所不當，可以用來修身、養心，也可以用來待人接物，甚至可以治國、平天下。無論是生、是死，都能善盡人道，敬事鬼神，故能使天人之際一片和諧。這樣的聖道，自有它的傳承系統：

> 堯以是傳之舜，舜以是傳之禹，禹以是傳之湯，湯以是傳之文、武、周公，文、武、周公傳之孔子，孔子傳之孟軻，軻之死，不得其傳焉。……由周公而上，上而爲君，故其事行；由周公而下，下而爲臣，故其說長。[96]

周公以上，堯、舜、禹、湯、文、武，皆爲君王，身居上位，故能推行聖道於天下；周公以下，傳至孔子、孟軻，皆是人臣，身居下位，故須著書立說、開門授徒，以傳揚聖道。韓愈生於孟子之後，亦處下位而爲人臣，然而，他卻堅信道統之傳在己，故曰：「使其道由愈而粗傳，雖滅死，萬萬無恨。」〈原道〉一文詳述所謂「先王之教」，標舉聖聖相傳的道統，其志正在於此。

綜上所述，便可了解，韓愈心目中的聖人，或爲君，或爲臣，都能本著「博愛」的襟懷，以天下國家爲己任。他們以「相生養之道」教化百姓，堅守著中國文化的本位，攘斥夷狄之

---

95 同上。
96 同上。

教，而建立了道統。這個道統，便是中國命脈之所繫。此後，宋儒多具有濃厚的道統觀念，即由韓愈著其先鞭。

(五)聖可慕而不可齊

在傳統儒學中，聖人是否可以學而至？一直是學者所最關切的問題。孔子一生好學不倦，他說：「我非生而知之者，好古敏以求之者也。」[97]然而，子貢卻視他為「天縱之將聖」，漢代儒者亦多以孔子為生知之聖。尤其是讖緯學興起之後，聖人被神化，不僅外形特異，而且能夠「前知千歲，後知萬世」[98]，這樣的聖人，自是由於天授，絕非常人可以學而至者。

韓愈相信天命，他說：「天授人以賢聖才能」[99]，又說：「天之生大聖也不數」[100]，可見，在他心目中的聖人乃是天生的。他認為，聖人具備了特異於人的稟賦——除了全備的才能、純粹至善的品性之外，甚至有特殊的形貌。例如〈雜說三〉云：

> 昔之聖者，其首有若牛者，其形有若蛇者，其喙有若鳥者，其貌有若蒙倛者，彼皆貌似而心不同焉，可謂之非人邪？[101]

---

[97] 《論語・述而第七》，頁六三。
[98] 《論衡・實知》，頁五一九。
[99] 同註一四。
[100] 《韓昌黎集》卷一，頁十八，〈對禹問〉。
[101] 同上，頁十九。

他雖肯定聖人是人，不是禽獸，也不是神祇，但是，仍然相信聖人的形貌有異於常人。可見，他對聖人的看法，多少受了漢儒的影響。

漢儒多認爲聖人不可學而至，韓愈也說：

古聖人言通者，蓋百行衆藝備於身而行之者也。今恆人之言通者，蓋百行衆藝闕於身而行之者也。……將欲齊之者，其不猶矜糞丸而擬質隨珠者乎？且令今父兄教其子弟者，曰：「爾當通於行如仲尼」，雖愚者亦知其不能也。曰：「爾尚力一行，如古之一賢」，雖中人亦希其能矣。豈不由聖可慕而不可齊邪？賢可及而可齊也。今之人行未能及乎賢，而欲齊乎聖者，亦見其病矣！夫古之人進修，或幾乎聖人；今之人行不出乎中人，……且曰：「我通同如聖人」，彼其欺心邪？……其欺人而賊名邪？[102]

韓愈認爲，聖人具備了百行衆藝，所以能夠無所不通。至於一般人，若是要做到無所不通，就好像以糞丸比擬隨珠——本質上就有極大的差異，豈能相提並論？因此，他認爲「聖可慕而不可齊」，「賢可及而可齊」。做父兄的，不應要求子弟「如仲尼」，卻可要求子弟「如古之一賢」。如果尚未「及乎賢」，就想「齊乎聖」，甚至自稱「我通同如聖人」，那就是欺心、欺人。

由於韓愈認爲聖人和常人有本質上之差異——包括才能與品德，因此，他把人性分爲三品。在他看來，中人可以導而上下，如果努力向學，必可成爲賢人，甚至「幾乎聖人」，但

[102] 同上，外集上卷，頁三四九，〈通解〉。

是，能否成爲聖人？仍有待於天命。因此，他一再表示聖人是最崇高的人格典範，絕難企及。例如《論語‧子張》載：「大德不踰閑，小德出入可也。」，韓愈解之曰：

> 吾謂大德，聖人也；言學者之於聖人，不可踰過其門閾爾。小德，賢人也；尚可出入窺見其奧也。[103]

又如《論語‧先進》載：「子張問善人之道。子曰：不踐迹，亦不入於室。」韓愈解之曰：

> 善人即聖人異名爾。……蓋仲尼誨子張，言善人不可循迹而至於心室也。聖人心室惟奧惟微，無形可觀，無迹可踐，非子張所能至也。[104]

他認爲，聖人是大德，學者無法越過門閾，自難升堂入室，窺知其奧；賢人是小德，學者可以出入其間，窺知其奧，自可見賢而思齊。至於聖人心室，極爲深奧幽微，「無形可觀」，「無迹可踐」，學者根本無法窺知，也無法學習，當然更是難以企及。

因此，他雖稱許顏回能在心上做工夫，使其過「不貳於言行」，卻未能指出，應當如何修養心性，方能臻至「聖人無過」的境界？也未曾明確指出，顏回若非短命，是否必能由「不貳過」而臻至「無過」？正如子貢所說：「夫子之不可及也，猶天之不可階而升也。」

---

[103] 《論語筆解》卷六，頁二〇七八（鼎文書局《古經解彙函》本，頁二〇七八）。

[104] 同上，頁二〇六六。

[105]在韓愈心目中，聖人就像天一樣崇高，無法順著階梯一步一步走上天，所以，由賢到聖之間，彷彿斷了通路。通路既斷，便只好瞻仰聖人，效法其行事、爲文，做個賢人，卻無法在心性修養上深入奧境，而成爲「無過」的聖人。後來宋儒批評韓愈以博愛爲仁，是有用而無體[106]；又批評韓愈只講誠、正、修、齊、治、平，而不講「致知在格物」，是個無頭學問[107]，原因就在於此。

(六)師聖為賢，以道為尊

顏回曾經感歎聖人難學，「雖欲從之，末由也已」[108]，韓愈也歎「聖可慕而不可齊」。但是，他們仍然努力學習，不敢因爲聖境太高，難以企及，而有所懈怠。顏回自稱「欲罷不能」[109]，「得一善則拳拳服膺而不失」[110]；韓愈也說：

---

[105] 《論語・子張第十九》，頁一七四。

[106] 《朱子語類》卷一三七，曰：「蔣明之問：〈原道〉起頭四句恐說得差。且如「博愛之謂仁」，「愛」如何便盡得「仁」？曰：只爲他說得用，又遺了體。」（引自《韓愈資料彙編》頁四一三）又，《朱文公文集》卷五，〈答廖子晦〉曰：「韓公見道之用而未得其體，……韓公只於治國平天下處用功，而未嘗就身心上持守耳。」（引自《韓愈資料彙編》頁三九九）

[107] 《朱子語類》卷一三七，曰：「〈原道〉中舉《大學》，卻不說『致知在格物』一句。看得這樣底，都是個無頭學問。」引自《韓愈資料彙編》頁四一四。

[108] 《論語・子罕第九》，頁七九。

[109] 同上。

[110] 《中庸》第八章。

> 古之君子，其責己也重以周……重以周，故不怠……。聞古之人有舜者，其爲人也，仁義人也；求其所以爲舜者，責於己曰：「彼人也，予人也，彼能是，而我乃不能是！」早夜以思，去其不如舜者，就其如舜者。聞古之人有周公者，其爲人也，多才與藝人也；求其所以爲周公者，責於己曰：「……」早夜以思，去其不如周公者，就其如周公者。舜，大聖人也，後世無及焉；周公，大聖人也，後世無及焉。是人也，乃曰不如舜，不如周公，吾之病也，是不亦責於身者重以周乎！㊂

顏回曾說：「舜何人也？予何人也？有爲者亦若是。」韓愈認爲，這就是古之君子嚴以自責，不敢稍怠的典範。在他看來，舜與周公都是大聖人，他們的仁義與才藝，皆非後世所能及，然而，像顏回這樣的君子，卻是「早夜以思」，求其所以爲舜、爲周公者，而去其不如舜、不如周公者，以就其如舜、如周公者。這種嚴以自責，努力學習聖賢的態度，正是後人所當效法的。

但是，另一方面，韓愈也說：

> 古之君子，……其待人也輕以約；……輕以約，故人樂爲善……其於人也，曰：「彼人也，能有是，是足爲良人矣；能善是，是足爲藝人矣。」……恐恐然惟懼其人之不得爲善之利。一善易修也，一藝易能也，其於人也，乃曰：「能有是，是亦足矣」；

㊂《韓昌黎集》卷一，頁十三至十四，〈原毀〉。

曰：「能善是，是亦足矣」；不亦待於人者輕以約乎！112

正因爲聖境太高，難以企及，所以，他並不要求人人都得成爲聖人，而盡量鼓勵他人去修善、習藝，他認爲，只要修得一善，習成一藝，便可予以嘉勉。這種與人爲善，輕以待人的態度，不但不會使人畫地自限，反而能夠使人樂於向上。

因此，我們可以了解，韓愈之所以說：「聖可慕而不可齊，賢可及而可齊」，旨在勉人見賢思齊，勿以「一善易修」、「一藝易能」爲恥，而棄之不學。他說：

> 今之人以一善爲行而恥爲之，慕達節而稱夫通才者多矣！然而，脂韋汩沒，以至於老死者相繼，亦未見他之稱。其豈非亂教賊名之術歟？113

他認爲當時人恥爲「一善」，而慕爲「通才」的結果，是到老死也未修得一善，更遑論成爲通才！因此，他強調：

> 五常之教，與天地皆生。然而天下之人不得其師，終不能自知而行之矣。故堯之前千萬年，天下之人促促然不知其讓之爲美也，於是許由哀天下之愚，且以爭爲能，迺脫屣其九州，高揖而辭堯。……故讓之教行於天下，許由爲之師也。自桀之前千萬年，

---

112 同上。

113 同上，外集上卷，頁三九三，〈通解〉。

> 天下之人循循然不知忠易其死也，故龍逢哀天下之不仁，睹君父百姓入水火而不救，於是進盡其言，退就割烹，……故忠之教行於天下，由龍逢爲之師也。周之前千萬年，渾渾然不知義之可以換其生也，故伯夷哀天下之偷，且以彊則服，食其葛薇，逃山而死。……故義之教行於天下，由伯夷爲之師也。是三人俱以一身立教，而爲師於百千萬年間，其身亡而其教存，扶持天地，功亦厚矣。……是則三師生於今，必謂偏而不通者矣，可不謂之大賢者哉？[114]

仁、禮、信、義、智五常，本爲人性所有。然而，性有三品，中品之性「一不少有焉，則少反焉」，難免會有所偏失；下品之性「反於一而悖於四」，更是不知向善。如果不得其師，五常之教便不能行於天下。因此，許由「高揖而辭堯」；龍逄「進盡其言，退就割烹」；伯夷「食其葛薇，逃山而死」，或讓、或忠、或義，都能「以一身立教，而爲師於百千萬年間」。他們的行爲或許各有所偏，而不能稱爲「通達」，然而，卻無害爲「大賢」，後人若能各就其性之所近，擇善而從，師法聖賢，必能成爲賢者；若是以其「偏而不通」，恥而不師，必成小人。

因此，儘管韓愈未曾稱許伯夷爲聖人，而僅稱其爲「大賢」，卻仍以伯夷自勵。他曾作〈伯夷頌〉，力讚伯夷「特立獨行」、「信道篤而自知明」；而他自己力闢佛老，提倡古文，抗顏爲師，以振興儒教爲己任，亦可謂「特立獨行，窮天地亙萬世而不顧」。他說：

---

114 同上，頁三九三至三九四。

武王、周公聖也，從天下之賢士與天下之諸侯而往攻之，未嘗聞有非之者也。……彼獨非聖人而自是如此。夫聖人，乃萬世之標準也，余故曰：若伯夷者，特立獨行，窮天地，亙萬世而不顧者也。[115]

武王、周公是聖人，是萬世的標準，他們掌握了道統，也掌握了治統，享有一切的尊榮與權柄。然而，伯夷卻敢叩馬而諫，餓死而不顧，爲的就是維持君臣、父子之義。韓愈雖然肯定武王、周公爲聖人，也無意指責武王伐紂；然而，自周公以下，道統在臣，不在君；後代的天子，名爲「聖人」，已非道統之所寄，一旦面對像伯夷一樣的諫臣，又豈可不向他們所代表的儒教傳統去學習？韓愈稱頌伯夷敢於非聖自是，而他自己亦敢於冒犯天子以諫佛骨，便是基於這種以道爲尊、以道自任的勇氣。

他又稱許孟子曰：

夫楊、墨行，正道廢，且將數百年，以至於秦，卒滅先王之法，燒除其經，……二帝、三王、群聖人之道於是大壞。……其禍出於楊、墨肆行而莫之禁故也。孟子雖賢聖，不得位，空言無施，雖切何補？然賴其言，而今學者尚知宗孔氏、崇仁義、貴王賤霸而已。……向無孟氏，則皆服左衽而言侏離矣。故愈嘗推尊孟氏，以爲功不在禹下者爲此也。[116]

[115] 同上，卷一，頁三六，〈伯夷頌〉。
[116] 同上，卷三，頁一二五至一二六，〈與孟尚書書〉。

孟子雖不得位，卻能與貴居天子之位的大禹相提並尊，是因爲能闢楊、墨，宗孔氏，使二帝、三王、群聖人之道得以傳於後世。可見，韓愈尊孟爲「賢聖」，也是基於以道爲尊的觀念。他說：

> 釋、老之害過於楊、墨，韓愈之賢不及孟子，孟子不能救之於未亡之前，而韓愈乃欲全之於已壞之後，嗚呼！其亦不量其力，且見其身之危，莫之救以死也。雖然，使其道由愈而粗傳，雖滅死萬萬無恨。[117]

這便是以孟子爲師，以道統自任，與佛、老奮戰到底的宣言。

至於〈處州孔子廟碑〉云：

> 自天子至郡邑守長，通得祀而遍天下者，唯社稷與孔子爲然。而社祭土，稷祭穀，句龍與弃乃其佐享，非其專主，又其位所不屋而壇；豈如孔子用王者事，巍然當座，以門人爲配，自天子而下，北面跪祭，進退誠敬，禮如親弟子者？句龍、弃以功，孔子以德，固自有次第哉！自古多有以功德得其位者，不得常祀；句龍、弃、孔子皆不得位而得常祀，然其祀事皆不如孔子之盛。所謂生人以來未有如孔子者，其賢過於堯、舜遠者，此其效歟？[118]

---

117 同上，頁一二六。

118 同上，卷七，頁二八三。

孔子一生未能得位行道，卻能在身後享受王者的尊榮，成爲天下普遍祭祀的對象，就連天子也必須親執弟子之禮向他跪祭，原因就在於有「德」。「德」比「位」更尊，聖人所代表的道統，可傳千秋萬世；而天子所繼承的治統，卻不斷改朝換代。於是唯有向道統去跪拜，去學習，做個有「德」之君，方能維繫治統於不墜。歷代天子咸拜孔子，正象徵著以道爲尊的傳統，孟子稱「自生民以來，未有如孔子者」；宰我稱「夫子賢於堯舜遠矣」，均可由此得證。而韓愈一生最尊孔子，原因亦在於此。

孔子刪述六經、以道爲師，以文授徒；韓愈注解論語、倡爲古文，並且收召後學，抗顏而爲師，皆取法於孔子。〈師說〉云：

> 古之學者必有師，師者，所以傳道、受業、解惑也。人非生而知之者，孰能無惑？惑而不從師，其爲惑也，終不解矣！生乎吾前，其聞道也，固先乎吾，吾從而師之；生乎吾後，其聞道也，亦先乎吾，吾從而師之；吾師道也，夫庸知其年之先後生於吾乎？是故無貴無賤，無長無少，道之所存，師之所存也。[119]

「師」的職責是傳道、授業、解惑。一般人不是「生而知之者」，難免會有困惑，必須從師問學，方能得到開導。因此，大凡先我而聞道者，皆可從而師之。無論貴賤長少，有「道」便是吾師。

---

[119] 同上，卷一，頁二四。

然而，當時師道不振，士子多以從師爲恥，韓愈乃歎曰：

古之聖人，其出人也遠矣，猶且從師而問焉；今之衆人，其下聖人也亦遠矣，而恥學於師。是故聖益聖，愚益愚；聖人之所以爲聖，愚人之所以爲愚，其皆出於此乎？[120]

聖人生而具有上品之性，才能、智慧、品德原本就在常人之上，卻仍好學不倦，從師請教，所以益加聖明。衆人原已不及聖人，卻以從師爲恥，不肯向學，於是益加愚昧。聖人之所以爲聖，愚人之爲愚，就在學與不學。

不過，可怪的是：

愛其子，擇師而教之，於其身也，則恥師焉，惑矣！彼童子之師，授之書而習其句讀者，非吾所謂傳其道、解其惑者也。句讀之不知，惑之不解，或師焉，或不焉，小學而大遺，吾未見其明也。[121]

時人爲子擇師，自身卻恥於從師。韓愈認爲，「彼童子之師」，只是傳授「句讀」之學，並非「傳道」、「解惑」；可是，時人卻只學句讀而不解大惑。這種風氣的形成，在韓愈看來，是因爲士大夫之族多存有「位卑則足羞、官盛則近諛」的心理障礙。因此，他說：

---

[120] 同上。
[121] 同上。

聖人無常師，孔子師郯子、萇弘、師襄、老聃，郯子之徒，其賢不及孔子；孔子曰：「三人行，則必有我師。」是故弟子不必不如師，師不必賢於弟子，聞道有先後，術業有專攻，如是而已。[122]

孔子曾問禮於老聃，訪樂於萇弘，學鼓琴於師襄，問掌故於郯子，故子貢曰：「夫子焉不學，而亦何常師之有？」[123]孔子也說：「三人行，則必有我師」[124]，可見，聖人無所不學，時時向人請益，而未嘗計較其人是否「聖人」？是否必賢於己？只要聞道在先，業有專精，便以爲師。

由上所述便知，韓愈提倡師道，是要振興儒教。在他看來，要使儒家道統永續不墜，固賴聖、賢爲師，以傳其道。然而，「聖人不世出，賢人不時出」[125]，一旦有聖、賢出而爲師，卻以「位卑」年少而爲時俗所輕，又如何推行儒教？因此，他一方面強調：「道之所存，師之所存也」，鼓勵衆人拋棄「位卑則足羞」的心理障礙，「就有道而正焉」[126]。另一方面也指出：爲人師者必須以「傳道」爲己任，方能解「時俗之所惑」；若僅「授之書而習其句讀」，

---

[122] 同上，頁二五。
[123] 《論語・子張第十九》，頁一七三。
[124] 《論語・述而第七》，頁六三。
[125] 《韓昌黎集》卷一，頁十七，〈行難〉。
[126] 《論語・學而第一》，頁八。

便無法振興儒教。

因此，他雖以文授徒，教以古文及六藝經傳[127]，卻也一再勉人師法聖賢，做個有道君子。例如，〈答李翊書〉云：

生之書辭甚高，而其問何下而恭也？能如是，誰不欲告生以其道？道德之歸也有日矣，況其外之文乎？[128]

李翊本是爲了應試而向韓愈學「文」，韓愈卻欲告以其「道」，故謂：「仁義之人，其言藹如也」[129]，並勉之曰：

君子……處心有道，行己有方，用則施諸人，舍則傳諸其徒，垂諸文而爲後世法。[130]

可見，韓愈指導後進爲文，必先告以君子之道。他認爲，君子必須講求個人內在心性與外在言行的修養。若能爲世所用，便以其道施於百姓，兼濟天下；若是不能爲世所用，便以其道傳於弟子，著於文章，以供後世取法。因此，他不僅以此道自勵，亦以此道勉人。又如，

[127] 韓愈在〈師說〉中稱讚李蟠能「好古文，六藝經傳皆通習之」，並且「能行古道」，（《韓昌黎集》，頁二四）這都是他教學的重點。
[128] 《韓昌黎集》卷三，頁九八。
[129] 同上，頁九九。
[130] 同上。

〈送王含秀才序〉云：

若顏氏子操瓢與簞，曾參歌聲若出金石，彼得聖人而師之，汲汲每若不可及，其於外也固不暇，尚何麴櫱之託而昏冥之逃也？[131]

顏回、曾參皆處於窮困之中，卻能汲汲以聖人爲師而不暇外慕。韓愈乃以顏、曾爲例，勉勵王含以聖賢爲師，勿以不遇而遁入醉鄉、逃於昏冥。後來宋儒每教人體會孔、顏樂處，韓愈已開其端。

又如，〈答陳生書〉云：

蓋君子病乎在己，而順乎在天。待己以信，而事親以誠。所謂病乎在己者，仁義存乎內，彼聖賢者能推而廣之，而我蠢焉爲衆人。所謂順乎在天者，貴賤窮通之來，平吾心而隨順之，不以累于其初。所謂待己以信者，己果能之，人曰不能，勿信也；己果不能，人曰能之，勿信也；孰信哉？信乎己而已矣。所謂事親以誠者，盡其心不夸於外，先乎其質，後乎其文者也。盡其心不夸於外者，不以己之得於外者爲父母榮也；名與位之謂也。先乎其質者，行也；後乎其文者，飲食旨甘，以其外物供養之道也。誠者，不欺之名也。待於外而後爲養，薄於質而厚於文，斯其不類於欺歟？果若是，子之汲汲於科名，以不得進爲親之羞者，惑也。速化之術如是而已。[132]

[131] 同上，卷四，頁一五一。
[132] 同上，卷三，頁一〇三。

陳生「汲汲於科名，以不得進爲親之羞」，韓愈爲解其「惑」，乃告以君子之道。他指出，人性本具仁義，如果不能推而廣之，就不能成爲聖賢。可見，他雖把人性分爲三品，但仍採取孟子之說，勉勵學者由內而外，擴充仁義之端。他強調君子「待己以信」、「事親以誠」，就是要陳生「反求諸己」、「誠乎身」、「盡其心」[133]。科名、利祿、飲食旨甘，都是身外之物，若是一心向外追逐，必致失其本心。不如把貴賤窮通歸諸天命，便能隨遇而安，不致累于其初。根據這番話便可了解，韓愈教人學習孟子，重視心性修養。又如〈送王塤秀才序〉云：

> 吾常以爲孔子之道大而能博，門弟子不能遍觀而盡識也，故學焉而皆得其性之所近。孟軻師子思，子思之學蓋出曾子。自孔子沒，群弟子莫不有書，獨孟軻氏之傳得其宗，故吾少而樂觀焉。故學者必愼其所道，求觀聖人之道，必自孟子始。[134]

韓愈認爲，孔子之道由曾子、子思傳至孟子，爲正宗。因此，他對《大學》、《中庸》、《孟子》都很重視，並且特別指導學生必自《孟子》上溯孔子。後來宋儒特別看重這幾部書，與《論語》合編爲四書，由此已見端倪。

綜合以上所述，便可了解，韓愈一生最尊孔子，並且推崇孟子、伯夷和顏回。他認爲，

---

[133] 「反求諸己」、「誠乎身」、「盡其心」均是孟子書中的重要觀念，其出處已詳前，不再贅述。

[134] 同上，頁一五三。

上自天子，下至庶民，都應以聖、賢爲師，以道統爲尊；而爲師者，亦應以「傳道」爲己任，勉人效法聖賢，做個有道君子，方能使聖人之道永續不墜。因此，他不顧流俗，抗顏而爲師，對於儒教的振興，盡了一己之力，往下便開啓了宋儒的聖學。

三、結　論

韓愈是一個有神論者，他認爲，天地神祇昭布森列，具有無上的權威，因此，他尊信天命，敬事鬼神。在這樣的思想基礎上，他的聖人觀有幾個要點：

㈠他繼承孔、孟尊天知命的思想，強調上天授人以賢聖才能，是要使之成爲衆人的耳目，因此，大凡聖賢，皆「畏天命」而不敢獨善其身，必以兼濟天下爲己任。另外，他也接受墨家的鬼神觀念，而謂孔子明鬼。但是，孔子「敬鬼神而遠之」，不願諂事鬼神求福；韓愈則強調鬼神能夠賞善罰惡，而不免拜神求福。

㈡他批評孟子言「性善」、荀子言「性惡」、揚雄言「性善惡混」，而繼承漢儒董仲舒、王充之說，強調人性有上、中、下三品。但是，他的說法與董、王不盡相同。在他看來，性情具有相互對應的關係，有上品之性者，其情「動而處其中」；有中品之性者，其情「求合其中」，故不可謂情爲惡而去之。這種性情觀點，就對抗佛、道兩家所主張的「滅情」、「去情」而言，有其時代意義。而他以五常言性，又論性有三品，正好同時論及義理之性與氣質之性，對於宋儒亦有所啓發。但是，他以三品論性，又謂上、下之品不移，限制了學爲聖賢的可能性，而與孟、荀主張人皆可以爲聖的理念有所不同。

㈢他採取《中庸》、《孟子》之說，強調聖人具有誠明之正性，中庸之至德，故能「無過」，能「踐形」，達到至爲完美的境界。賢者欲達至聖之域，必須好學不倦，在心上做工夫，自明而誠，以求「不貳過」、能「踐形」，可見，他已相當重視心性修養，對於宋儒內聖之學有所啓發。

㈣他採取傳統儒學的觀點，上承《孝經》、漢儒之說，強調聖人「博愛」，無論作君、作師，都能以「相生養之道」教化百姓，堅守中國文化的本位，攘斥夷狄之教，建立道統。此後，宋儒多具有濃厚的道統觀念，韓愈已開其先。

㈤漢儒把聖人神化，謂其形貌特異，能夠前知千歲，後知萬世，絕非常人可以學而至者。韓愈雖然肯定聖人是人，不是神，但是，他也相信聖人的形貌可能異於常人，並且強調「聖可慕而不可齊」、「聖人心室……無迹可踐」，絕非常人所能企及。因此，他無法指出究應如何修養心性，方能深入奧境，成爲「無過」的聖人，而被宋儒指爲「無頭學問」。

㈥韓愈一生最尊孔子，並且推崇孟子、伯夷和顏回。他認爲，上自天子，下至庶民，都應以聖、賢爲師，以道統爲尊；而爲人師者，亦應以「傳道」爲己任，勉人效法聖賢，做個有道君子。因此，他不顧流俗，抗顏而爲師，欲繼孟子之後，上承道統，以振興儒教。他教人學習顏、曾、思、孟，重視內在心性與外在言行的修養，並進而齊家、治國、平天下。往下便開啓了宋儒的聖學。

根據以上所述，便可了解，韓愈的聖人觀，在中國儒學史上，具有承先啓後的重要地位。

他認爲，聖人尊天命、敬鬼神，具有上品之性，能「踐形」、「無過」，以「博愛」爲先，又謂聖人可慕而不可齊，都可說是上承先秦、兩漢舊說而來。然而，在取捨、詮釋之間，自有新意，於是便呈現了特殊的時代意義，開啓了儒學轉變的契機。要而言之，約有以下數端：

㈠漢儒把聖人神化，認爲不可學而至；韓愈則肯定聖人是人，主張師聖爲賢；宋儒乃更進而主張學以至聖。

㈡漢儒強調先王之教以「博愛」爲先，每就「外王」事功論聖人；韓愈則兼論「外王」與「內聖」，不僅強調聖人「博愛」，亦且指出聖人「無過」；宋儒乃更進而偏重「內聖」之學，講究心性修養。

㈢漢儒以三品論性，謂性仁情貪；韓愈亦以三品論性，卻肯定五常爲性本有，聖人之情「動而處其中」，藉以針砭佛、老言性虛空，滅情、去情的主張；於是宋儒乃就義理之性與氣質之性爲言，以與佛老心性論相抗。

㈣漢儒重視經學，喜言讖緯，講究章句訓詁；韓愈則特別看重《論》、《孟》、《學》、《庸》，拋棄繁瑣的句讀、注疏之學，直探微言大義；於是宋儒也特別重視四書，講究義理之學。

㈤漢儒重視治統，而有「文質三統」、「大一統」之說㉟；韓愈則重視道統，謂自堯、

㉟ 詳見《春秋繁露・三代改制質文篇》，頁一二九至一四九。另可參看楊向奎《大一統與儒家思想》（吉林・中國友誼出版公司）

舜、禹、湯、文、武、周公、孔子傳至孟軻，即不得其傳。意欲超越漢儒，直承孟子之傳。而宋儒又以韓愈的道統觀爲基礎，進而越過韓愈，而直承孟子。

即此數端，便可窺知，韓愈的聖人觀確實具有承先啓後的關鍵地位。前人每推其爲宋代理學先驅者，然或人云亦云，有欠精詳。本文所論當可略補前人之闕。未盡之處，尚祈方家不吝賜正。

（本文原載《國立編譯館館刊》二十二卷一期，一九九三年六月）

韓愈〈對禹問〉析義

——兼論韓愈與孟子政治理念之歧異

一、前　言

在中國幾千年的帝制中，帝位的傳繼乃是極爲重要的一環。如果稍有不當，引起爭亂，便會禍及天下。因此，大凡留心治亂者，無不關心此一問題。早在先秦時代，儒、墨兩家就已盛傳堯、舜禪讓之事。❶但是，這種「傳賢」的理想在實際政治中究竟是否可行？大禹之後，夏、商、周三代的君王又何以不傳賢而傳子？就成了學者們聚訟紛紜的焦點。特別是夏啓的繼位，結束了禪讓的時代，而確立了傳子的制度，具有重大的意義，更是値得注意。因此，孟子的學生萬章曾就此事請教孟子。孟子闡述了堯、舜、禹、益相禪與啓繼位的經過情

❶ 詳見顧頡剛，〈禪讓傳說起於墨家考〉，《顧頡剛古史論文集》第一冊（北京：中華書局），頁二九五——三六三。

形，並且提出了「天與」之說以釋其事。❷然而，其他古籍的記載，卻往往和孟子不同；後代學者對於堯、舜傳賢，大禹傳子之事，也各有所論，莫衷一是。因此，唐代韓愈亦曾作〈對禹問〉一文以抒己見。其文曰：

或問曰：「堯、舜傳諸賢，禹傳諸子，信乎？」曰：「然。」「然則禹之賢不及于堯與舜也歟？」曰：「不然。堯、舜之傳賢也，欲天下之得其所也；禹之傳子也，憂後世爭之之亂也。堯舜之利民也大，禹之慮民也深。」曰：「然則堯、舜何以不憂後世？」曰：「舜如堯，堯傳之；禹如舜，舜傳之。得其人而傳之，堯舜也；無其人，慮其患而不傳者，禹也。舜不能以傳禹，堯爲不知人；禹不能以傳子，舜爲不知人。堯以傳舜爲憂後世；禹以傳子爲慮後世。」曰：「禹之慮也則深矣，傳之子而當不淑，則奈何？」曰：「時益以難理，傳之人則爭，未前定也；傳之子則不爭，前定也。前定雖不當賢，猶可以守法；不前定而不遇賢，則爭且亂。天之生大聖也不數，其生大惡也亦不數。傳諸人，得大聖，然後人莫敢爭；傳諸子，得大惡，然後人受其亂。禹之後四百年然後得桀，亦四百年然後得湯與伊尹。湯與伊尹不可待而傳也，與其傳不得聖人而爭且亂；孰若傳諸子，雖不得賢，猶可守法？」

❷ 詳見《孟子》〈萬章篇〉，焦循《孟子正義》卷十九（北京：中華書局），頁六四三—六五二。

> 曰：「孟子之所謂『天與賢則與賢，天與子則與子。』者，何也？」曰：「孟子之心，以爲聖人不苟私于其子以害天下。求其說而不得，從而爲之辭。」❸

此文大抵是以《孟子》〈萬章篇〉爲基礎，加以推論，然其所論實與孟子有別而自具特色，可以從中看出韓愈的政治理念。因此，筆者擬先考察古籍中有關大禹傳位之記載，而後據以比較韓、孟之說，析其異同，發其意蘊，並進而闡其寫作背景，給予適當評價。

二、古籍中有關大禹傳位之記載

有關大禹傳位之記載，散見於古籍中，說法各異。《墨子》〈尚賢上〉曰：

> 古者堯舉舜于服澤之陽，授之政，天下平。禹舉益于陰方之中，授之政，九州成。湯舉伊尹于庖廚之中，授之政，其謀得。❹

墨子認爲：「尚賢者，政之本也。」❺故以「堯舉舜」、「禹舉益」、「湯舉伊尹」爲例，

---

❸ 馬其昶，《韓昌黎文集校注》卷一（臺北：世界書局），頁一七。

❹ 孫詒讓，《墨子閒詁》上，卷二（北京：中華書局），頁四二—四三。

❺ 同註❹，頁四四。

強調舉用賢才的重要。又說：「舜耕歷山，……堯得之，……舉以爲天子。」❻可見，他對傳賢之制頗爲推崇。但是，《墨子》書中並未明白指出大禹是否曾舉益爲天子。

至於《孟子》一書，則有較詳的記載。〈萬章篇〉指出：

萬章問曰：「人有言：『至於禹而德衰，不傳於賢，而傳於子。』有諸？

當時有人批評大禹不傳賢而傳子是道德之衰，❼孟子反駁其說曰：

否，不然也。天與賢，則與賢；天與子，則與子。昔者舜薦禹於天，十有七年，舜崩，三年之喪畢，禹避舜之子於陽城，天下之民從之，若堯崩之後，不從堯之子而從舜也。禹薦益於天，七年，禹崩，三年之喪畢，益避禹之子於箕山之陰，朝覲訟獄者，不之益而之啓，曰：「吾君之子也。」謳歌者不謳歌益而謳歌啓，曰：「吾君之子也。」丹朱之不肖，舜之子亦不肖。舜之相堯，禹之相舜也，歷年多，施澤於民久；啓賢，能敬承繼禹之道。益之相禹也，歷年少，施澤於民未久。舜、禹、益相去久遠，其子之

❻ 同註❹，〈尚賢中〉，頁五二—五三；又〈尚賢上〉，六一頁，略同。

❼ 同註❷，頁六四六，《孟子正義》引翟氏灝《考異》云：「《新序》〈節士篇〉：禹問伯成子高曰：『昔者堯治天下，吾子立爲諸侯。堯授舜，吾子猶存焉。及吾在位，子辭諸侯而耕，何故？』子高曰：『昔堯之治天下，舉天下而傳他人，至無欲也。擇賢而與之，至公也。舜也猶然。今君之所懷者私也，百姓知之，貪爭之端自此始矣。德自此衰，刑自此繁矣。』……萬章所謂人言，蓋此等言。」伯成子高所言雖未明指大禹傳子，但卻指責大禹懷有私心，不若堯、舜傳賢之至公，故可謂「德自此衰」。

> 賢不肖，皆天也，非人之所能爲也。莫之爲而爲者，天也；莫之致而至者，命也。❽

孟子否定了大禹傳子之說，而明確地指出，「禹薦益於天」，一如堯之薦舜，舜之薦禹。禹崩，三年之喪畢，益避禹之子啓，亦如禹避舜之子，然而，百姓卻「不之益而之啓」，原因有三：

(1)大禹治水之功大，百姓感念禹之功澤，故思「吾君之子」，而立啓爲君。

(2)堯、舜之子不肖，而「啓賢，能敬承繼禹之道」。

(3)舜之相堯長達二十八年，禹之相舜，亦長達十七年，而益之相禹卻僅七年，「施澤於民未久」。

以上三因，包括禹和啓的父子關係，啓的賢不肖，以及益之相禹不能長久，皆非人之所能爲力，而可歸諸天命，故曰：「天與賢，則與賢；天與子，則與子。」這樣解釋，啓的繼位就非大禹所傳，「德衰」之譏也就得以澄清。

但是，啓的繼位是否眞如孟子所說那樣和平、順利？若是參看其他古籍，便見不然。《韓非子》〈外儲說右下〉云：

> 燕王欲傳國於子之也，問之潘壽，對曰：「禹愛益，而任天下於益，已而以啓人爲吏。及老，而以啓爲不足任天下，故傳天下於益，而勢重盡在啓也。已而啓與友黨攻益而

---

❽ 同註❷，頁六四七—六四八。

> 奪之天下，是禹名傳天下於益，而實令啓自取之也。此禹之不及堯、舜明矣。今王欲傳之子之，而吏無非太子之人者也。是名傳之，而實令太子自取之也。」燕王乃收璽，自三百石以上皆效之子之，子之遂重。❾

潘壽認爲，大禹在名義上雖是傳位於益，卻仍任用啓之人爲吏，所以後來啓能率領同黨攻益而奪取天下，都是大禹爲他奠定權勢所造成的。現在燕王既欲傳國於子之，便應以此爲戒，不再任用太子之人。於是，燕王把大權完全交給子之，再也無法收回權勢。韓非記載此事，意在警告人君，不可「借其權而外其勢」。❿在他看來，儒家標榜「傳賢」，就像燕王傳國於子之，乃是爲了欺世盜名。大禹「名傳天下於益，而實令啓自取之也」，正是大亂之源。

與《韓非子》大略相同的記載，又見於《戰國策》〈燕策一〉，⓫並且被採入《史記》〈燕召公世家〉，⓬可見，此說相當流行。

至於《竹書紀年》曰：

> 益干啓位，啓殺之。⓭

---

❾ 陳奇猷，《韓非子集釋》卷十四（台北：世界書局），頁七七六。

❿ 同註❾。

⓫ 《戰國策》卷二九（台北：九思出版社），頁一〇五九。

⓬ 《史記》卷三四（台北：明倫出版社），頁一五五六。

⓭ 見方詩銘、王修齡，《古本竹書紀年輯證》〈夏紀〉（台北：華世出版社），頁二。

似謂王位本當屬啓，而爲益所干犯，故啓殺益而奪回其位。⓮而《楚辭》〈天問〉則曰：

> 啓代益作后，卒然離蠥，何啓惟憂，而能拘是達？⓯

似謂啓代益爲君，而益不服，遂遭其攻禁之禍，而益反攻，啓爲所擒，故問啓既罹斯厄，何以竟能自免乎？⓰可見，戰國之時，盛傳啓、益交攻之事，唯獨孟子稱許「啓賢」，並謂啓

⓮ 案：唐劉知幾《史通》〈疑古篇〉曰：「《汲冢書》云：『舜放堯於平陽，益爲啓所誅。』……其書近出，世人多不之信也。……推而論之，如啓之誅益，仍可覆也。何者？舜廢堯而立丹朱，禹黜舜而立商均，益手握機權，勢同舜、禹，而欲因循故事，坐膺天祿。其事不成，自貽伊咎。觀夫近古篡奪，桓獨不全，馬仍反正。若啓之誅益，亦由晉之殺玄乎？若舜、禹相代，事業皆成，唯益覆車，伏辜夏后，亦猶桓效曹、馬，而獨致元興之禍者乎？其疑四也。」（見浦起龍《史通通釋》卷十二，頁三八六，台北：九思出版社。）曹丕篡漢，司馬炎篡魏，皆以禪讓爲名。其後，桓玄欲效曹、馬篡晉不成，而爲晉安帝所誅。劉知幾既生於魏、晉之後，習見此類篡奪，故疑啓之殺益，亦猶晉殺桓玄。

⓯ 洪興祖，《楚辭補注》卷三（台北：藝文印書館），頁一六五—一六六。又請參看臺師靜農，《楚辭天問新箋》（藝文印書館），頁四九。

⓰ 此係節錄游國恩〈天問古史證二事〉之說。見《游國恩學術論文集》（北京：中華書局），頁一三二，案：東漢王逸《楚辭章句》釋此句曰：「禹以天下禪與益，益避居於箕山之陽，天下皆去益而歸啓以爲君，益卒不得立，故曰遭憂也。……天下所以去益就啓者，以其能憂思道德而通其拘隔。拘隔者，謂有扈氏叛啓，啓率六師以伐之也。」顯係依據《孟子》〈萬章篇〉作注。而宋朱熹《楚辭辯證》卻說：「或恐當時傳聞，別有事實也。《史記》燕人說：禹崩，益行天子事，而啓率其徒攻益，奪之。《汲冢書》至云益爲啓所殺。是則豈不敢謂益既失位，而復有陰謀，爲啓之蠥，啓能憂之，而遂殺益，爲能達其拘乎？然此事要當質以《孟子》之言，齊東鄙論，不足信也。」（見朱熹《楚辭集註》，台北：弘道文化事業公司仿宋本影印）朱熹據《史記》、《汲冢書》之傳聞，雖疑其中別有事實，但仍不敢違背孟子之說，故謂啓、益相攻之事不足信。游國恩對此考證甚詳，可參之。

之繼位爲「天與」，而未曾引起爭亂。後來司馬遷作《史記》〈夏本紀〉，即依孟子之說敘述其事。⑰而韓愈作〈對禹問〉，亦以〈萬章篇〉爲基礎，並未採取《韓非子》、《戰國策》〈燕策〉與《竹書紀年》、〈天問〉之異聞，顯然是站在儒家立場討論其事。

三、韓愈〈對禹問〉與《孟子》〈萬章篇〉之比較

〈對禹問〉一文以問答方式爲之，頗似萬章與孟子之問答。其篇首云：

或問曰：「堯舜傳諸賢，禹傳諸子，信乎？」曰：「然。」「然則禹之賢不及於堯與舜也歟？」

這是將萬章所問：「人有言：『至於禹而德衰，不傳於賢而傳於子。』有諸？」分爲兩句重新提出。而其篇末云：

曰：「孟子之所謂『天與賢，則與賢；天與子，則與子』者，何也？」曰：「孟子之心，以爲聖人不苟私於其子以害天下。求其說而不得，從而爲之辭。」

---

⑰ 〈夏本紀〉曰：「帝禹東巡狩，至于會稽而崩，以天下授益。三年之喪畢，益讓帝禹之子啓，而辟居箕山之陽。禹子啓賢，天下屬意焉。及禹崩，雖授益，益之佐禹日淺，天下未洽。故諸侯皆去益而朝啓曰：『吾君帝禹之子也』。於是啓遂即天子之位，是爲夏后帝啓。」（《史記》卷二，頁八三）

看似有意以此文推闡孟子之說。⓲然而，孟子回答萬章時，否定大禹傳子之說，而謂「禹薦益於天」，百姓「不之益而之啓」；韓愈卻肯定「禹傳諸子」，且謂「無其人，慮其患而不傳者，禹也。」這就明顯違背孟子之說。〈萬章篇〉又載：

> 萬章問曰：「堯以天下與舜，有諸？」孟子曰：「否，天子不能以天下與人。」「然則舜有天下也，孰與之？」曰：「天與之。」「天與之者，諄諄然命之乎？」曰：「否，天不言，以行與事示之而已矣。」……「天子能薦人於天，不能使天與之天下。……昔者堯薦舜於天而天授之；暴之於民而民受之。……」……曰：「使之主祭而百神享之，是天受之；使之主事而事治，百姓安之，是民受之也。天與之，人與之，故曰：天子不能以天下與人。舜相堯二十有八載，非人之所能爲也，天也。堯崩，三年喪畢，舜避堯之子於南河之南。天下諸侯朝覲者，不之堯之子而之舜，……故曰天也。夫然後之中國，踐天子位焉。而居堯之宮，逼堯之子，是篡也，非天與也。〈泰誓〉曰：『天視自我民視，天聽自我民聽』，此之謂也。」⓾

孟子不唯否定「禹傳於子」之說，亦否定「堯以天下與舜」之說。他認爲，「天子不能以天下與人」。堯雖薦舜於天，卻不能憑一己之意使天與之天下，而須以天命、民意爲依歸。所

⓲《韓昌黎文集校注》〈補注〉曰：「案：天與之說，索解人不易得，故已復爲此解，以輔益孟子之說。」

⓳同註❷，頁六四三—六四六。

謂天命，不是用言語來表示，而是用行與事來表示。例如，「使之主祭而百神享之」，這表示「天受之」；「使之主事而事治，百姓安之」，這表示「民受之」。舜之相堯長達二十八年，是天意；舜避堯之子，而天下百姓不歸堯之子而歸舜，也是天意。然後舜才踐位爲天子。如果舜不避堯之子，而「居堯之宮，逼堯之子」，那就是簒位，而不是「天與」。所以說：「天視自我民視，天聽自我民聽。」天命其實是以民意爲依歸的。

孟子描述舜的踐位過程，特別強調，不避堯之子，便是簒位，可見，基本上，他對於子繼父位的傳統是很尊重的。但是，他認爲，君位誰屬絕非堯、舜一己之意所能決定，而須藉著「避子」這個過程，來讓天下百姓自行選擇君主。如果百姓擇賢爲君，那是「天與賢」，如果百姓擇子爲君，那是「天與子」。無論「與賢」或「與子」，只要是出於民意的抉擇，在和平順利中進行，就可說是天命所歸。因此，我們可以了解，孟子強調「避子」、強調「天與賢，則與賢；天與子，則與子」的眞正用意，是要彰顯人民選擇君主的自主權。這種尊重「民意」的精神，是極爲可貴的。

然而，韓愈卻說：

> 堯、舜之傳賢也，欲天下之得其所也；禹之傳子也，憂後世爭之之亂也。堯舜之利民也大，禹之慮民也深。

韓愈肯定「堯舜傳賢」與「大禹傳子」的說法。他認爲，堯、舜傳賢，是爲了使天下百姓各得其所；大禹傳子，是爲了防止後世爭奪君位而生亂。無論傳賢或傳子，都是爲人民考慮，爲人民謀利，可見，在他的觀念裡，天子可以決定君位的傳授，而天下、後世的安危就繫於天子的念慮是否周全。至於百姓選擇君主的自主權，則已被忽略。下文曰：

> 然則堯、舜何以不憂後世？曰：舜如堯，堯傳之；禹如舜，舜傳之。得其人而傳之，堯、舜也；無其人，慮其患而不傳者，禹也。舜不能以傳禹，堯爲不知人，禹不能以傳子，舜爲不知人，堯以傳舜爲憂後世，禹以傳子爲慮後世。

堯、舜傳賢而不傳子，是因爲「得其人」，有賢可傳；大禹傳子不傳賢，是因爲「無其人」，無賢可傳。但是，所謂「得其人」與「無其人」，又必須取決於天子是否「知人」。如果知人，就能爲天下選立適當的君主；如果不知人，就必貽禍後世。可見，天子是否具有知人之明，至關重要。堯知「舜如堯」，而傳舜；舜知「禹如舜」，而傳禹；禹知「無其人」，而傳子，都能以其知人之明爲天下後世做適當的抉擇，故爲韓愈所肯定。然而，依孟子之說，禹知益賢，擬傳位於益，而「薦益於天」；韓愈卻說，禹知「無其人」而傳子，這就否定了益之賢聖，而與孟子看法不同。⑳可見韓愈所謂「知人」，所謂「得其人」與「無其人」，皆是憑藉主觀的認定，而沒有客觀的標準。用這種主觀的考慮獨斷獨行，來爲天下決定繼任君主的人選，若有差池，自是格外可慮。因此，下文曰：

---

⑳《孟子》〈萬章篇〉曰：「繼世以有天下，天之所廢，必若桀、紂者也，故益、伊尹、周公不有天下。」益得與伊尹、周公並稱，其賢可知。

禹之慮也則深矣。傳之子而當不淑，則奈何？曰：時益以難理，傳之人則爭，未前定也；傳之子則不爭，前定也。前定雖不當賢，猶可以守法；不前定而不遇賢，則爭且亂。

傳子制度確立以後，最可慮的情況，就是遇到昏庸不淑的君主。然而，韓愈認爲，父子關係是天定的，事先確立君位傳子的原則，便可防止爭亂。即或所傳不是賢君，亦可遵守祖先成法來治理天下。若是不先確定傳子，而欲傳賢，卻又未能遇到眞正的賢君，則必引起爭亂。因此，在他看來，只要根據父子關係事先決定繼位之君，便可確保天下太平，至於其子賢否，反而不必多慮。然而，依照孟子之說，百姓之所以去益而歸啓，不僅是因啓爲「吾君之子」，而且是因「啓賢，能敬承繼禹之道」。他說：「其子之賢不肖，皆天也。」包括了天定的父子關係，與天賦的賢與不肖，都是擇君之時所考慮的因素。在他看來，堯、舜之子是因不肖而不得立；啓若不肖，雖是「吾君之子」，亦無法爲民所立。這種「尙賢」的精神，顯然也被韓愈忽略了。

至於韓愈所謂：「傳之人，則爭」，若以《孟子》所載啓、益事觀之，亦不然。孟子曰：「禹薦益於天」、「益避禹之子」，百姓「不之益而之啓」，皆未見爭亂，而保持和平。可見，若依孟子所謂「天與」、「人與」之傳位原則而「公天下」，則無論傳賢或傳子，都不致引起爭亂。而韓愈卻有濃厚的「家天下」觀念，故曰：「傳之子則不爭，前定也。」又說：

天之生大聖也不數，其生大惡也亦不數。傳諸人，得大聖，然後人莫敢爭；傳諸子，

> 得大惡，然後人受其亂。禹之後四百年，然後得桀；亦四百年，然後得湯與伊尹；湯與伊尹不可待而傳也。與其傳不得聖人而爭且亂，孰若傳諸子？雖不得賢，猶可守法。

韓愈認爲，要傳賢，必須「得大聖」，然後人莫敢爭。但是，「天之生大聖也不數」，「不可待而傳」，所以寧可傳子。縱或不賢，亦少有大惡如桀者，而不致使人民受害。這種說法看似與孟子相近，而亦有不同。孟子曰：

> 匹夫而有天下者，德必若舜、禹，而又有天子薦之者，故仲尼不有天下。繼世以有天下，天之所廢，必若桀、紂者也，故益、伊尹、周公不有天下。……孔子曰：「唐、虞禪；夏后、殷、周繼，其義一也。」

孟子認爲，「德必若舜、禹，而又有天子薦之」，不易得也，所以唐虞之禪難行於後世。「天之所廢，必若桀、紂者也」，亦所罕見，所以夏、殷、周得以繼世而有天下。或禪或繼，皆天命也，非人之所能爲也，故曰「其義一也」。可見，孟子雖然一再推崇堯、舜禪讓，但是，他對三代以下所實行的傳子制度，也持相當肯定的態度。韓愈認爲後世宜行傳子制度，基本上，採納了孟子之說，但是，韓愈所謂「傳子」，是由聖人之思慮而定，他認爲聖人是上天所生，可以代表天命來決定傳賢或傳子，因此，在他看來，孟子所謂「天與賢，則與賢；天與子，則與子」，就是指：「聖人不苟私於其子以害天下。」如此立說，看似不違孟子「公天下」之意，其實卻是爲「家天下」的傳子制度找理由。依照孟子的本意，「天子不可以天下與人」，君權的傳授是由於「天與」，而所謂「天與」，又必以「人與」爲依歸。由此便可導出「民貴君輕」的民主思想。然而，韓愈卻認爲，傳子制度是由聖人所定，君主的權位應當依據「前定」的原則，父子相傳，至於天下百姓，則應一致遵從而不可爭奪君位。在這種視君如天，不可違逆的尊君觀念下，百姓對於君位如何傳繼？君主是否賢能？當然是無權過問，也無從選擇。

綜上所論便知，韓愈〈對禹問〉雖是依據《孟子》〈萬章篇〉而作，但是，孟子否定「大禹傳子」之說，而強調「天與人歸」的重要性。韓愈卻肯定「大禹傳子」之說，強調「前定」可以止爭。由於立論的基礎不同，他對孟子「天與」說的推闡，也就不符孟子的本意。比較二文，可以明顯看出，孟子具有「公天下」的民主思想；而韓愈卻有「家天下」的尊君觀念。由於此一政治理念的歧異，遂使二文大異其趣。

四、〈對禹問〉的主旨及其寫作背景

前文曾經指出，《墨子》、《韓非子》、《戰國策》、《竹書紀年》、《楚辭》〈天問〉諸書，或謂禹舉益而授之政，或謂禹傳天下於益而啓攻奪其位。孟子則稱「禹薦益於天」，百姓去益之啓。皆未嘗言大禹傳位於子。唯獨萬章引述傳聞乃謂禹傳於子，而韓愈即據此傳言，謂「禹傳諸子」確有其事，而大發議論。這種別闢蹊徑的作法，在表面上，是爲孟子「天與」之說作註腳，實際上，卻是借古論今，別有用心。宋黃震嘗論本文主旨曰：

所以明傳子之義，定天下萬世之常也。[21]

此言是矣！韓愈欲說明傳子制度的正當與合宜，令天下後世遵行不廢，乃謂聖人大禹確曾傳子，而其所以傳子，是因「傳之子，則不爭，前定也」；「前定雖不當賢，猶可守法」。這樣追本溯源，便見傳子制度乃出於聖人之深謀遠慮，並非「苟私其子以害天下」，而可適行於後世。

今所欲究者為，韓愈何以特撰此文以明傳子之義？三代以下，禪讓之制廢，傳子之制行，然而，王莽、魏、晉皆嘗假禪讓之名，而行篡位之實。稱兵向闕，欲爭天下之事，也迭出不窮。以韓愈所處之唐代而言，安、史之亂，朱泚、李希烈之亂，均曾逼使天子出奔，而自僭帝位。至於其他強藩，亦往往跋扈不臣。韓愈適於此時作〈對禹問〉一文，提出「傳之子則不爭，前定也」之傳位原則，當是有意強調唐朝天子代代相傳之正統性，故以大禹遺制為立論基點，以示君位無可覬覦。再者，唐朝皇位之繼承屢有爭亂，前期由太宗至肅宗六帝，全非長子，繼位之前皆曾經歷相當激烈的鬥爭。但是，中期由代宗至憲宗，皆為嫡長子繼位，可見，有懲於前期之爭亂，中唐時期，皇位繼承已依定規而立嫡長。[22]韓愈此文雖未就傳子之嫡庶長幼問題立論，然其所謂「前定雖不當賢，猶可以守法」之原則，亦可用以處理嫡庶長幼爭立之問題，撇開諸子賢否不論，而確定嫡長子繼位之傳統。可見，「前定」觀念之提

[21] 《黃氏日鈔》卷五十九，見吳文治《韓愈資料彙編》（台北：學海出版社），頁五四七。

[22] 詳見李樹桐，〈唐代帝位繼承之研究〉，《唐史研究》（台灣：中華書局），頁一—六一。

出，有其時代意義。

五、後人對〈對禹問〉的質疑與稱許

宋釋契嵩曾撰〈非韓〉三十篇以論韓愈之失，其第九云：

韓子爲〈對禹問〉，謂禹雖以天下傳之子，而其賢非不及乎堯、舜傳賢之賢也。……考虞、夏之書，竟不復見禹傳賢、傳子之說。唯孟子曰：「禹薦益於天，……益避禹之子……朝覲獄訟者，不之益而之啓。……」及證之《史夏本紀》，……亦謂禹以天下授益，益讓啓，天下遂奉啓以爲君。此始明禹未嘗自以其天下與之子也。荀卿、揚雄雖皆言傳授之事，亦未始稱禹自與其子之天下也。因怪韓子疏謬，不討詳經史，輒爲此言。㉓

此以《尚書》、《孟子》、《史記》、《荀子》、揚雄諸書爲證，謂禹未嘗自以天下傳子，而責怪韓愈「疏謬，不討詳經史」。其實，韓愈爲學最勤，曾自稱：「口不絕吟於六藝之文，手不停披於百家之編。記事者必提其要，纂言者必鉤其玄」，㉔契嵩所舉諸書，尤爲韓愈所

㉓《鐔津集》卷十八（台灣：商務印書館影印文淵閣《四庫全書》集部，冊五四）。
㉔〈進學解〉，《韓昌黎文集校注》卷一，頁二六。

重視，㉕可見，韓愈並非不知以上諸書皆未嘗言禹傳於子，而是有心另立一說。契嵩「疏謬」之譏，恐非韓子所宜受也。又曰：

> 假謂韓子苟取百家雜說，謂禹與子天下，其賢不減於堯舜也，又與〈禮運〉之言不類。〈禮運〉謂「大道之行，天下爲公」者，以其時爲「大同」；謂「大道既隱，天下爲家」者，以其時爲「小康」。而鄭氏解曰：「天下爲公」者，禪讓之謂也；「天下爲家」者，謂「傳位於子」也。夫禪讓既爲大同，而家傳之時乃爲小康，而禹苟果以天下與之子，其爲賢也安得不肖於堯舜耶？韓子雖欲賢禹，而反更致禹之不賢。㉖

《禮記》〈禮運篇〉曰：「大道之行，天下爲公，選賢與能……是謂大同。」又說：「大道既隱，天下爲家，各親其親……是謂小康。」㉗可見，小康之世不及大同之世。而根據鄭玄的注，「天下爲公」是指「禪位授聖」；「天下爲家」是指「傳位於子」。因此，契嵩認爲，韓子既謂禹傳位於子，又謂禹之賢不減於堯、舜，明顯違背〈禮運篇〉的要義，反使大禹蒙受屈辱。又曰：

㉕ 韓愈〈讀荀〉曰：「始吾讀孟軻書，然後知孔子之道尊。……晚得揚雄書，益尊信孟氏。……及得荀氏書，於是又知有荀氏者也。」見《韓昌黎文集校注》卷一，頁二一。又〈進學解〉曰：「上規姚姒，渾渾無涯，周誥殷盤，佶屈聱牙。……下逮莊、騷，太史所錄。」此其精讀諸書之證也。

㉖ 同註㉓。

㉗ 漢鄭玄注、唐孔穎達疏，《禮記正義》卷二二（台北：藝文印書館《十二經注疏》），頁四一三—四一四。

然韓子揣堯、舜、禹所以傳授，而乃爲其言曰：「堯、舜之傳賢也，欲天下之得所也；禹之傳子也。憂天下爭之之亂也。」又曰：「堯以傳舜爲憂後世，禹以傳子爲慮後世。」何其文字散漫不曉分而如此也？然「得所」即不爭，爭即不得所也。憂猶慮也，慮猶憂也，其爲義訓，亦何以異乎？㉘

錢基博云：「〈對禹問〉以排調運偶語，……無一語非偶比，無一筆不排宕。」㉙此正其文特色，而契嵩似乎未能體會韓愈排偶爲文之佳妙，故以「文字散漫」譏之。下文曰：

大凡爭鬥，其必起於私與不平也。既謂禹欲使後世不爭，乃當不與其子，於事理爲得也。既與之子，安得制其不爭之亂耶？禹之後，及其子孫，方二世，而羿遂奪其天下而有之，與寒浞輩柰絕夏政，幾二百年。少康立，乃稍復夏政，繼禹之道也。所謂不爭，安在耶？夫禹，聖人也。豈聖人而不識其起爭之由耶？韓子雖苟爲此說，而不累及夫禹乎？㉚

韓愈謂「傳之子則不爭」，契嵩卻以爲，爭鬥是起於「私」與「不平」。既以私心傳位於子，就無法制止爭亂。史書記載羿奪夏朝天下，寒浞等人亂政，就是明證。可見，韓愈以此爲說，

㉘ 同註㉓。
㉙ 《韓愈志》〈韓集籀讀錄·第六〉（台北：華正書局），頁一二三。
㉚ 同註㉓，頁一〇九一之五九〇—五九一。

於理未得，反而累及大禹。又曰：

> 語曰：「巍巍舜、禹之有天下也，而不與焉。」……此乃謂舜、禹雖有天下，不我私而有之，皆謂常有所讓也。不幸禹之禪讓，其事不果遂，乃與其子相承而有天下。孔子以其世數，姑列禹於三代之端，故〈禮運〉曰：「禹、湯、文、武、成王、周公由此其選也。」然而堯、舜、禹，其則未始異也。[31]

《論語》〈泰伯篇〉盛讚舜、禹「有天下而不與焉」，[32]契嵩據此謂禹未嘗以天下為私有，不幸禪讓未成，而由其子繼位，並非禹之本意。又曰：

> 夫天下者，天下之天下也，與賢、與子，而聖人豈苟專之而為計乎？苟當其時，天下之人欲以天下與之賢，而堯舜雖欲傳子，不可得也。當其時，天下之人欲以天下與之子，禹雖欲傳賢亦不可得也。故時當與賢，則聖人必與之賢；時當與子，則聖人不能不與之子。聖人之傳天下也，正謂順乎時數人事而已矣，豈謂憂之、慮之，為後世強計，而與其天下異也？堯謂舜曰：「天之歷數在爾躬」，舜亦以此命禹。《禮》曰：「堯授舜，舜授禹，湯放桀，武王伐紂，時也。」是故《易》曰：「天下隨時之義大矣哉！」韓子之說無稽，何嘗稍得舜、禹傳授之意歟？惡乎謬哉！[33]

---

[31] 同註[23]，頁一〇九一之五九一。

[32] 魏．何晏集解、宋．邢昺疏，《論語正義》卷八（台北：藝文印書館《十三經注疏》），頁七二。

[33] 同註[31]。

韓愈認爲，堯、舜傳賢，大禹傳子，是爲天下後世打算。而契嵩則指出，天下乃天下人之天下，聖人也不能「專之而爲計」。如果天下人欲立賢爲君，聖人就無法立子；如果天下人欲立子爲君，聖人也不能立賢。究竟傳賢或是傳子，全看當時民心所趨，決非聖人所能專斷，故曰：「時當與賢，則聖人必與之賢；時當與子，則聖人不能不與之子。」這種說法，頗能兼顧民意與時勢，對於「家天下」的專制思想是一種相當有力的質疑。

綜觀契嵩所論，旨在駁斥韓愈具有「家天下」的專制思想，罔顧經、史之證，謬謂大禹自傳天下於子，而未能了解舜、禹傳授之公心。其言大抵雖能切中要害，然或訐之太甚，如所謂「疏謬，不討詳經史」；「何其文字散漫不曉分而如此也？」皆非韓愈所宜受也。契嵩佛徒，惡韓闢佛，故力詆韓文之失，用語往往過激，未必皆當也。

至於其他學者則對韓愈此文多所稱許。例如宋樊汝霖曰：

大抵孟子之說主天命，而公以人事言之爾，其致一也。㉞

此論甚爲簡略。所謂「其致一也」，僅就表面言之，未能深入理解韓、孟政治理念之歧異。然而，清人儲欣乃承此論曰：

前人謂孟子主天命，而公以人事言之，是矣。看來公此論實出孟子上。三代以下，雖

㉞ 宋・魏仲舉，《五百家注昌黎文集》卷十一引（台北：商務印書館影印文淵閣《四庫全書》集部，冊二三）。

如堯得舜，舜得禹，欲舉天下而授之，亦不可行矣。此天下爲公、天下爲家之世所以截然不相謀。而王莽矯誣揖遜，爲魏晉作俑，所以不勝誅也。㉟

儲氏竟謂韓愈此論「實出孟子上」，可見，厲行數千年父子相傳之帝制以後，人心早已閉錮於「家天下」的思想模式中，不復敢望禪讓之世再現。類似說法屢見不鮮。例如沈德潛曰：

傳子自是常法。堯、舜傳賢，適遇同時有堯、舜耳。若漫云禪授，而不得聖人，未有不生禍亂者也。文胎源孟子，而議論尤爲周密。㊱

此亦贊同傳子之制，不辨韓、孟異同，而稱許韓之議論尤較孟子爲周密。至於愛新覺羅弘曆則申論曰：

堯、舜創也，禹因也。……然使堯以前皆傳賢，則堯授舜，舜授禹，乃大經通義，又何爲創見而誇美？足知曉以前猶傳子，而禹亦猶行古之道也。禹亦猶行古之道，則萬章曷問？曰：……〈堯典〉放齊有子朱啓明之請，〈益稷謨〉大禹有丹朱殄世之戒。若非堯以前亦傳子，斯曷以稱焉？然使孟子舉是說以折之，則人必謂傳天下必堯、舜

㉟ 儲同人原錄、湯壽銘增訂、蔣抱玄註釋《註釋評點韓昌黎文全集》卷一（台北：廣文書局），頁六六。又見吳文治《韓愈資料彙編》（台北：學海出版社），頁九一一。

㊱ 沈德潛評點、雷瑨註釋，《評註唐宋八家古文讀本》卷一（上海：掃葉山房石印本）。

乃爲，至是禹變其道以從古爲非，無乃仍無解於德衰之惑歟？且順天從民之義亦不著也。觀昌黎之說，實能補孟子之所未言。雖然，民者天之心也，慮民之深而得民之心，即爲得天之心，原其本而推其極致，則亦仍無越乎孟子「天與賢則與賢」、「與子則與子」之義歟！㊲

此亦有意維護傳子制，故謂堯以前皆傳子，大禹乃行古道耳；又謂昌黎之說「實能補孟子之所未言」。其實，昌黎乃據孟子之言發揮己意，未必符合孟子本意，亦未必有補於孟子學說之發揚。昌黎所謂「慮民」，雖或可作推衍，謂其無越乎孟子之義，然而，孟子「天與」之說所揭示的「公天下」的民主理念與尙賢精神，已爲昌黎所忽，故仍不免有隔也。

綜觀清人對韓愈此文之評論，可謂贊譽有加。除就其所宣揚的傳子之義加以稱許外，亦就其筆法、氣勢多所推崇。例如劉大櫆曰：

議論高奇，而筆力勁健曲屈，足達其意。㊳

張裕釗曰：

㊲《御選唐宋文醇》卷十一（台灣：商務印書館影印文淵閣《四庫全書》集部，冊七〇六至七〇七），頁一四四七之一二四。

㊳《韓昌黎文集校注》引。

> 一氣馳驟而下，逐層搜抉，期於椎碎而止，此種文實得力於孟子。㊴

又曰：

> 雄闊高朗之概，寓之遒簡勁整，彌覺聲光鬱然紙上。㊵

可見，清代古文家對韓愈此文評價極高。

平心而論，〈對禹問〉「斬峭以廉悍」，㊶就其筆法、氣勢而言，洵屬議論文中之佳作。可惜受限於君主專制時代，此文一本「家天下」之尊君觀念，人力宣揚傳子制度，雖或能得清代某些學者之稱譽，卻終不符民主思潮，而難以饜切今日之人心矣！契嵩處於宋代，即能以公天下之民主思想質疑韓文，可謂十分難得。

六、結論

早在戰國時代，已有傳言批評大禹德衰，或謂其不傳於賢而傳於子，或謂其名傳於益而實令啓自取，以致啓、益交攻，爭奪天下。唯獨孟子力排眾議，提出「天與賢，則與賢；天

㊴ 同註㊳。

㊵ 同註㊳。

㊶ 同註㉙。

與子，則與子」之說，謂禹薦益於天，百姓去益之啓，未見爭亂。其後，儒家學者多遵其說，韓愈亦以其說爲基礎，作成〈對禹問〉一文。

然而，孟子否定「大禹傳子」之說，認爲「天子不能以天下與人」，而強調「天與人歸」的重要性；韓愈卻肯定「大禹傳子」之說，認爲聖人「憂後世爭之之亂」，故以「前定」之原則傳子而止爭。可見，孟子具有「公天下」的民主思想；而韓愈卻有「家天下」的尊君觀念。由於此一政治理念之歧異，遂使二文大異其趣。

韓愈一生尊孟，此文所論異於孟子，當是借古論今，別有用心。以唐朝而言，皇位繼承屢有爭亂，加上安、史亂後，強藩往往跋扈不臣，甚至稱兵向闕。韓愈適於此時提出「傳之子則不爭，前定也」之傳位原則，以示君位無可覬覦，當自有其時代意義。

前人評論〈對禹問〉，多所稱許，甚至以爲「出孟子上」，唯獨契嵩能以公天下之民主思想質疑韓文，可謂難得。今人民主意識高漲，雖或不滿韓文思想過時，然其筆勢健峭，就文論文，洵屬佳作，則亦不容否認也。

（本文原載《漢學研究》十一卷一期，一九九三年六月）

韓愈〈伯夷頌〉析論

一、前言

伯夷、叔齊爲殷、周易代之際，鼎鼎有名的聖賢，而其生平事蹟，卻因古書記載不詳，留下許多疑點。三千年來，學者屢爲詩文稱之、議之，觀點不一，攻駁互見，眞可謂見仁見智，新意迭出。❶唐韓愈曾作〈伯夷頌〉一文曰：

---

❶ 近代學者論伯夷、叔齊之文屢見不鮮，如馮其庸〈歷代對伯夷、叔齊的評論〉（一九六一年三月二十三日人民日報）、閻簡弼〈也談談伯夷、叔齊〉、劉開揚〈關於伯夷、叔齊〉（一九六二年《文史哲》雙月刊第一期摘要刊載二文，一九八七年二月西南財經大學出版《文史論集》刊劉氏全文）。根據以上三文可知，大陸學者曾因毛澤東在〈別了，司徒雷登〉一文中，批評韓愈伯夷頌「頌錯了人」，而對伯夷、叔齊展開熱烈批判。至於臺灣學者阮芝生所作〈伯夷列傳析論〉（一九八一年三月《大陸雜誌》六二卷三期），〈伯夷列傳發微〉（一九八五年十二月《臺大文史哲學報》三十四期），則對史記伯夷列傳之篇章結構、精義眞情詳加析論。其中，發微一文列舉日本學者論伯夷、叔齊之文凡九篇。而以上諸文對於歷代有關伯夷、叔齊之評論又多所引述，如劉開揚引孔子、孟子、莊子、司馬遷、班固、韓愈、黃滔、蘇軾、羅泌、顧炎武、馬驌、嚴可均、王安石、黃庭堅、吳仁杰、王直、胡應麟、柳識、俞樾諸說；阮芝生則引阮瑀、王粲、阮籍、陶淵明、韓愈、顧炎武之說。可見，古今學者對此二人之議論迭出不窮。

士之特立獨行，適於義而已，不顧人之是非，皆豪傑之士，信道篤而自知明者也。一家非之，力行而不惑者，寡矣；至於一國一州非之，力行而不惑者，蓋天下一人而已矣；若至於舉世非之，力行而不惑者，則千百年乃一人而已耳。若伯夷者，窮天地亘萬世而不顧者也。昭乎日月不足爲明；崒乎泰山不足爲高；巍乎天地不足爲容也。當殷之亡，周之興，微之賢也，抱祭器而去之；武王、周公聖也，從天下之賢士與天下之諸侯而往攻之，未嘗聞有非之者也。彼伯夷、叔齊者，乃獨以爲不可。殷既滅矣，天下宗周，彼二子乃獨恥食其粟，餓死而不顧。繇是而言，夫豈有求而爲哉？信道篤而自知明也。今世之所謂士者，一凡人譽之，則自以爲有餘；一凡人沮之，則自以爲不足。彼獨非聖人而自是如此。夫聖人，乃萬世之標準也。余故曰：若伯夷者，特立獨行，窮天地亘萬世而不顧者也。雖然，微二子，亂臣賊子接跡於後世矣。❷

此文極具特色，素爲學者矚目、爭議之焦點，❸故余不揣淺陋，亦欲一述管見，以就教於高明。

---

❷ 馬其昶《韓昌黎文集校注》卷一，頁三六（台北：世界書局）。

❸ 根據吳文治《韓愈資料彙編》（台北：學海出版社）可知，王安石、程頤、黃庭堅、朱熹、俞文豹、黃震、王若虛、戴表元、王直、吳寬、茅坤、唐順之、儲欣、林雲銘、何焯、沈德潛、蔡世遠、愛新覺羅弘曆、劉開、曾國藩、林紓、譚嗣同等二十餘家，均曾論及韓愈伯夷頌。但今人專論伯夷頌者，則不多見。一爲日人松浦友久〈韓愈の「伯夷頌」をめぐる二三の問題——伯夷説話の形成と繼承〉；一爲大陸學者韓兆琦〈關於韓愈的伯夷頌〉（一九八〇年二月《齊魯學刊》）。

二、〈伯夷頌〉的取材觀點

有關夷、齊事蹟的記載，最早見於《論語》、《孟子》、《莊子》、《呂氏春秋》、《韓非子》、《管子》、《戰國策》、《淮南子》諸書❹。片言隻語，難窺其詳，又往往相互牴牾，不知孰是。因此，至漢司馬遷作《史記·伯夷列傳》，乃廣收傳聞雜說，綜述夷、齊之生平事蹟。然以年湮代遠，考證不易，後代學者對此傳之眞實性，仍表懷疑。舉凡《論》、《孟》所未載者，皆不置信，多所攻駁。而韓愈〈伯夷頌〉所取事蹟，正是《史記》所載，而《論》、《孟》所未具者，故亦爲學者所非。茲先概述《論》、《孟》、《史記》之所載，而後考察〈伯夷頌〉，便可明其取材觀點。

首就《論語》所述夷、齊事蹟，分析如下：

(1)〈公冶長篇〉謂其「不念舊惡，怨是用希」，意即不念他人已往之過惡而思報復，故其心胸磊落無所怨，人亦少有怨之者。

(2)〈述而篇〉載：衛出公輒與其父蒯聵爭奪君位，子貢欲知孔子是否助輒拒父，乃入問曰：「伯夷、叔齊何人也？」孔子曰：「古之賢人也。」子貢曰：「怨乎？」孔子曰：「求仁而得仁，又何怨？」子貢乃知孔子必不助彼爭國。根據此條記載，可知孔子對伯夷、叔齊

❹ 如《莊子·大宗師、駢拇、讓王、盜跖》諸篇；《呂氏春秋·誠廉篇》；《韓非子·孤憤、外儲說左下、姦劫弒臣、說疑、安危、守道、用人、大體》諸篇；《管子·制分篇》；《戰國策·秦策三、韓策三、燕策一》；《淮南子·繆稱、齊俗、泰族》諸篇，皆曾論述夷、齊。

讓國而逃之事，以「仁」許之，並且表明仁者讓國，其心無怨。

(3)〈微子篇〉載逸民七人，伯夷居首，並以「不降其志，不辱其身」評之，殆就其避地隱居，不仕亂朝而言。

(4)〈季氏篇〉載其「餓于首陽之下，民到于今稱之。」此可見其固窮守道之節概。

綜上可知，孔子論述伯夷、叔齊，首重其仁者之心懷，(1)、(2)條是也。次觀其出處大節，(3)、(4)條是也。至其行跡，僅述及讓國、首陽二事，且極爲簡略。

次觀《孟子》所載夷、齊事，大要如下：

(1)〈萬章篇〉謂其「目不視惡色，耳不聽惡聲。非其君不事，非其民不使。治則進，亂則退，橫政之所出，橫民之所止，不忍居也。思與鄉人處，如以朝衣朝冠坐於塗炭也。當紂之時，居北海之濱，以待天下之清也。故聞伯夷之風者，頑夫廉，懦夫有立志。」此謂伯夷清高自守，遠惡避亂，能使頑廉懦立，下文又以「聖之清者」讚之。類似記載，亦見於〈公孫丑篇〉。

(2)〈公孫丑篇〉又載：「非其君不事，非其友不友。不立於惡人之朝，不與惡人言。……是故諸侯雖有善其辭命而至者，不受也。不受也者，是亦不屑就已。……伯夷隘，……君子不由也。」此論伯夷惡惡之心太甚，不免於「隘」。又，〈告子篇〉云：「居下位，不以賢事不肖者，伯夷也。」亦所謂「不屑就已」。

(3)〈離婁篇〉謂「伯夷辟紂居北海之濱，聞文王作，興曰：「盍歸乎來，吾聞西伯善養老者。」二老者，天下之大老也，而歸之。」類似記載又見於〈盡心篇〉。

綜上以觀，孟子論述伯夷，一讚其「清」，一評其「隘」，皆就出處大節論。至其生平行跡，則述及避紂居北海之濱，而後歸順文王。

再看《史記伯夷列傳》，其要曰：

> 夫學者載籍極博，猶考信於六藝。……孔子序列古之仁聖賢人，如吳太伯、伯夷之倫，詳矣。……孔子曰：「伯夷、叔齊，不念舊惡，怨是用希。」「求仁得仁，又何怨乎？」余悲伯夷之意，睹軼詩可異焉。其傳曰：伯夷、叔齊，孤竹君之二子也。父欲立叔齊，及父卒，叔齊讓伯夷。伯夷曰：「父命也。」遂逃去。叔齊亦不肯立而逃之。國人立其中子。於是伯夷、叔齊聞西伯昌善養老，「盍往歸焉」。及至，西伯卒；武王載木主號爲文王，東伐紂。伯夷、叔齊叩馬而諫曰：「父死不葬，爰及干戈，可謂孝乎？以臣弒君，可謂仁乎？」左右欲兵之。太公曰：「此義人也。」扶而去之。武王已平殷亂，天下宗周。而伯夷、叔齊恥之，義不食周粟；隱於首陽山，采薇而食之。及餓且死，作歌，其辭曰：「登彼西山兮，采其薇矣。以暴易暴兮，不知其非矣。神農虞夏，忽焉沒兮，我安適歸矣？于嗟徂兮，命之衰矣！」遂餓死於首陽山。「由此觀之，怨邪？非邪？或曰：「天道無親，常與善人。」若伯夷、叔齊，可謂善人者非邪？積仁絜行如此而餓死！且七十子之徒，仲尼獨薦顏淵爲好學，然「回也屢空」，糟糠不厭，而卒蚤夭。……盜蹠日殺不辜，肝人之肉，……橫行天下，竟以壽終。……余甚惑焉！儻所謂天道，是邪？邪非？子曰：「道不同，不相爲謀。」亦各從其志也。故曰：「富貴如可求，雖執鞭之士，吾亦爲之；如不可求，從吾所好。」「歲寒，然後

> 知松柏之後凋。」舉世混濁，清士乃見，豈以其重若彼，其輕若此哉！「君子疾沒世而名不稱焉。」……伯夷、叔齊，得夫子而名益彰；……巖穴之士，趨舍有時若此類，名不堙滅而不稱，悲夫！閭巷之人，欲砥行立名者，非附青雲之士，惡能施于後世哉？

歸納所敘夷、齊事蹟，重點有五：⑴兄弟讓國而逃。⑵相偕往周，欲歸文王。⑶叩馬諫阻武王伐紂。⑷義不食周粟。⑸餓死於首陽山。其中，⑴、⑵項與《論》、《孟》相符；⑶、⑷項爲《論》、《孟》所無；⑸項與《論語》略異，易「餓」爲「餓死」。至若《論語》「不念舊惡」、「求仁得仁」語，傳中亦予引述，然對孔子所謂「怨是用希」、「又何怨乎？」，卻表示懷疑，且引西山之歌，以示其怨。此下遂發善人未必善終之感慨。可見，司馬遷論述伯夷事蹟，有意強調其「積仁絜行如此而餓死」之不幸遭遇。此種觀點在《史記》中一再出現，如〈孔子世家〉云：「孔子曰：譬使仁者而必信，安有伯夷、叔齊？使知者而必行，安有王子比干？」意謂仁、智者往往遭遇困阨，或餓死、或剖心。又如：〈游俠列傳〉云：「伯夷醜周，餓死首陽山，而文、武不以其故貶王；……由此觀之，『竊鉤者誅，竊國者侯，侯之門仁義存。』非虛言也。」此尤憤憤於伯夷醜周餓死，而文王、武王猶自爲天子，仁義之名往往附於王侯，眞正的仁者卻遭不幸。

司馬遷屢藉伯夷發其不平之鳴，殆因己身遭遇李陵案而受宮刑，冤抑難伸，故於伯夷之餓死，再三致其憤慨。後人論〈伯夷列傳〉之怨與不怨，或云：「太史公托以自傷其不遇，故其情到而詞切，然非伯夷怨是用希之心也。故後世高其文而非其旨。」❺又或云：「此傳

❺《史記評林》卷六一，頁四，引黃震語。（凌稚隆輯校，李光縉增補，有井範平補標，台北，蘭臺書局。）

始雖不免於怨，至得孔子而名益彰，……則向之西山餓莩，軼詩寫怨者，皆付之冰清風釋矣，又何怨！」❻然則，無論此傳之怨與不怨，太史公之論伯夷，已異於《論》、《孟》之就伯夷而論伯夷，而是藉伯夷以抒一己之情懷。伯夷因孔子而垂名後世，司馬遷亦欲竊比於孔子，而為砥行君子立傳。故〈伯夷列傳〉首末皆論及孔子，而有無窮之感慨與深遠之抱負寄寓其間。

韓愈〈伯夷頌〉受《史記・伯夷列傳》之影響頗大，〈伯夷列傳〉首末議論之篇幅遠多於中間敘事部分，與一般列傳體相異。〈伯夷頌〉亦然，首末皆議論，中間略敘事蹟，與一般頌體相異。〈伯夷列傳〉寄寓太史公一己之情懷，〈伯夷頌〉亦不僅就伯夷而頌伯夷，乃有自況之意。此外，〈伯夷頌〉敘夷、齊事蹟，亦是採自《史記》，其重點有二：⑴武王率天下賢士、諸侯伐紂，唯彼二人以為不可。⑵武王滅紂，天下宗周，唯彼二人恥食其粟而餓死。凡此皆為《史記》所載，而《論》、《孟》所無者。因此，後代學者批評《史記伯夷列傳》不符孔、孟之旨，往往連帶以駁韓愈此文。如宋黃庭堅〈伯夷叔齊廟記〉云：

> ……至於諫武王不用，去而餓死，則予疑之。陽夏謝景平曰：「二子之事，凡孔子、孟子之所不言，可無信也。其初蓋出莊周，空無事實；其後司馬遷作史記列傳，韓愈作頌，事傳三人！而空言成實。若三家之學，皆有罪於聖人者也。……」以予觀謝氏之論，可謂篤信好學者矣❼。

---

❻ 同上，引李廷機語。

❼ 《豫川黃先生文集》卷十七，引自《韓愈資料彙編》頁一六一。

黃、二氏以為「諫武王不用，去而餓死」之事，孔、孟未言，出於莊周，不可置信。今考《莊子・讓王篇》云：

昔周之興，有士二人處於孤竹，曰伯夷、叔齊。二人相謂曰：「吾聞西方有人，似有道者，試往觀焉。」至于岐陽，武王聞之，使叔旦往見之，與盟曰：「加富二等，就官一列。」……二人相視而笑，曰：「嘻！異哉！此非吾所謂道也。昔者，神農之有天下也，……忠信盡治而無求焉……今周見殷之亂，而遽為政，……殺伐以要利，是推亂以易暴也。……其並乎周以塗吾身也，不如辟之以絜吾行。」二子北行至於首陽之山，遂餓而死焉。

此篇所載與《史記》有同有異。其同者如：以武王伐紂為非，拒受官爵而餓死於首陽，推崇神農之治，謂周伐殷是以亂易暴等。然《史記》謂二人叩馬而諫，此謂武王遣叔旦往見之；《史記》謂滅紂後，二人恥食周粟而隱，此則謂伐紂前，即以官爵邀之。可見，《史記》雖或有采於《莊子》，而其相異之處另有傳說來源。今考漢以前書記夷、齊事者，大抵皆謂其以武王伐紂為非，拒受官爵，餓死首陽，而皆無叩馬之說❽。韓愈〈伯夷頌〉敘夷、齊事，

❽ 如《呂氏春秋・誠廉篇》云：「伯夷、叔齊……西行如周，……文王已歿矣，武王即位，觀周德，……使叔旦就膠鬲……而與之盟曰：『加富三等，就官一列。』……又使保召公就微子開……而與之盟曰……。伯夷、叔齊聞之，相視而笑曰：『嘻，異乎哉！此非吾所謂道也……殺伐以要利，以此紹殷，是以亂易暴也。……與其竝乎周以漫吾身也，不若避之以潔吾行。』二子北行，至首陽之下而餓焉。」此謂武王以爵

言「天下宗周」、「恥食其粟」，文字採自《史記》；而謂其於武王伐紂「以爲不可」，則未取叩馬之說，又似與他書暗合。然此或係行文時修辭需要，不知是否有意別於《史記》。

宋王安石曾作〈伯夷論〉，評司馬遷與韓愈云：

> ……孔、孟皆以伯夷遭紂之惡，不念以怨，不忍事之，以求其仁。餓而避，不自降辱，以待天下之清。……然則，司馬遷以爲，武王伐紂，伯夷叩馬而諫，天下宗周而恥之，義不食周粟，而爲采薇之歌。韓子因之，亦爲之頌，以爲微二子，亂臣賊子接跡於後世，是大不然也。夫商衰而紂以不仁殘天下，天下孰不病紂？嘗與太公聞西伯善養老，則往歸焉。當是之時，欲夷紂者，二人之心豈有異邪？及武王一奮，太公相之，遂出元元於塗炭之中，伯夷乃不與，何哉？蓋二老所謂天下之大老，行年八十餘，而春秋固已高矣。自海濱而趨文王之都，計亦數千里之遠。文王之興，以至武王之世，歲亦不下數十，豈伯夷欲歸西伯而志不遂，乃死於北海邪？抑來而死於道路邪？抑其至文王之都，而不足以及武王之世而死邪？如是而言，伯夷其亦理有不存者也。且武王倡大義於天下，太公相而成之，而獨以爲非，豈伯夷乎？天下之道二：仁與不仁也。紂

邀盟於膠鬲、微子開，夷、齊聞而恥之，避至首陽。又如《戰國策》卷二十九〈燕策一〉云：「廉如伯夷，不取素飡，汙武王之義而不臣焉，辭孤竹之君，餓而死於首陽之山。」亦未言及叩馬而諫。再如《韓非子‧姦劫弒臣篇》云：「古有伯夷、叔齊者，武王讓以天下而弗受，二人餓死首陽之陵。」此謂武王讓以天下，與諸書所載大異；而餓死首陽之說亦同於他書。其餘諸書所載甚略，亦皆未言叩馬之事。

之爲君，不仁也；武王之爲君，仁也。伯夷固不事不仁之紂，以待仁而後出。武王之仁焉，又不事之，則伯夷何處乎？余故曰：聖賢辯之甚明，而後世偏見獨識者之失其本也。嗚乎！使伯夷之不死，以及武王之時，其烈豈獨太公哉？❾

此論重點有四：⑴孔、孟皆以爲伯夷避紂而待天下之清。⑵伯夷與太公皆有滅紂之心，而欲歸文王。⑶太公相武王伐紂，而伯夷年高，未及武王之世，故不與。⑷伯夷不事不仁之紂，必事仁如武王者，豈有反對武王伐紂之理？

王氏據此四項理由駁斥司馬遷、韓愈之說，清崔述《豐鎬考信錄》卷八伯夷條極表贊同，又爲補充理由。其略曰：

……伯夷固嘗辟紂而居北海以待天下之清者也。欲天下之清，必無紂而後可；欲無紂，必有人伐之而後可。……民之困於紂極矣，……若但自免其身，……而又禁人救之，……惡足以爲聖哉？然則叩馬信則辟紂必誣；辟紂信則叩馬必誣。……《史記》記東遷以後事，采之《春秋經傳》，猶多乖謬，況克商以前乎？……孟子之述伯夷，詳矣。……辟紂之文至於三見，而無一言及於叩馬，則首陽之餓因辟紂，不因叩馬，明矣。辟紂故餓，餓故思養而歸於周，是以《論語》但云「餓于首陽」，而不云「餓死于首陽」。……戰國之時，楊墨並起，處士橫議，……伯夷既素有清名，又適有餓首陽一

❾《臨川先生文集》卷六十三，引自《韓愈資料彙編》頁一二七。

> 事，故附會爲之說，以毀武王。……太史公習聞其說，不察其妄而誤采之耳。……獨怪唐之韓子，自命爲抵排異端；……而亦信楊墨之邪說。……至於「父死不葬」之言，荒唐殊甚；「西山命衰」之歌，淺陋已極，而舉世皆信之，吁！其眞可怪也夫！❿

崔氏之論重點有五：⑴伯夷既避紂，必不禁人伐紂救民。⑵《史記》記事多有乖繆處，不盡可信。⑶孟子言避紂而不言叩馬，首陽之餓因避紂而不因叩馬。⑷叩馬之事乃戰國策士附會以毀武王。⑸父死不葬，西山之歌皆不可信。

崔氏據《論》、《孟》以駁《史記》，謂首陽之餓因避紂，不因叩馬，雖亦可以自圓其說，然《論》、《孟》未言叩馬，是否必無叩馬之事？避紂者是否必然贊同伐紂？實不可以爲必然。至於王氏之說，亦有牴牾之處，如云伯夷年高，未及武王之世，然太公亦爲年高之「大老」，何以能及武王之世？再者，不事不仁之紂，亦未必願事武王，又豈可強以後世之觀念加諸伯夷而以爲必然？因此，綜合王、崔之說，亦未必可以論定司馬遷與韓愈之非。

平心而論，《史記》記事確有可疑之處。例如，〈周本紀〉謂文王受命七年而崩⓫，「九

---

❿《崔東壁遺書》冊二，頁十一～十三（河洛圖書出版社）。

⓫〈周本紀〉云：「西伯陰行善，……虞、芮之人有獄不能決，乃如周。……諸侯聞之，曰：『西伯蓋受命之君』。明年，伐犬戎。明年，伐密須。明年，敗耆國。……明年，伐邘。明年，伐崇侯虎，明年，西伯崩。」據此推知受命七年而崩。然下文復云：「詩人道西伯蓋受命之年稱王而斷虞芮之訟。後十年而崩。」則相牴牾。

年，武王上祭于畢，東觀兵，至于盟津，爲文王木主，載以車，中軍，言奉文王之伐。」是則文王已崩二年，武王方載木主伐紂，與〈伯夷列傳〉所謂「父死不葬，爰及干戈」相矛盾。兩處記載同出一人之手，而前後不能相符，則其所記自難昭信於人。〈伯夷列傳〉所以多致攻詰，良有以也。然此亦史料不足所致，後世可以存疑，未必即可斷其必無⑫。若因懷疑《史記》，而並深罪韓愈，則可謂殃及池魚，而有苛責之嫌。畢竟，〈伯夷頌〉非以敘事爲主，韓愈採信《史記》之說，據以稱頌伯夷，與大多數學者之信從《史記》，並無二致，而其所以一再受責，殆因文筆卓特，予人極爲深刻之印象所致。

⑫ 近人呂思勉《先秦史》第四章，頁三四（臺灣開明書店）嘗考武王伐紂之事曰：「劉歆以爲文王受命九年而崩，……蓋以《周書・文傳》有文王受命九年，在鄗，召大子發之文，九年猶在，明其七年未崩。案《史記》謂文王受命七年而崩，九年，武王上祭於畢，東觀兵至於孟津，年代與劉歆異，而謂再期在大祥而東伐同。〈伯夷列傳〉曰：「西伯卒，武王載木主，號爲文王，東伐紂。伯夷、叔齊叩馬而諫曰：父死不葬，爰及干戈，可謂孝乎？」豈有再期而猶未葬者？《楚辭・天問》曰：「武發殺殷何所悒？載尸集戰何所急？」《淮南・齊俗》曰：「武王伐紂，載尸而行，海內未一，故不爲三年之喪始。」然則武王當日，蓋秘喪以伐紂；後周人自諱其事，謂在再期大祥之後；然文王死即東兵，猶爲後人所能憶，其事終不可諱；作周書者，遂將文王之死，移後二年也。」呂氏以爲，武王秘喪，載尸伐紂一事，可自《史記・伯夷列傳》、《楚辭・天問》、與《淮南・齊俗》得證。後因周人自諱其事，謂在再期大祥之後伐紂，遂使文王之崩與武王伐紂之年產生異說。錢賓四先生《國史大綱》第二章，頁二三（臺灣商務印書館）亦云：「文王死未葬，武王奉文王木主以伐紂；蓋以乘紂之不備。及周人得志，並其先世事皆諱之，若伐紂盡出弔民伐罪之公，並無一毫私意存於其間。」可見，《史記》記事矛盾，乃周人自諱其事所致。然而，無論武王奉木主伐紂是在何年，皆可見其未必盡出弔民伐罪之公，故《論語・八佾篇》載孔子論樂之言曰：「武盡美矣，未盡善也。」而伯夷、叔齊叩馬以諫武王之非，自亦不無可能。

三、〈伯夷頌〉的主旨

前人論本篇主旨，說法不一。如宋俞文豹曰：

> 韓文公〈伯夷頌〉，無一辭及武王，末後方云：「雖然，微二字，亂臣賊子接跡於後世矣。」其罪武王也，凜然如刀鋸斧鉞之加，而鋒鋩不露。⓭

清儲欣亦云：

> 本意轉於掉尾見。⓮

是皆於文章尾句推求作者本意。然而，〈伯夷頌〉是否有罪武王之意？其文云：「武王、周公聖也，……未嘗聞有非之者也。彼獨非聖人而自是如此。夫聖人，乃萬世之標準也。」文中再三稱武王、周公爲聖人，又謂其爲萬世標準，就行文語氣觀之，並無非難之意。又，韓愈爲文素尊武王、周公爲聖人，〈原道篇〉述聖聖相傳之道統，亦包含武王、周公。若〈伯夷頌〉有罪武王之意，豈非自相矛盾？可見，俞氏之說有過分深求之弊。

⓭《吹劍錄全編・吹劍錄》，引自《韓愈資料彙編》頁四八一。

⓮《昌黎先生全集》錄卷一，引自《韓愈資料彙編》頁九一三。

再者，文末所謂「微二子，亂臣賊子接跡於後世矣。」雖有萬鈞之力，可以托住上文，卻僅具有補住漏洞之作用，而非全文重心。因爲，上文既謂武王爲聖人，爲萬世標準，又贊伯夷能非聖人，自萬世而不顧，則此對立之二者似當有一是一非。武王是，則伯夷非；伯夷是，則武王非。然而，韓愈既不願罪責武王，又欲推尊伯夷，故須補述伯夷之功，在爲萬世樹立君臣之義，使亂臣賊子不敢弒君犯上。如此作結，則武王、伯夷皆可各行其是，皆成萬世標準。儲氏以末句爲本意所在，實爲喧賓奪主，有失其文本旨。

欲知本篇主旨，須先觀其如何推崇伯夷。前文曾述孔子之論伯夷，著眼於仁者之心與出處大節；孟子之論伯夷，偏重出處大節，讚其「清」，評其「隘」；《史記》之論伯夷，則有意強調其「積仁絜行而餓死」之不幸遭遇。至於韓愈之頌伯夷，則與前述三者又有不同，乃是強調他的特立獨行，敢於非聖自是。因此，文章起首便已標出主題：「士之特立獨行，適於義而已，不顧人之是非，皆豪傑之士，信道篤而自知明者也。」此下乃一再申說伯夷爲「特立獨行，窮天地亘萬世而不顧者。」此一論點，貫串全文，極爲突出，顯然爲其作文主旨。

今所欲究者爲，韓愈何以不就《論》、《孟》、《史記》之觀點以頌之，而獨選取此一觀點？其文云：「今世之所謂士者，一凡人譽之，則自以爲有餘；一凡人沮之，則自以爲不足。」可見，此文之頌伯夷，有意爲當世之士樹立典型。而此典型何在？不獨見於古之伯夷，亦將有見於唐之韓愈。此即韓愈撰述本文之用意——頌伯夷，正所以自期自況。

今考韓愈一生行事爲人，正是「特立獨行，適於義而已，不顧人之是非，」正是「信道篤而自知明」也。此文寫作年代雖不可知，而其畢生皆能以此自期自勉，故亦終能獨立於千載之上，留名於萬世之後，茲舉其最要者說明如下：

(1)**排佛老**——唐代佛、道二教盛行，上自天子，下至百姓，皆熱衷於奉佛、祈禳。佛寺、道觀紛紛而立，僧尼、道士不斷增加，國計民生深受不良影響。因此，韓愈一生堅決排佛老，不僅於私下勸告友朋，並且公然爲文駁斥，甚至上書諫阻天子迎佛骨於禁中。如此言行，施於當日，實需莫大之勇氣與自信。韓愈〈重答張籍書〉云：

> 今夫二氏之所宗而事之者，下乃公卿輔相，吾豈敢昌言排之哉？擇其可語者誨之，猶時與吾悖，其聲嘵嘵，若遂成其書，則見而怒之者必多矣，必且以我爲狂爲惑。……今夫二氏行乎中土也，蓋六百年有餘矣。其植根固，其流波漫，非所以朝令而夕禁也。……其可易而爲之哉？其爲也易，則其傳也不遠，故余所以不敢也。⑮

觀此可知，當日欲排佛老，實無異與天子、公卿、士大夫、百姓爲敵，其所遭遇之困難、阻力必甚大。因此，韓愈早年猶不敢昌言排佛。然至德宗貞元末年，終於寫成〈原道篇〉，主張「人其人，火其書，廬其居」，公然向佛、道二教宣戰。及至憲宗元和十四年，又上表諫天子勿迎鳳翔寺佛骨入禁中供養，謂歷代天子奉佛，皆不長壽。因此激怒憲宗，欲處以極刑。幸賴大臣極力營救，方貶潮州刺史。經此九死一生，卻仍未改其排佛立場。元和十五年作〈與孟尙書書〉猶云：

---

⑮《韓昌黎文集校注》卷二，頁七七。

> 釋老之害過於楊墨，韓愈之賢不及孟子。孟子不能救之於未亡之前，而韓愈乃欲全之於已壞之後。嗚呼！其亦不量其力，且見其身之危，莫之救以死也。雖然，使其道由愈而粗傳，雖滅死萬萬無恨。[16]

此種膽識與擔當，正是由於「信道篤而自知明」，故能「特立獨行」，「不顧人之是非」也。伯夷勸阻武王伐紂，武王，聖人也，位爲天子；韓愈勸阻憲宗迎佛骨，憲宗，天子也，俗謂天子爲聖人。可見，伯夷之敢於非聖，正是韓愈敢於諫阻天子奉佛之力量泉源。伯夷之非聖，又不僅止於反對武王，武王乃天下後世之人所共尊者，反對武王，即與天下後世立異。而韓愈之排佛，亦不僅止於反對天子，天子率天下人奉佛，代代相承已六百年，韓愈以其一身，敢於力敵天子、天下，乃至後世之奉佛者，亦可謂是「窮天地亘萬世而不顧」矣。

(2)**倡師道**——柳宗元〈答韋中立論師道書〉云：

> 由魏、晉氏以下，人益不事師。今之世不聞有師，有輒譁笑之，以爲狂人。獨韓愈奮不顧流俗，犯笑侮，收召後學，作〈師說〉，因抗顏而爲師。世果群怪聚罵，指目牽引，而增與爲言辭。愈以是得狂名，居長安，炊不暇熟，又挈挈而東，如是者數矣。[17]

魏、晉迄唐，師道不傳已數百年，在舉世不爲師之情況下，韓愈卻敢收召後學，作〈師說〉，

---

[16]《韓昌黎文集校注》卷四，頁一二六。

[17]《柳河東集卷》三十四，頁五四一。（台北，河洛圖書出版社影印世綵堂本）

倡師道，因此而得狂名，遭謗言，被迫由長安改調洛陽任官。這種不顧流俗，抗顏爲師的勇氣，亦可說是「舉世非之，力行而不惑者，千百年乃一人而已耳。」他曾作〈通解〉曰：

> 五常之教，與天地皆生，然而天下之人不得其師，終不能自知而行之矣。……自周之前千萬年，渾渾然不知義之可以換其生也，故伯夷哀天下之偷，且以彊則服，食其葛薇，逃山而死。故後之人竦然而言曰：雖餓死猶有義而不懼者，況其小者乎？故義之教行於天下，由伯夷爲之師也。是三人者，俱以一身立教，而爲師於百千萬年間，其身亡而其教存，扶持天地，功亦厚矣。[18]

可見，他之所以抗顏而爲師，以道統爲己任，正是效法伯夷之所爲，欲以一身立教，扶持天地。

(3)倡為古文——《舊唐書·韓愈傳》云：

> 常自以爲魏、晉以還，爲文者多拘偶對，而經誥之指歸，遷、雄之氣格不復振起矣。故愈所爲，務反近體，抒意立言，自成一家新語。[19]

魏、晉以後，駢文盛行，數百年積習，一時難改，而韓愈爲文，極力去駢就散，獨樹一幟，

---

[18] 《韓昌黎文集校注》外集卷上，頁三九三—三九四。

[19] 卷一六〇，頁四二〇三—四二〇四。（台北，鼎文書局新校本）。

在當時，亦曾遭到許多責怪攻擊。他曾作〈與馮宿論文書〉云：

僕爲文久，每自則意中以爲好，則人必以爲惡矣。小稱意，人亦小怪之；大稱意，即人必大怪之也。時時應事作俗下文字，下筆令人慙，及示人，則人以爲好矣。……不知古文直何用於今世也。然以竢知者知耳。……作者不祈人之知也明矣，直百世以竢聖人而不惑，質諸鬼神而不疑耳。⓴

觀此可知，韓愈倡爲古文，實有賴於堅定的信念，不祈人之知，而信己必傳於後世。李漢〈昌黎集序〉云：

時人始而驚，中而笑且排，先生益堅，終而翕然隨以定。

可見，其古文運動所以成功，亦賴其「不顧人之是非」，「信道篤而自知明」也。根據以上三事，便可證明，韓愈所以爲文推崇伯夷之特立獨行，敢於非聖自是，實有自況自期之意。近人錢基博云：

〈伯夷頌〉則以自況，爲斯道之重言之也。㉑

⓴《韓昌黎文集校注》卷三，頁一一五。

㉑《韓愈志・韓集籀讀錄第六》，頁一二三。（台北，華正書局）

所謂「斯道之重」，亦即〈原道篇〉所揭櫫之聖道——由堯、舜、禹、湯、文、武、周公、孔子、孟子代代相傳之道統。韓愈所以排佛老、倡師道、爲古文，正是爲了發揚此一聖道，而〈伯夷頌〉一文，亦正爲了表明此一信念而作。

清代學者論伯夷頌之主旨，以劉開、曾國藩、林紓三人最能切中肯綮。劉開云：

> 韓子所以推崇伯夷者，美矣至矣，蔑以加矣。然彼非無爲言之也。伯夷當商、周革命之際，獨顯斥其非，且以一死存萬世君臣之義，固其立行之高，亦所見之能決也。夫聖賢之事何常？亦決於義而已矣。賈子曰：「貪夫殉財，烈士殉名。」故士之有志者，無得失之見易，無毀譽之見難。不惑於流俗之是非也易，不動於君子之臧否也難。伯夷行一己之安，且以衆聖人之行爲恥，而近世之抗志希古者，乃爲一凡人之毀譽所奪，此退之所以慨乎其言之也。且退之亦嘗負當世之謗矣。大不爲天下所共非者，必不能成一人之是。當退之卓起波靡中，爲衆人所不能爲，犯天下之不韙，其所謂豪傑之士信道篤而自知明者，雖頌伯夷，倘亦有自任之意乎？且彼排二家於千載之下，挽頹波於八代之餘，百折九死，不易其志，是誠舉世非之而不惑者矣。故其論古於伯夷有深契焉。㉒

曾國藩云：

㉒《孟塗文集・書韓退之伯夷頌後》卷一，引自《韓愈資料彙編》頁一四三四。

舉世非之而不惑，乃退之生平制行作文宗旨。此自況之文也。㉓

林紓云：

> 伯夷一頌，大致與史公同工而異曲。史公傳伯夷，患己之無傳，故思及孔子表彰伯夷，傷知己之無人也。昌黎頌伯夷，信己之必傳，故語及豪傑不因毀譽而易操。曰：『今世之所謂士者，一凡人譽之，則自以爲有餘；一凡人沮之，則自以爲不足。』見得伯夷不是凡人，敢爲人之不能爲，而名仍存於天壤。而己身自問，亦特立獨行者，千秋之名，及身已定，特借伯夷以發揮耳。蓋公不遇於貞元之朝，故有託而洩其憤。不知者，謂爲專指伯夷而言，夫伯夷之名，孰則弗知，寧待頌者？㉔

觀此三人所論，〈伯夷頌〉之義蘊，可謂抉發無遺矣。

四、〈伯夷頌〉的寫作技巧

本文共分三大段：

第一段分爲三小節。第一節由空際取勢，不述伯夷，卻先揭「士之特立獨行，適於義而已，不顧人之是非，皆豪傑之士，信道篤而自知明者也。」作爲全篇綱領。如此發端，彷彿

㉓《求闕齋讀書錄》卷八，引自《韓愈資料彙編》頁一四八四。

㉔《韓柳文研究法·韓文研究法》，引自《韓愈資料彙編》頁一六〇四。

平地突起一座高山，令人心神震懾，肅然起敬。以下全文皆就此一論點加以發揮。第二節就前節所謂「不顧人之是非皆豪傑之士」提出三種層次——「一家非之……」、「一國一州非之……」、「舉世非之……」一層比一層更高；而伯夷其人，又在前述三種層次之上，乃是「窮天地亘萬世而不顧者」。至此，其峯已入雲霄，足以睥睨千秋萬世。第三節乃順勢形容此一高峯，比日月更明，比泰山更高，比天地更廣闊，足以令人歎爲觀止。

在本段中，作者使用空際取勢與逐層增強之作法，將氣勢一路往上提昇，襯托伯夷高乎一切，成爲全文第一高峯。

以下陡然換筆，進入第二段，彷彿由高山下至谿谷。分爲兩小節。第一節「當殷之亡」至「餓死而不顧」，敘述伯夷特立獨行之事蹟。其中又分兩層：第一層以微子之去殷，武王、周公之率天下人攻殷。與「伯夷、叔齊乃獨以爲不可」作一對比。第二層以「天下宗周」與「彼二子乃獨恥食其粟」作一對比。藉此兩番正反對比，遂能襯出伯夷之「獨」行。第二節再以「繇是而言」收束上節，說明彼二子之獨行，並非有求而爲，乃是「信道篤而自知明」所致。「夫豈有求而爲哉？」乃是用反問句表明「適於義而已」，以與首段呼應。

在本段中，亦曾使用逐層增強法。所謂「微子賢也，抱祭器而去之」是一層，所謂「武王、周公聖也，……往攻之」則更進一層，其中插入「率天下之賢士與天下之諸侯」句，則強調武王爲天下人所共隨者，可更加強去殷、攻殷之「是」。至此，文勢增強至一高潮，突然打住，接云：「未嘗聞有非之者」，一則上承武王之「是」，一則下啓伯夷之「非」其「是」。以下遂兩用正反對比法，促使文勢更加曲折。大抵而言，本段文勢若與第一段相比，不似高山，而似流水，或上或下，曲折盤旋，雖無驚濤駭浪，卻是暗潮洶湧。末句一收，猶如逆流而上，溯至源頭，復與首段相應。

以下再度換筆，進入第三段，彷彿另立一山。分爲三小節。第一節以「今世之所謂士」與首段之「士」遙相對照。彼能「不顧人之是非」，「一家、一國、一州、舉世非之，力行而不惑」，此則爲一凡人之毀譽所左右，眞「士」、假「士」立見分野。以下緊接「彼獨非聖人而自是如此」一句，遂將此今世之「士」所立之假山推倒。第二節再轉筆言：「夫聖人，乃萬世之標準也。」彷彿又立一山。而後下一結論：「余故曰：若伯夷、叔齊者，特立獨行，窮天地亘萬世而不顧者也。」又復回應首段之最高峯，似比「聖人」之山更爲孤絕而特出。至此，筆鋒突轉，入第三節：「雖然，微二子，亂臣賊子接跡於後世矣。」乃承上節說明伯夷之特立獨行，聳峙如山，足令亂臣賊子懼而遁跡。如此收束，似有萬鈞之力托住全篇，表明伯夷之偉大，並不僅由於特立獨行，非聖自是，而是因其能「適於義」、「信道篤」，以爲萬世立君臣之義。全篇藉此一句補述，意義乃更完足。

在本段中，第一小節是用正反對比法，襯出伯夷之「獨」，第二、三節則以突然轉筆之法，陡起陡落，製造高峯，以回應首段。由於轉折急遽，文勢相當險拔。故能將此激昂峻拔之氣，貫注讀者心中，造成極大之震撼。

綜上以觀，本篇結構之最大特色，即是以開端三十一字之長句，作爲全篇綱領，而後處處回應首句。一方面極盡曲折變化之能事，一方面又能前後密切呼應，形成緊湊而多變之結構型式，在作法上，運用了空際取勢，逐層增強，正反對比，前後呼應，突然轉筆等手法，皆能使文章氣勢激昂峻拔。

此外，在修辭方面，有四點值得注意：

(1)**重複使用相同或意義相近之字詞，使文章主旨更為突出：**

由於本篇主旨爲「特立獨行」、「不顧人之是非」、「信道篤而自知明」，因此，全文中重複出現這些字詞。例如：第一段云「寡」、「天下一人」、「千百年乃一人」、「窮天地」，皆有「獨」字之意，而「獨」字全文凡五見。又如：第一段三言「力行而不惑」，即含有「獨行而不顧」之意，而「不顧」一詞全文凡四見，「特立獨行」兩見。再如：文中云：「一家非之」、「一國一州非之」、「舉世非之」、「未嘗聞有非之者」、「乃獨以爲不可」、「非聖人而自是」，皆言其「是非」。又，「信道篤而自知明」凡兩見，「自」字五見，「明」字三見。凡此皆足以突出主旨，加深印象，而尤以「獨」字爲最要，可謂全文眼目。

(2)**時時插用否定詞句，以增加抑揚頓挫之勢：**

本文中，凡用十二「不」、五「非」、一「微」、一「未嘗」等否定詞，可見其否定句之多。行文時，全用肯定句，則一氣直下，平平無奇，若是時時插用否定句，則能激起波濤，產生抑揚頓挫。例如：首句長達三十一字，分爲五子句，其中插入否定子句：「不顧人之是非」，便覺抑揚有致，而此一子句，亦覺特別醒目。又如：「若伯夷、叔齊者，特立獨行，窮天地亘萬世而不顧者也。」，「彼伯夷、叔齊者乃獨以爲不可」等句，使用「不顧」、「不可」等否定詞於句尾，遂有斬鐵截釘之勢。

(3)**多用長句與排比句，使文章氣足力勁而有韻致：**

例如：首句長達三十一字，如水之一氣奔注，足以涵蓋全篇。又如：「武王、周公聖也，從天下之賢士與天下之諸侯而往攻之」，長達二十二字。「若伯夷、叔齊者，特立獨行，窮天地亘萬世而不顧者也。」亦長達十九字。類此長句，單行直下，皆有雄直之氣。

至於排比句，如「一家非之，力行而不惑者，寡矣；至於一國一州非之，力行而不惑者，蓋天下一人而已矣；若至於舉世非之，力行而不惑者，則千百年乃一人而已耳。」三句句式相同，而將其轉接連詞及子句字數加以變化，遂不覺單調平直。又如：「昭乎日月不足為明；崒乎泰山不足為高；巍乎天地不足為容也。」三句句法完全相同，連成一氣，而以末句「也」字加以收束，誦之頗有韻味。再如：「今世之所謂士者，一凡人譽之，則以為有餘；一凡人沮之，則以為不足。」正反兩句句法相同，而意義互相補足，有緩和文氣之效。類此排比句，亦可視為一長句，文氣相連，而有迴旋之勢，故能增加文章韻致。

(4)**運用短句以調節文氣：**

本篇所用長句及排比句雖多，然亦能適時插用短句，以調節文氣。如第一段皆長句相連，一氣貫注，達於頂峯。第二段遂以「當殷之亡，周之興」二短句開始，以下逐漸增加文句長度，至於「武王、周公聖也，從天下之賢士與天下之諸侯而往攻之」，已達二十二字，乃以「未嘗聞有非之者也」一較短句收束。如此伸縮文句之長度，遂能產生抑揚頓挫之勢。

根據以上四點分析，可知本文修辭技巧相當成功，不僅主旨突出，氣完力勁，而且曲折有韻致。

前人評論本篇，頗多贊譽。如姚鼐云：

用意反側蕩漾，頗似太史公論贊。㉕

張裕釗云：

介甫〈書李文公集後〉從此出，而氣太勁，神太迫，韻度迥不及此。㉖

馬其昶云：

用筆全在空際取勢，如水之一氣奔注，中間卻有無數迴波，盤旋而後下。後幅換意換筆，語語令人不測，此最是古人行文秘密處也。㉗

錢基博云：

其文破空而來，寓提折於排宕，亦學孟子以開蘇氏；蘇軾策論多仿之。㉘

㉕《韓昌黎文集校注》引。
㉖《韓昌黎文集校注》引。
㉗《韓昌黎文集校注》語。
㉘同註㉑。

凡此皆就文辭技巧加以評論，可謂深得個中三昧。又，蔡世遠云：

激昂峻拔。讀之頑夫廉，懦夫有立志。㉙

曾國藩云：

岸然想見古人獨立千古，確乎不拔之概。㉚

此謂其文具有感動力，足以鼓舞讀者向上，非誇言也。

五、〈伯夷頌〉的文體

一般「頌」體文章，多以韻語為之㉛；亦或以散文為序，以韻語為頌；㉜〈伯夷頌〉卻以散文為之，不綴韻語，並且以論為頌，頗為特殊，故金人王若虛曾云：

退之評伯夷，止是議論。散文而以頌為名，非其體也。㉝

㉙《古文雅正》卷二，引自《韓愈資料彙編》頁一一四一。

㉚《韓昌黎文集校注》引。

㉛如揚雄〈趙充國頌〉，史岑〈出師頌〉，蔡邕〈胡廣黃瓊頌〉，韓愈〈子產不毀鄉校頌〉，皆其著例。

㉜如陸機〈漢高祖功臣頌並序〉，元結〈大唐中興頌並序〉，李華〈無疆頌並序〉，皆其例。

㉝《滹南遺老集》卷三十五，引自《韓愈資料彙編》頁六〇六。

其後，清人姚鼐《古文辭類纂》、曾國藩《經史百家雜鈔》亦逕以其文入論辨類、論著類，而不以人頌贊類。然而，此文雖似論體，卻實以「頌」爲名，而不以「論」爲名，是否宜入論體而不宜入頌體？須先考察何謂頌體？明吳訥〈文章辯體序說〉云：

> 詩大序曰：「詩有六義，六曰頌，頌者，美盛德之形容，以其成功告於神明者也。」……故頌之名，實出於詩。若商之那，周之清廟諸什，皆以告神爲頌體之正。至如魯頌之駉、駜等篇，則當時用以祝頌僖公，爲頌之變。故先儒胡氏有曰：「後世文人獻頌，特效魯頌而已。」頌須鋪張揚厲，而以典雅豐縟爲貴。文心雕龍云：「敷寫似賦，而不入華侈之區；敬愼如銘，而異乎規諫之域。」諒哉！

吳氏認爲頌體源出於詩經，本用以告神；其後用以頌人，則爲變體。此類文章大抵「鋪張揚厲」、「典雅豐縟」、「敷寫似賦」、「敬愼如銘」，然而「不入華侈之區」、「異乎規諫之域」。此種看法上承劉勰《文心雕龍》，而後又爲徐師曾〈文體明辯序說〉所取，而增益之曰：「其詞或用散文，或用韻語。」故若根據吳、徐之說以觀，〈伯夷頌〉極力稱揚伯夷、叔齊「信道篤而自知明」，謂其「昭乎日月不足爲明，崒乎泰山不足爲高，巍乎天地不足爲容也。」正是所謂「美盛德之形容也」；其文雖無豐縟之辭藻，亦不以典雅勝，然而氣勢峻拔，用筆飛揚，亦可謂「鋪張揚厲」也。故雖與一般「敷寫似賦」、「敬愼如銘」之「頌」體有別，卻仍爲徐氏歸入頌體。今觀《昭明文選》卷四十七之頌，首列王褒〈聖主得賢臣頌〉，即爲散文。可見，伯夷頌以散文爲之，雖頗異於一般頌體，卻自有其淵源。

反觀所謂「論」體，吳氏曰：

論有二體：一曰史論，乃史臣於傳末作論議，以斷其人之善惡，若司馬遷之論項籍、商鞅是也。二曰論，則學士大夫議論古今時世人物，或評經史之言，正其訛謬，如賈生之論秦過，江統之論徙戎，柳子厚之論守道、守官是也。

徐氏則引劉勰之言曰：

論者，倫也。彌綸羣言而研精一理者也。……其為體則辯正然否，窮有數，追無形，迹堅求通，鈎深取極，乃百慮之筌蹄，萬事之權衡也。

可見，所謂「論」體，是以「斷其人之善惡」或「研精一理」、「辯正然否」為旨，在作法上，往往窮根究底，「鈎深取極」。然而，伯夷頌非為論其善惡而作，對於武王、伯夷孰是孰非？亦未深入討論，僅以激昂之筆調稱頌伯夷「窮天地亘萬世而不顧」之氣魄，以此自期自況。因此，其文以「頌」為名，而不以「論」為名，正是上承詩頌之流，情存比興。姚氏以入論辨類，又謂其文「頗似太史公論贊」，似欠妥當，然而，錢基博仍取其說曰：

〈伯夷頌〉，論體而頌意；其實乃補太史公〈伯夷列傳〉後一篇贊耳。㉞

㉞ 同註㉑。

今觀《史記·伯夷列傳》，首尾皆論，中間爲傳，自成一體，並不缺贊，若眞以〈伯夷頌〉補贊，恐屬蛇足。至於是否可將其體視爲史贊？亦有商榷餘地。吳訥曰：

西山云：「贊、頌體式相似，貴乎贍麗宏肆，而有雍容俯仰頓挫起伏之態，乃爲佳作。」大抵贊有二體：若作散文，當祖班氏史評；若作韻語，當宗〈東方朔畫象贊〉。《金樓子》有云：「班固碩學，尚云贊、頌相似。」詎不信然？

吳氏以爲，贊、頌相似，「貴乎贍麗宏肆」，若作散文，當祖班固史評。然而，班固史評乃「論」之一體，言約辭簡，絕非「贍麗宏肆」者。吳氏之言，顯見牴牾，故徐師曾曰：

劉勰有言：「贊之爲體，促而不曠，結言於四字之句，盤桓乎數韻之辭，其頌家之細條乎？」可謂得之矣。至其謂「班固之贊，與此同流」，則予未敢以爲然也。蓋嘗取而玩之，其述贊也，名雖爲贊，而實則評論之文，……安得概謂之贊而無辯乎？

徐氏以爲贊體「促而不曠」，乃「頌家之細條」，而班固史贊實爲評論，與一般贊體有別。此種說法辨體甚明，自較吳氏可從。今觀〈伯夷頌〉，可謂「鋪張揚厲」，不唯有別於「促而不曠」之「贊」體，亦有別於言約簡辭之史評，姚、錢二氏以史贊擬之，恐亦未當也。

總之，〈伯夷頌〉情存比興，峻拔飛揚，仍以歸入頌體爲宜。其文以散文爲之，略似「論」、「贊」，而不同於一般「典雅豐縟」、「敷寫似賦」、「敬愼如銘」之「頌」體韻文，亦是韓愈革新文體，「能自樹立」之顯例也。

六、結　論

歸納本篇論文，要點有五：

(1)〈伯夷頌〉謂其以武王伐紂爲不可，恥食其粟而餓死，乃採自《史記・伯夷列傳》之記載，而爲《論》、《孟》所未載。後代學者對此屢加攻擊，而未能徹底推翻其說。

(2)〈伯夷頌〉受《史記・伯夷列傳》之影響頗大：如寫作方式，寄寓一己之情懷皆是。

(3)韓愈一生排佛老、倡師道、爲古文，皆能不顧人之是非，獨行其道，因此，〈伯夷頌〉推崇伯夷「特立獨行」、「信道篤而自知明」，實有自況自期之意。

(4)〈伯夷頌〉以首句爲綱領，貫串全文；又以「獨」字爲全篇眼目，乃其結構之最大特色。其文作法有五：空際取勢、逐層增強、正反對比、前後呼應、突然轉筆。而其修辭特點爲：重複使用相同字詞，多用否定句、長句、排比句，而能適時以短句調節文氣。

(5)〈伯夷頌〉情存比興，峻拔飛揚，乃承詩頌之流，故宜歸入「頌」體。其以散文爲頌，略似「論」、「贊」，而與一般「頌」體有別，正是韓愈革新文體，「能自樹立」之顯例也。

（本文原載中國唐代學會主編《唐代文化研討會論文集》，一九九一年七月，文史哲出版社）

柳宗元的聖人觀

一、前言

在中國人的心目中，「聖人」是最崇高的人格典範。歷代思想家探討人生問題，無不高舉「聖人」的旗幟，號召衆人遵從。他們依據自己的人生理念，塑造了各式各樣的「聖人」典型。其中，有號召力大的，例如：孔子、孟子、荀子、朱子、陽明等人所提出的聖人觀，就很受後人重視，不斷發揚光大。但是，也有一些思想家，例如柳宗元，他的聖人觀雖然獨樹一幟，別具新意，卻未受到應有的重視。其實，就思想史的發展看來，唐代中期，韓愈、柳宗元提倡聖人之學，已爲宋儒開啓了學爲聖賢的新風氣。但是，自宋以來，學者大多比較重視韓愈的聖人觀，一再稱述他的道統說，而對柳宗元的聖人觀，罕有論述。因此，本文擬就柳宗元的聖人觀做一探討。

二、柳宗元聖人觀的要旨

柳宗元爲文，好言聖人之道，屢稱堯、舜、孔子。他的聖人觀有幾個重點特別值得注意：

(一)聖人不窮異以為神，不引天以為高

根據近人研究指出，「聖人」一詞的原始涵義，與「神」有關。例如，白川靜認爲，聖字的「口」是「」（收納祝禱的器皿），聖就是表示向神祈禱、聆聽神之應答和啓示的字。❶李孝定則認爲，聖在甲骨文中作，从象人上著大耳，从口會意，其初誼爲聽覺官能之敏銳❷故秦家懿據以謂聖人就是神、人之間的中介，可以把神的意思「聽」出來，再以嘴巴轉告他人。又根據歷史學、宗教學、神話學的研究成果，提出：「三皇五帝是神說」、「三皇五帝是圖騰說」、「商湯、周公是巫說」做爲佐證，試圖說明：「聖這概念在思想史上的演變與它從未喪失的『神通』的中心意思。」❸儘管這些研究未必能夠得到證實，但是，透過這些學者的討論，我們可以了解，從上古時代開始，所謂「聖人」，就披著神祕的外衣，糾纏著各種神話。這些神話後來雖然逐漸合理化，但是在許多古籍當中，有關聖人的描述，仍然帶有或多或少的神祕性質。例如：孔子稱讚堯：「巍巍乎！唯天爲大，唯堯則之。」❹又稱讚禹：「菲飲食而致孝乎鬼神。」❺可見，在孔子心目中，聖人是可以配天、法天，上

❶ 見王文亮《聖人觀念考論》引，《孔子研究》一九九二年，第一期。
❷ 見李氏著《甲骨文字集釋》第十二冊，頁三五一九，中央研究院史語所專刊。
❸ 見秦氏著〈「聖」在中國思想史內的多重意義〉，《清華學報》十七卷一、二期，一九八五年十二月。
❹ 《論語・泰伯》第十九章。
❺ 《論語・泰伯》第廿一章。

達神明的。後來孟子說：「聖而不可知之之謂神。」❻《易・繫辭》曰：「天生神物，聖人則之。」《中庸》曰：「大哉！聖人之道！洋洋乎！發育萬物，峻極於天。」《禮記・禮運》曰：「聖人參於天地，並於鬼神。」都強調了聖人上達天、神的境界。至於漢代讖緯之學盛行，更是極力神化聖人。例如《春秋緯・演孔圖》封孔子爲「玄聖」，謂能仰推天命，俯測時變，卻觀未來，豫解無窮，又說孔子是其母與黑帝夢交所生❼這些荒誕的說法大量出現於讖緯書中，因此，王充曾指出：

儒者論聖人，以爲前知千歲，後知萬世，有獨見之明，獨聽之聰，事來則名，不學自知，不問自曉，故稱聖則神矣！❽

這種「稱聖則神」的觀念雖然遭到了王充的力斥，但是，直到唐代中期，依然盤踞未散。因此，柳宗元又提出了「聖人不窮異以爲神，不引天以爲高」的命題❾，試圖掃清纏繞在聖人身上的神話，把高高在上，猶如天、神的聖人，請下神壇，重新定位於人間。

〈貞符〉一文就是爲了駁斥漢代以來盛行於世的符瑞之說而作。他在序中指出：

❻《孟子・盡心下》第廿五章。
❼同註❶。
❽見《論衡・實知篇》。
❾《柳河東集》卷三，〈時令論・上〉，頁五十三，河洛圖書出版社。

董仲舒對三代受命之符，誠然非耶？臣曰：非也。何獨仲舒爾？自司馬相如、劉向、揚雄、班彪、彪子固，皆沿襲嗤嗤，推古瑞物以配受命。其言類淫巫瞽史，誑亂後代，不足以知聖人立極之本，顯至德，揚大功，甚失厥趣。❿

所謂「聖人立極之本」，取義於《尙書·洪範》所謂「建用皇極」，意即：立爲君主的準則。柳宗元認爲，聖人得立爲君主，是由於至德、大功；漢儒卻說君主是受天命而立，必有符瑞相應。這種類似「淫巫瞽史」的觀念一直影響到後代，必須予以駁斥，因此，在正文中，他首先指出：

惟人之初，總總而生，林林而群……飢渴牝牡之欲敺其內，於是乃知噬群獸、咀果穀、合偶而居。交焉而爭，睽焉而鬥。力大者搏，……兵良者殺，披披藉藉，草野塗血，然後強有力者出而治之。往往爲曹於險阻，用號令起，而君臣什伍之法立。德紹者嗣，道怠者奪。於是有聖人焉曰黃帝，遊其兵車，交貫乎其內，一統類，齊制量，然猶大公之道不克建。於是有聖人焉曰堯，置州牧四岳，持而綱之，立有德有功有能者，參而維之，運臂率指，屈伸把握，莫不統率。堯年老，舉聖人而禪焉，大公乃克建。由是觀之，厥初罔匪極亂，而後稍可爲也。非德不樹，故仲尼敘《書》，於堯曰：「克明俊德」；於舜曰：「濬哲文明」；於禹曰：「文命祗承于帝」；於湯曰：「克寬克

❿《柳河東集》卷一，頁十八。

仁，彰信兆民」；於武王曰：「有道曾孫」。稽揆典誓，貞哉！惟茲德實受命之符，以奠永祀。⑪

他認爲，原始時代，人類爲了滿足飢、渴、牝牡之欲，產生了激烈的鬥爭，於是才由「強有力者」出來統治大家，制定了君臣什伍之法。有德者繼位爲君，無道者就被推翻。後來有一位聖人叫做黃帝，統一了天下；又有一位聖人叫做堯，建立了官制，有效地治理天下，並且禪位於另一位聖人——舜，建立了大公之道。可見，上古社會是因爲有德者出來爲君，才能由原始邁向文明。因此，孔子在《書經》裡提及堯、舜、禹、湯和武王，均盛讚其德。這就足以證明，唯有實行德政，才是眞正的受命之符。

根據以上這段論證，我們可以了解，柳宗元所謂的「聖人」，不包括最初那「強有力」的統治者，而後來的黃帝、堯、舜、禹、湯、武王之所以被尊爲「聖人」，則是因爲有至德、大功於天下，而不是由於天命，也不具有神性。但是，自古以來，就有許多神話依附於這些聖人，因此，他又進一步指出：

後之妖淫嚚昏、好怪之徒，乃始陳大電、大虹、玄鳥、巨跡、白狼、白魚、流火之烏以爲符，斯爲詭譎闊誕，其可羞也。⑫

⑪ 同上。
⑫ 同上，頁十九。

以上這些傳說，分別有關於黃帝、舜、契、稷、湯、武王，均被斥爲「詭譎闊誕」。至於漢代以後的符瑞之說，也在下文遭到駁斥，他說：

> 漢用大度，克懷于有氓，登能庸賢，濯痍煦寒，以瘳以熙，茲其爲符也。而其妄臣，乃下取虺蛇，上引天光，推類號休，用夸誣于無知氓。增以騶虞神鼎，脅驅縱臾，俾東之泰山石閭，作大號，謂之封禪，皆《尚書》所無有。莽述承效，卒奮鷙逆。其後有賢帝曰光武，克綏天下，復承舊物，猶崇赤伏，以玷厥德。⑬

漢代君臣製造大量符瑞之說來欺騙無知的百姓，並且舉行封禪，以示天命歸漢，皆違背聖人之道，而使德業有虧。因此，他認爲，賢如光武，亦僅堪稱爲「賢帝」，而未能躋於「聖人」之列。

基於這種反對天命的聖人觀，他又作〈時令論〉上、下篇來駁斥漢儒〈月令〉之說。上篇曰：

> 《呂氏春秋》十二紀，漢儒論以爲〈月令〉，措諸《禮》以爲大法焉。其言有十二月、七十有二候。迎日步氣，以追寒暑之序，類其物宜而逆爲之備，聖人之作也。然而聖人之道，不窮異以爲神，不引天以爲高，利於人，備於事，如斯而已矣。觀〈月令〉之說，苟以合五事，配五行，而施其政令，離聖人之道不亦遠乎？凡政令之作，有俟

---

⑬ 同上，頁二十。

時而行之者，有不俟時而行之者。……誠使古之爲政者，非春無以布德和令，……非冬無以賞死事，恤孤寡，……則其闕政亦以繁矣！⓮

漢儒採取《呂氏春秋》十二紀，編成〈月令〉一文，置於《禮記》書中，作爲君主施政的準則。柳宗元認爲，君主施政，如果事事依〈月令〉，配五行，必然會延誤許多「不俟時而行之」的政事。因此，他強調：「聖人之道，不窮異以爲神，不引天以爲高，利於人，備於事，如斯而已矣。」並且進一步指出：

又曰：「反時令，則有飄風、暴雨、霜雪、水潦、沉陰、氛霧、寒暖之氣，大疫、風欬、鼽嚏、瘧寒、疥癘之疾，螟蝗、五穀瓜瓠果實不成、蓬蒿、藜莠並興之異，……」若是者，皆瞽史之語，非出於聖人者也。⓯

漢儒認爲，施政如果違反時令，就會有各種天災、人禍發生，這種觀念顯然不符柳宗元所謂的「聖人之道」，因此，他斷言，〈月令〉之說不是出於聖人，不宜做爲施政的大法。

爲了宣揚聖人之道，他又作《非國語》一書，其序曰：

左氏《國語》，其文深閎傑異，固世之所耽嗜而不已也。而其說多誣淫，不概於聖。余

⓮《柳河東集》卷三，頁五十三。

⓯同上，頁五十四。

懼世之學者溺其文采而淪於是非，是不得由中庸以入堯舜之道，本諸理作《非國語》。⑯

他認爲《國語》「說多誣淫，不概於聖」，所以在《非國語》中，對那些誣怪、闊誕的說法，多所駁斥⑰，例如《國語·周語》記載：

宣王料民于太原，仲山父諫曰：「……無故而料民，天之所惡也，害於政而妨於後嗣。」王卒料之，及幽王，乃廢滅。⑱

《非國語上·料民》曰：

吾嘗言：聖人之道不窮異以爲神，不引天以爲高，故孔子不語怪與神。君子之諫其君也，以道不以誣，務明其君，非務愚其君也，誣以愚其君則不臣。……況爲大妄以諉乎後嗣，惑于神怪愚誣之說，而以是徵幽王之廢滅，則是幽之悖亂不足以取滅，而料民者以禍之也。仲山氏其至于是乎？蓋左氏之嗜誣斯人也已！何取乎爾也？⑲

---

⑯《柳河東集》卷四十四，頁七四六。

⑰柳宗元於〈答吳武陵論非國語書〉說：「若《非國語》之說，僕病之久，嘗難言於世俗，……夫爲一書，務富文采，不顧事實。而益之以誣怪，張之以闊誕，以炳然誘後生，而終之以僻，是猶用文錦覆陷穽也。不明而出之，則顚者衆矣，僕故爲之標表，以告夫遊乎中道者焉。」（《柳河東集》卷卅一，頁五〇八。）

⑱《柳河東集》卷四十四，頁七四九。

⑲同上。

所謂「料民」，就是調查戶口，清點人民的數目。仲山父反對周宣王料民的理由之一，是會爲天所惡，妨害後嗣，而《國語》的作者，竟以幽王的覆滅來印證。因此，柳宗元要重申「聖人之道不窮異以爲神，不引天以爲高」，並且根據《論語・述而》所謂「子不語怪、力、亂、神」，來痛斥其說。又如《國語・周語》記載：

> （惠王）十五年，有神降于莘。王問於內史過曰：「……今是何神也？」對曰：「昔昭王娶於房，曰房后，實有爽德，協於丹朱，……生穆王焉。實臨周之子孫而禍福之。……由是觀之，其丹朱之神乎？」王曰：「其誰受之？」對曰：「在虢土。……臣聞之，道而得神，是謂逢福；淫而得神，是謂貪禍。今虢少荒，其亡乎！」……。[20]

《非國語上・神降于莘》曰：

> 力足者取乎人，力不足者取乎神。所謂足，足乎道之謂也，堯、舜是矣。……彼嗚乎莘者，以焄蒿悽愴，妖之淺者也。天子以是問，卿以是言，則固已陋矣。而其甚者，乃妄取時日，莽浪無狀，而寓之丹朱，……斯其爲書也，不待片言而迂誕彰矣！[21]

相傳丹朱爲堯之子，而房后爲周昭王所娶，時代迥不相及，《國語》卻說二人苟合而生穆王。

---

[20] 《柳河東集》卷四十四，頁七五〇。
[21] 同上。

又說這是丹朱神降臨，將使虢國滅亡。因此，柳宗元以「迂誕」斥之，並且強調：「力足者取乎人，力不足者取乎神」，堯、舜能以人道治國，所以不必假借鬼神。惠王君、臣不能盡力挽救國家的衰微，而熱衷討論鬼神，顯然不符聖人之道。

當然，柳宗元也不能否認，經書上有聖人以神道設教的記載。例如：《易・觀卦・彖》曰：「聖人以神道設教而天下服矣！」但是，他對此仍以不很贊同的語氣說：「惟夫子以神道設教，我今罔敢知。」㉒而且，在《非國語上・卜》中，也對聖人用卜加以解釋曰：

卜者，世之餘伎也，道之所無用也。聖人用之，吾未之敢非。然而聖人之用也，蓋以歐陋民也，非恆用而徵信矣！爾後之昏邪者神之，恆用而徵信焉，反以阻大事。要之，卜史之害於道也多，而益於道也少，雖勿用之可也。㉓

他說聖人用卜是爲了敺陋民，並非眞的相信占卜，也不常使用。可是，後來卻有許多「昏邪者」視占卜如有神，「恆用而徵信」，反而阻礙大事，有害於道。所以，不如不用。這樣解釋，不僅指出了占卜之害，而且迴護了聖人，把聖人不爲占卜所惑的形象顯示出來。

至於祭祀之禮，本爲聖人所重，屢見於儒家經典，又當如何解釋？他說：

聖人之於祭祀，非必神之也，蓋亦附之教焉。事於天地，示有尊也，不肅則無以教

㉒《柳河東集》卷五，頁七七，〈柳州文宣王新修廟碑〉。
㉓《柳河東集》卷四十四，頁七六四。

敬；事於宗廟，示廣孝也，不肅則無以教愛；事於有功烈者，示報德也，不肅則無以勸善。㉔

祭祀本是人、神間的大事，但是，他卻試圖否定對神的關係，而強調對的人的教化功能。這種觀念又見於〈䄍說〉：

神之貌乎？吾不可得而見也。祭之饗乎？吾不可得而知也。是其誕漫惝怳，冥冥焉不可執取者。夫聖人之爲心也，必有道而已矣，非于神也，蓋于人也。以其誕漫惝怳，冥冥焉不可執取，而猶誅削若此，況其貌言動作之塊然者乎？是設乎彼而戒乎此者也，其旨大矣。㉕

古代舉行䄍祭時，凡有水旱癘疫之處，其神不得與祭。柳宗元認爲，神既看不見，也摸不著，是否有神存在？很令人懷疑。可見，聖人設立此祭，並不是爲了黜神，而是爲了告戒官吏。這樣解釋，就把祭祀的意義落實於人事，而聖人不重視神，而重視人的用心，也得以表明。

此外，在《國語‧魯語》中，有三條關於孔子的記載。其一曰：

季桓子穿井，獲土缶，其中有羊焉。使問之仲尼曰：「吾穿井而獲狗，何也？」對曰：

㉔《柳河東集》卷二十六，頁四三二，〈監祭使壁記〉。
㉕《柳河東集》卷十六，頁二九六。

「以丘之所聞，羊也。丘聞之：木石之怪曰夔、蝄蜽，水之怪曰龍、罔象，土之怪曰羵羊。」㉖

其二曰：

吳伐越，墮會稽，獲骨焉，節專車。……問之仲尼，……仲尼曰：「丘聞之，昔禹致群神於會稽之山，防風氏後至，禹殺而戮之，其骨節專車，此爲大矣。」㉗

其三曰：

仲尼在陳，有隼集于陳侯之庭而死，楛矢貫之，石砮其長尺有咫。……仲尼曰：「隼之來也遠矣！此肅愼氏之矢也。」㉘

在這三條記載中，孔子儼然是一個能夠「前知千歲」、「有獨見之明」的人，所以「事來則名，不學自知」，有如神明一般。因此柳宗元在《非國語》中，一則曰：

君子於所不知，蓋闕如也。孔氏惡能窮物怪之形也？是必誣聖人矣！㉙

㉖《國語》卷五，頁二〇一，里仁書局。
㉗同上，卷五，頁二一三。
㉘同上，卷五，頁二一四。
㉙《柳河東集》卷四四，頁七六二。

再則曰：

> 左氏，魯人也。或言事孔子。……今乃取辯大骨、石砮以爲異，其知聖人也亦外矣。言固聖人之恥也。孔子曰：「丘少也賤，故多能鄙事。」[30]

他特別指出，聖人之所以爲聖，不是因爲「能窮物怪之形」，也不是因爲能辨認大骨、石砮之類的異物。孔子曰：「丘少也賤，故多能鄙事，君子多乎哉？不多也！」[31]可見，《國語》記載這些「鄙事」，是孔子所不重視的。而孔子雖是聖人，也無法窮物怪之形，他的「多能」，乃是由少時微賤的生活當中歷練而得，絕非不學自知者。

綜合以上所述，便可了解，柳宗元之所以再三強調：「聖人之道不窮異以爲神，不引天以爲高。」是爲了掃除種種把聖人神化的傳說，指出聖人也是人，既非上天所命，也不具有神性。聖人所重視的是人道，而不是神道，因此，大凡推天引神者，皆不符聖人之道。

㈡聖人與人同，端賴其「明」與「志」積學成聖

早在先秦時期，孔門弟子就曾再三感歎聖人難學。在他們的心目中，孔子已達到了聖人的境界，然而，孔子卻說：「若聖與仁，則吾豈敢？抑爲之不厭，誨人不倦，則可謂云爾已

[30] 同上，頁六七三。
[31] 見《論語・子罕篇》第六章。

矣！」㉜可見，就連孔子，也認爲聖人境界很難達到。但是，他仍然孜孜不倦地學爲聖人，也教他的弟子努力學爲聖人。當時，弟子公西華說：「正唯弟子不能學也。」可見，儘管孔子再三勉勵弟子們好學不倦，他們還是自歎「不能學也」。顏淵最爲好學，他也歎息著說：「仰之彌高，鑽之彌堅，瞻之在前，忽焉在後！夫子循循然善誘人，博我以文，約我以禮。欲罷不能，既竭吾才，如有所立，卓爾，雖欲從之，末由也已！」㉝這眞是道盡了孔門弟子欲學聖人而又難以企及的困境。在這種困境中，意志不堅或自覺能力不足的人，也許就會放棄成聖的希望，甚至停止學習。因此，如何打開這種困境，找出成聖之路，就成了儒家學者所最關切的問題。

孟子對這個問題，提出了他的看法。他說：「堯舜與人同耳。」㉞又說：「聖人與我同類者。」㉟所同者何？不僅是「口之於味……有同嗜」，「耳之於聲……有同聽」，「目之於色……有同美」，更重要的是「心之所同然者……謂理也、義也。」㊱他肯定地說：「人無有不善。」㊲又說：「人之所不學而能者，其良能也；所不慮而知者，其良知也。孩提之

㉜ 見《論語．述而篇》第卅四章。
㉝ 見《論語．子罕篇》第十一章。
㉞ 見《孟子．離婁下》第卅二章。
㉟ 見《孟子．告子上》第七章。
㊱ 見《孟子．告子上》第七章。
㊲ 見《孟子．告子上》第二章。

童，無不知愛其親也；及其長也，無不知敬其兄也。親親，仁也；敬長，義也，無他，達之天下也。」㊳這種「不學而能」、「不慮而知」的良能良知，人人皆有，也就是仁、義、禮、智四端，「非由外鑠我也，我固有之也。」只要把這固有的四端「擴而充之」，就能成聖成賢，所以說：「人皆可以爲堯舜」㊴。這就指出了一條人人可行的成聖之路，使人樂於向善。

後來，荀子也說：「塗之人可以爲禹。」但是，他強調：「人之性惡，必將待師法然後正，得禮義然後治。」「禮義者，聖人之所生也，人之所學而能，所事而成者也。」「聖人積思慮，習僞故，以生禮義而起法度，然則禮義法度者，是生於聖人之僞，非故生於人之性也。」「聖人之所以同於衆其不異於衆者，性也；所以異而過衆者，僞也。」「塗之人也，皆有可以知仁義法正之質，皆有可以能仁義法正之具，然則其可以爲禹明矣。」「今使塗之人伏術爲學，專心一志，思索孰察，加日懸久，積善而不息，則通於神明，參於天地矣。故聖人者，人之所積而致也。」㊵他認爲，聖人之性與衆人同，皆爲惡。但是，聖人能夠「積思慮，習僞故」，所以能夠制訂禮義、法度。一般人也都具有可以認知和實行仁義法正的能力，所以，只要專心爲學，思索熟察，久而久之，便能積善成聖。

㊳ 見《孟子・盡心上》第十五章。

㊴ 見《孟子・告子下》第二章。

㊵ 見《荀子・性惡篇》。

孟、荀二子，一主性善，一主性惡，故對禮義的起源有不同的說法，對於如何修養成聖？也採取相異的路徑。但是，他們卻一致指出：人皆可以爲聖，而推展了儒家的成聖之學。可是，到了漢代，聖人被神化了，聖人「不學自知，不問自曉」，乃賢者所不及，何況凡人？因此，聖人不可學、不可至成爲一種普遍的觀念。唯王充曰：「所謂神者，不學而知；所謂聖者，須學以聖；以聖人學，知其非神。」❹❶可謂上承荀子，強調了積學成聖的觀念。但是，魏、晉以後，玄學盛行，湯用彤指出：

王輔嗣著論曰：「聖人茂於人者，神明也」，郭子玄注莊曰：「學聖人者，學聖人之跡」。引申二公之說，自可及聖人不可學、不能至之結論。……大體言之，魏、晉之學，「天」爲「人」之所追求憧憬，永不過爲一理想。……聖道仰高鑽堅，永爲凡人之所不能及。謂聖人既不能學，自不可至，固必爲頗風行之學說也。❹❷

在這種聖人不能學、不可至的觀念影響下，原本主張聖人可學可至的佛學也發生了變化。爲了調和這兩種觀念的衝突，竺道生謂人人皆有佛性，故聖人可至，但非由積學所成，而須由頓悟自得。❹❸此一新義，往下開啓了禪宗，對於唐代佛學產生了很大的影響。

---

❹❶ 見《論衡・實知篇》。

❹❷ 見湯氏著《魏晉玄學論稿》，頁一二四，〈謝靈運辨宗論書後〉。

❹❸ 同上，頁一三二。

唐代佛、道二教皆盛，本不利於儒學的發展，加上漢、魏以來，聖人不可學的觀念仍極普遍，因此，柳宗元又提出了人皆可以爲聖的觀念，主張積學成聖，以興堯、舜、孔子之道。他的觀念基本上是承襲荀子、王充而來，但亦一再引用孟子之言。例如：〈觀八駿圖說〉云：

> 古之書……傳伏羲曰牛首，女媧曰其形類蛇，孔子如倛頭。若是者衆。孟子曰：「何以異於人哉？堯舜與人同耳。」……今夫人，有不足爲負販者，有不足爲吏者，有不足爲士大夫者。有足爲者，視之圓首、橫目，食穀而飽肉，絺而清，裘而燠，一也。推是而至於聖，亦類也。然則伏羲氏、女媧氏、孔子氏，是亦人而已矣。……慕聖人者，不求之人，而必若牛、若蛇、若倛頭之問，故終不能有得於聖人也。[44]

古書上傳言，聖人具有特異於常人的外形，因此，一般人都不把聖人當常人看，也不相信常人可以成爲聖人。但是，柳宗元認爲，不管是具有哪種才能的人，都是「圓首、橫目」，形體相同；也都是「食穀而飽肉，絺而清，裘而燠」，有一樣的生理欲求。聖人的才能雖然與人不同，但是，聖人的形體和生理欲求，仍然與人相同，可見，聖人也是人，聖人與凡人是同類的。在這段議論中，他引用孟子所謂「堯、舜與人同耳」，僅僅從形體和生理欲求著眼，但是，孟子更進一步強調的是聖人與人同具四端。柳宗元卻由負販，而吏，而士大夫，推至於聖，可見，他著眼於才能，以論聖凡之異，而未取孟子同具四端之說。

---

[44] 《柳河東集》卷十六，頁三〇二。

他曾作〈說車〉一文勉勵楊誨之效法聖人「圓外方中」之道，誨之覆信表示不可能，因此，他又去信指出：

今吾子曰：「自度不可能也。」然則自堯舜以下，與子果異類耶？樂放弛而愁檢局，雖聖人與子同。聖人能求諸中，以厲乎己，久則安樂之矣！子則肆之。其所以異乎聖者，在是決也。若果以聖與我異類，則自堯、舜以下，皆宜縱目卬鼻，四手八足，鱗毛羽鬣，飛走變化，然後乃可。苟不爲是，則亦人耳，而子舉將外之耶？若然者，聖自聖，賢自賢，衆人自衆人，咸任其意，又何以作言語、立道理，千百年天下傳道之？是皆無益於世，……聖人不足重也。故曰：「中人以上，可以語上；唯上智與下愚不移。」吾以子近上智，今其言曰：「自度不可能也」，則子果不能爲中人以上耶？吾之憂且疑者以此。㊺

聖人亦喜放縱而不喜拘束，與一般人相同。但是，聖人能夠自我反省、克制，久而久之，便覺安樂，而一般人卻肆意放縱自己，這就是聖人與常人不同之處。其實，聖人也是人，聖人能夠「求諸中，以厲乎己」，一般人也有可能做到。否則，就不必著書立說來傳揚聖道，聖人也就不足爲重了！當然，人的才智有高下，或許會影響學習成就——或成聖，或成賢，或不免爲衆人，但是，如果不去學習，就是自絕於成聖之路。下文又說：

㊺ 《柳河東集》卷卅三，頁五二七，〈與楊誨之第二書〉。

> 凡儒者之所取，大莫尚孔子。孔子七十而縱心。彼其縱之也，度不踰距而後縱之。……傅說曰：「惟狂克念作聖。」今夫狙猴之處山，叫呼跳梁，其輕躁狠戾異甚，然得而縶之，未半日則定坐求食，唯人之爲制。其或優人得之，加鞭箠，狎而擾焉，跪起趨走，咸能爲人所爲者。未有一焉，狂奔掣頓，踣斃自絕，故吾信夫狂之爲聖也。今子有賢人之資，反不肯爲狂之克念者，而曰「我不能，我不能」。捨子其孰能乎？是孟子之所謂不爲也，非不能也。[46]

孟子說：「萬物皆備於我，反身而誠，樂莫大焉。」[47]《中庸》說：「誠者，不勉而中，不思而得，從容中道，聖人也。」[48]然而，柳宗元卻認爲，「孔子七十而縱心」，乃是「度不踰矩而後縱之」。此一「度」字，便已說明，聖人必須「積思慮，習僞故」，方能不踰矩而縱心。這種觀念顯然不同於孟子、《中庸》「不思而得」之說，而比較接近荀子。至於《書經》所謂「惟狂克念作聖」，他以狙猴爲例加以證明，更可見出，由狂夫而爲聖，必須經過一番約束、教導，方能「化性起僞」。這種外鑠的工夫，顯然亦近荀子，而不同於孟子。但是，他仍然引用孟子所謂「不爲也，非不能也」，來勸告誨之。孟子認爲，「徐行後長者，謂之弟……豈人所不能哉？所不爲也。」[49]柳宗元則認爲，狙猴經過鞭打、教導，可以模仿

[46] 同上，頁五二八。
[47] 見《孟子・盡心上》第四章。
[48] 朱熹《中庸章句》第廿章。
[49] 見《孟子・告子下》第二章。

人的行爲，那麼，人更可以學爲聖人。因此，他不僅勉勵有賢人之資的楊誨之以孔子爲榜樣，而且，在〈陸文通先生墓表〉說：「庸人小童皆可積學以入聖人之道。」[50]〈送從弟謀歸江陵序〉也說：「聖人之道，學焉而必至。」[51]這種積學可以至聖的觀念，當是上承荀子而來。荀子說：「塗之人可以爲禹」、「聖可積而致」，然而，「小人可以爲君子，而不肯爲君子。……可以而不可使也。故塗之人可以爲禹，則然；塗之人能爲禹，未必然也。」[52]同理，所謂「庸人小童皆可積學以入聖人之道」，則然；而庸人小童皆能積學至聖，則未必然。因此，柳宗元要強調楊誨之有賢人之資，「非不能也。」來勉勵他積學至聖。

在〈天爵論〉中，更進一步指出聖賢與愚人的分別。他說：

> 仁義忠信，先儒名以爲天爵，未之盡也。夫天之貴斯人也，則付剛健、純粹於其躬，倬爲至靈，大者聖神，其次賢能，所謂貴也。剛健之氣，鍾於人也爲志，得之者，運行而可大，悠久而不息，拳拳於得善，孜孜於嗜學，則志者其一端耳。純粹之氣，注於人也爲明，得之者，爽達而先覺，鑒照而無隱，盹盹於獨見，淵淵於默識，則明者又其一端耳。明離爲天之用，恆久爲天之道，舉斯二者，人倫之要盡是焉。故善言天爵者，不必在道德忠信，明與志而已矣。道德之於人，猶陰陽之於天也；仁義忠信，

---

[50] 《柳河東集》卷九，頁一三二。

[51] 《柳河東集》卷廿四，頁四〇三。

[52] 見《荀子・性惡篇》。

> 猶春秋冬夏也。舉明離之用，運恆久之道，所以成四時而行陰陽也。宣無隱之明，著不息之志，所以備四美而富道德也。故人有好學不倦而迷其道撓其志者，明之不至耳；有照物無遺而蕩其性脫其守者，志之不至耳。明以鑿之，志以取之，役用其道德之本，舒布其五常之質，充之而彌六合，播之而奮百代，聖賢之事也。然則聖賢之異愚也，職此而已。使仲尼之志之明可得而奪，則庸夫矣；授之於庸夫，則仲尼矣。若乃明之遠邇，志之恆久，庸非天爵之有級哉？故聖人曰「敏以求之」，明之謂也；「爲之不厭」，志之謂也。道德與五常，存乎人者也；克明而有恆，受於天者也。嗚乎！後之學者，盡力於所及焉。或曰：「子所謂天付之者，若開府庫焉，量而與之耶？」曰：「否。其各合乎氣者也。莊周言天曰自然，吾取之。」[53]

孟子認爲，仁義忠信爲天所賜，人人生而有此善端，擴而充之，便可爲聖。柳宗元則認爲，「天」就是「自然」，所謂「天爵」就是自然所賦予人的剛健、純粹之氣。剛健之氣注入人體爲「志」，也就是意志力，可以使人好學不倦。純粹之氣注入人體爲「明」，也就是領悟力，可以使人洞察事理。在這兩種力量的交互作用下，產生「道德」。就好像天有陰、陽二氣，交互作用而產生了春、秋、冬、夏。仁、義、忠、信就好比春、秋、冬、夏，是二氣作用的結果，而不是上天所賜。一個人如果具備了堅強的意志力，能夠好學不倦，卻缺乏聰明

---

[53]《柳河東集》卷三，頁四九。

的領悟力，就會迷失正道；如果具備了聰明的領悟力，能夠洞察事理，卻缺乏堅定的意志，就會放蕩自己，難以篤守正道。而所謂的「聖賢」，就是因爲能夠盡量發揮其「明」與「志」，「敏以求之」，「爲之不厭」，才能「備四美而富道德」。因此，如果將孔子的意志力或領悟力奪去，他就成了庸夫；隨便授予一個庸夫，這個庸夫就能成爲孔子。可見，所謂「天爵」，是有等級分別的，最上爲聖神，其次爲賢能，其次爲庸愚。但是，無論天賦氣稟是厚是薄，都應該盡量發揮一己之「明」與「志」，努力學習，才能具備道德與五常。否則，就是氣稟獨厚於人，也無法成爲聖賢。根據這樣的理論，他就否定了孟子的天爵說，而爲「道德」做了新解。這樣的解釋，基本上，仍是走荀子的路線。荀子以天爲自然，不承認人性固有善端，而主張化性起僞。因此，在荀子的思想體系中，禮義、法制都是聖人「積思慮，習僞故」的產物，而一般人雖有「可以知仁義法正之質，可以能仁義法正之具」，卻未必「能爲禹」，於是就有聖賢庸愚之分。

總之，柳宗元認爲，就形體和生理欲求而言，聖人與人並無不同，但是，就天賦氣稟來說，各人所稟受的「明」與「志」有等級之分，若是能夠盡量發揮其「明」與「志」，就能積學成聖。若是天賦不足，又不肯學，就不免爲庸夫、愚人。在這樣的理論基礎之上，他就推翻了天賦道德之說，而特別指出了後天學習的重要性。

(三)聖人立中道以示于後

在中國思想史上，「中」的概念一直很受重視。孔子說：「中庸之爲德也，其至矣乎！

民鮮久矣！」54又說：「不得中行而與之，必也狂、狷乎！」55可見，在孔子心目中，中庸是一種至德，不是輕易可以達到的。《論語》記載堯禪位於舜，勉之曰：「允執其中」56；孟子亦稱美「湯執中」57。荀子說：「道之所善，中則可從，畸則不可爲。」58又說：「先王之道，仁之隆也，比中而行之。曷謂中？曰：禮義是也。」59亦極重視「中」的概念。至於《中庸》、《易傳》二書，對於「時中」之義，闡述尤爲透闢。

柳宗元認爲，道德仁義不是上天所賜。聖人之所以爲聖，是因爲能善用其「明」與「志」，建立「中道」。因此，〈時令論〉下篇說：

> 聖人之爲教，立中道以示于後：曰仁，曰義，曰禮，曰智，曰信。謂之五常，言可以常行者也。防昏亂之術，爲之勤勤然書于方冊，興亡治亂之致，永守是而不去也。60

〈四維論〉也說：

---

54 見《論語·雍也篇》第廿九章。
55 見《論語·子路篇》第廿一章。
56 〈堯曰篇〉第一章。
57 〈離婁下〉第二十章。
58 見《荀子·天論篇》。
59 見《荀子·儒效篇》。
60 《柳河東集》卷三，頁五五。

聖人之所以立天下，曰仁義。仁主恩，義主斷。恩者親之，斷者宜之，而理道畢矣。蹈之斯爲道，得之斯爲德，履之斯爲禮，誠之斯爲信，皆由其所之而異名。61

「中道」的內涵就是仁、禮、義、智、信。聖人以仁、義立天下，必須了解時勢，採取最適當的行動。當施恩則親愛之，當裁斷則求其宜，所以稱之爲「中道」，意爲求「當」之道。

〈斷刑論〉曰：

經也者，常也；權也者，達經者也。皆仁、智之事也。離之，滋惑矣。經非權則泥，權非經則悖。是二者，強名也。曰當，斯盡之矣。當也者，大中之道也。離而爲名者，大中之器用也。62

經、權是不可分的。凡事要求其至當，就必須兼備仁、智，通權達經。可見，所謂「五常……可以常行……永守是而不去」，也是要合經、權爲一，守常達變，以求至當，這就是所謂「大中之道」。

柳宗元認爲，學者必須「由中庸以入堯、舜之道」63。因此，他以〈說車〉來闡明中道。其文曰：

61 《柳河東集》卷三，頁四九。
62 《柳河東集》卷三，頁五八。
63 《柳河東集》卷四四，頁七四六，〈非國語序〉。

> 楊誨之將行，柳子起而送之門，有車過焉，指焉而告之曰：「若知是之所以任重而行於世乎？材良而器攻，圓其外而方其中然也。材而不良，則速壞。工之爲功也，不攻則速敗。中不方則不能以載，外不圓則窒拒而滯。方之所謂者箱也，圓之所謂者輪也。匪箱不居，匪輪不塗。吾子其務法焉者乎？」……今楊氏，仁義之林也，其產材良。誨之學古道，爲古辭，沖然而有光，其爲工也攻。果能恢其量若箱，周而通之若輪，守大中以動乎外而不變乎內若軸，攝之以剛健若蚤，引焉而宜御乎物若轅，高以遠乎污若蓋，下以成乎禮若軾，險而安，易而利，動而法，則庶乎車之全也。……孔子於鄉黨，恂恂如也，遇陽虎必曰諾，而其在夾谷也，視叱齊侯類畜狗，不震乎其內。後之學孔子者，不志於是，則吾無望焉耳矣。[64]

他指出，車子能夠任重行世，是因爲材質良好，制作堅牢，內有方正的車箱可以載物，外有圓形的車輪可以行走。而人也是一樣，有了良好的資質，還要努力「學古道、爲古辭」。如果能夠養成恢宏的器量，如車箱；圓通的才幹，若車輪；堅守人中而應變自如，若車軸；並且以剛健任事，如車蚤；善御外物，如車轅；清高自守，如車蓋；謙恭有禮，如車軾。這樣就能化險爲安，居易而利。孔子閒居鄉里，和藹可親；遇陽虎時，應諾如儀；而在夾谷卻能勇叱齊侯，爲國立功，即因深體方中圓外之道。因此，後人欲學孔子，亦須由方中圓外做起。

《周易・大有卦・九二・象》曰：「大車以載，積中不敗。」孔穎達疏曰：「物既積聚，

---

[64] 《柳河東集》卷十六，頁二九八。

身有中和，堪受所積之聚在身，上下不至於敗也。」。柳宗元以車來說明中道，應是取喻於此。〈大有卦〉離下乾上，彖辭曰：「柔得尊位，大中而上下應之曰大有。其德剛健而文明，應乎天而時行，是以元亨。」柳宗元也說：「攝之以剛健若蚤」又說：「乾健而運，離麗而行，夫豈不以圓克乎？」65可見他之所以強調「方中圓外」的大中之道，受了《易傳》啓發。

但是，楊誨之把「方中圓外」誤解爲「柔外剛中」，「翦翦拘拘以同世取榮」。因此，柳宗元又爲書闡釋：

> 僕之言車也，以內可以守，外可以行其道。今子之說曰「柔外剛中」，子何取於車之疏耶？果爲車柔外剛中，則未必不爲弊車；果爲人柔外剛中，則未必不爲恆人。夫剛柔無恆位，皆宜存乎中，有召焉者在外，則出應之。應之咸宜，謂之時中，然後得名爲君子。必曰外恆柔，則遭夾谷武子之臺。及爲蹇蹇匪躬，以革君心之非。莊以涖乎人，君子其不克歟？中恆剛，則當下氣怡色，濟濟切切。哀矜、淑問之事，君子其卒病歟？吾以爲剛柔同體，應變若化，然後能志乎道也。66

由古書記載可知，外恆柔、中恆剛，在某些情況下，必有所病。因此，他認爲，君子必須

---

65 《柳河東集》卷卅三，頁五三二，〈與楊誨之第二書〉。

66 《柳河東集》卷卅三，頁五二六，〈與楊誨之第二書〉。

兼具剛柔，應變若化，宜剛則剛，宜柔則柔。應之咸宜，始可謂之「時中」。又說：

> 今將申告子以古聖人之道：《書》之言堯，曰「允恭克讓」；言舜，曰「溫恭允塞」；禹聞善言則拜；湯乃改過不悋；高宗曰：「啓乃心，沃朕心」；惟此文王，小心翼翼，日昃不暇食，坐以待旦；武王引天下誅紂，而代之位，其意宜肆，而曰「予小子，不敢荒寧」；周公踐天子之位，捉髮吐哺；孔子曰：「言忠信、行篤敬」；其弟子言曰：「夫子溫良恭儉讓以得之。」……吾之所云者，其道自堯、舜、禹、湯、高宗、文王、武王、周公、孔子皆由之，而子不謂聖道，抑以吾爲與世同波，工爲翦翦拘拘者？……吾未嘗爲佞且僞，其旨在於恭寬退讓，以售聖人之道，及乎人，如斯而已矣。堯、舜之讓，禹、湯、高宗之戒，文王之小心，武王之不敢荒寧，周公之吐握，孔子之六十九未嘗縱心，彼七八聖人者所爲若是，豈恆愧於心乎？[67]

所謂「方中圓外」之道，乃是堯、舜、禹、湯、高宗、文王、武王、周公、孔子所曾行者。他們個個小心翼翼、恭寬退讓、不敢荒寧，並非爲了同世取榮，而是爲了化人及物。因此，他又說：

> 今子又以行險爲車之罪。夫車之爲道，豈樂於行險耶？度不得已而至乎險，期勿敗而已耳。夫君子亦然，不求險而利也，故曰「危邦不入，亂邦不居」。「國無道，其默

---

[67] 《柳河東集》卷卅三，頁五二七。

足以容」。不幸而及於危亂，期勿敗而已耳。且子以及物行道為是耶，非耶？伊尹以生人為己任，管仲釁浴以伯濟天下，孔子仁之。凡君子為道，捨是宜無以為大者也。……聖人所貴乎中者，能時其時也，苟不適其道，則肆與佞同。68

君子處世，圓外方中，不是為了行險，但若不幸遇險，亦能適時應變，免於禍敗。中道之所以可貴，就在於「能時其時」，以「及物行道」。故曰：

吾所謂圓者，不如世之突梯苟冒，以矜利乎己者也。固若輪焉：非特於可進也，銳而不滯；亦將於可退也，安而不挫；欲如循環之無窮，不欲如轉丸之走下也。69

所謂「圓外」，不是為了利己，而是為了行道及物。這樣的方中圓外之道，就結合了「以生人為己任」的濟世之「仁」，與時措皆宜的行世之「智」，故可謂為「大中之道」。

由上所述，便可了解，柳宗元所謂的「中道」，雖然也是以仁、義、禮、智、信為其內涵，但是，他所強調的是，仁智合一，守常達變，方中圓外，因時制宜，因此，他雖說：「吾之所云者，其道自堯、舜、禹、湯、高宗、文王、武王、周公、孔子皆由之。」卻又說：「仲尼可學不可為也。學之至，斯則仲尼矣；未至而欲行仲尼之事，若宋襄公好霸而敗國，

68 《柳河東集》卷卅三，頁五二九。
69 《柳河東集》卷卅三，頁五三二。

卒中矢而死。」[70]可見，他只是要人學古聖人去實行中道，而不是亦步亦趨地，以古聖人爲規範，去加以模仿、繼承。因此，他所謂的「聖人立中道以示于後」，並不同於韓愈所謂「堯以是傳之舜，舜以是傳之禹，禹以是傳之湯，湯以是傳之文、武周公，文、武、周公傳之孔子，孔子傳之孟軻，軻之死，不得其傳焉。」的道統觀念，而不會有道統中斷或失傳之虞。在他看來，「道固公物，非可私而有。」[71]「庸人、小童皆可積學以入聖人之道，傳聖人之教。」因此，任何時代的任何人，若是能夠本著「明」與「志」，「敏以求之」，「爲之不厭」，都有可能實踐中道，成聖成賢。

(四)聖人急民

自古以來，中國的百姓無不渴望有聖人在位，興利除害，拯救蒼生，使天下大治。這樣的願望反映在儒家的經典中，就是對於古代的聖君——堯、舜、禹、湯、文王、武王；以及聖相——周公，不斷加以稱美，使之成爲儒者念茲在茲，不敢或忘的崇高理想。孔子曾說：「大哉！堯之爲君也！巍巍乎，唯天爲大，唯堯則之！蕩蕩乎，民無能名焉！巍巍乎，其有成功也！煥乎，其有文章！」[72]可見，在百姓的心目中，堯是一個偉大的君主，他所成就

---

[70]《柳河東集》卷卅四，頁五四六，〈答嚴厚輿秀才論爲師道書〉。

[71]《柳河東集》卷卅三，頁五三三，〈與楊誨之第二書〉。

[72]《論語・泰伯篇》第十九章。

的功業和典章制度，都受到孔子的讚美。然而，在《論語》中，孔子又兩度提到：「堯、舜其猶病諸！」一是在〈雍也〉篇：

子貢曰：「如有博施於民，而能濟眾，何如？可謂仁乎？」子曰：「何事於仁？必也聖乎！堯、舜其猶病諸！夫仁者，己欲立而立人，己欲達而達人，能近取譬，可謂仁之方也已。」㊸

另一是在〈憲問〉篇：

子路問君子。子曰：「脩己以敬。」曰：「如斯而已乎？」曰：「脩己以安人。」曰：「如斯而已乎？」曰：「脩己以安百姓。脩己以安百姓，堯、舜其猶病諸！」㊹

在這兩次對話中，可以看出，子貢、子路都懷抱著濟世安民的宏願，一心想要做個仁人、君子。但是，孔子卻說：「何事於仁？必也聖乎！堯、舜其猶病諸！」可見，孔子深深了解，要想做到「博施於民，而能濟衆」，絕非易事！堯、舜身爲帝王，尚且憂心未能做好濟世安民的大業，一般士人如果不能爲世所用，縱有博施濟衆之志，亦無法達成。因此，孔子告訴子貢：「己欲立而立人，己欲達而達人」，又告訴子路，先做到「脩己以敬」，再進而「安

㊸ 第卅章。
㊹ 第四二章。

人」、「安百姓」，就是要他們推己及人，循序漸進，逐步去實現「濟世安民」的理想。

然而，這樣的理想未必能夠實現。在殘酷的現實政治當中，就連孔子這樣的聖人也不得不棲棲遑遑，奔走列國，而終無法得位行道。因此，在《論語》中，我們看到孔子待價而沽，急於用世的心情[75]；也看到他爲天下不得太平，而感歎：「朝聞道，夕死可矣！」[76]「鳳鳥不至，河不出圖，吾已矣夫！」[77]的憂急。這種憂急，不是爲了自己，而是爲了蒼生，所以，雖然絕糧於陳、被圍於匡，卻始終「待價」而不「求善價」，憂道而不憂貧。[78]而他之所以一再感歎：「堯、舜其猶病諸！」不也流露了痌瘝在抱、憂世憂民的苦心？

這樣的苦心，對急於用世的柳宗元來說，極易引起共鳴。因此，在〈論語辯〉下篇，他這樣解釋〈堯曰篇〉首章：

> 堯曰：「咨，爾舜！天之曆數在爾躬，四海困窮，天祿永終。」舜亦以命禹。曰：「余小子履，敢用玄牡，敢昭告于皇天后土，有罪不敢赦。萬方有罪，罪在朕躬。朕躬有罪，無以爾萬方。」或問之曰：「《論語》書記問對之辭爾。今卒篇之首，

---

75 〈子罕篇〉第十三章：「子貢曰：有美玉於斯，韞匵而藏諸？求善賈而沽諸？子曰：沽之哉！沽之哉！我待善賈者也。」
76 〈里仁篇〉第八章。
77 〈子罕篇〉第九章。
78 子曰：「君子謀道不謀食。耕也，餒在其中矣。學也，祿在其中矣。君子憂道不憂貧。」（《論語・衛靈公篇》第卅二章）。

章然有是，何也？」柳先生曰：「《論語》之大，莫大乎是也。是乃孔子常常諷道之辭云爾。彼孔子者，覆生人之器者也。上之堯、舜之不遭，而禪不及己；下之無湯之勢，而已不得爲天吏。生人無以澤其德，日視聞其勞死怨呼，而己之德涸然無所依而施，故於常常諷道云爾而止也。此聖人之大志也，無容問對於其間。弟子或知之，或疑之不能明，相與傳之。故於其爲書也，卒篇之首，嚴而立之。」[79]

《論語》一書大體是記孔子及其弟子、時人問答之語，但是，〈堯曰〉首章卻記載了堯、舜禪讓、商湯伐桀的誓辭，似與孔門師生毫不相關。柳宗元認爲，這一章之所以編入《論語》，是因爲孔子經常諷誦其辭，感歎自己既未遭逢堯、舜禪位於己，又不能繼踵商湯弔民伐罪，空有濟世之德、憂民之心，卻無法得位行道，施澤於民，於是經常諷誦，以寄其志。

這樣解釋孔子的用心，在君主專制的時代，眞可謂大膽之至！然而，無論孔子是否眞的有心做天子，這篇文章所要表達的，乃是聖人急於拯救蒼生的心情。而這樣的心情也正是柳宗元自身的寫照，他說：

> 宗元早歲與負罪者親善，始奇其能，謂可以共立仁義，裨教化，過不自料，懃懃勉勵，唯以中正信義爲志，以興堯、舜、孔子之道，利安元元爲務。不知愚陋，不可力彊，其素意如此也。[80]

---

[79] 《柳河東集》卷四，頁六九。

[80] 同上，卷卅，頁四八〇。

他之所以參與王、韋集團，力圖改革時弊，是爲了實踐堯、舜、孔子之道，以利民安民，然而，「但欲一心直遂，果陷刑法。」[81]從此被貶南荒，不得起復。〈上門下李夷簡相公陳情書〉曰：

> 宗元曩者齒少心銳，徑行高步，不知道之艱，以陷於大阨，窮躓殞墜，廢爲孤囚，日號而望者十四年矣！[82]

在這長達十四年，「日號而望」，憂急如焚的貶謫生涯中，他眼看著當時政局的腐敗，人民的困苦，卻是無能爲力，只好一再爲文宣揚聖人急民的政治理念，期能有補於時。例如，〈吏商〉曰：

> 吏而商也，汙吏之爲商，不若廉吏之商，其爲利也博。汙吏以貨商，資同惡與之爲曹，大率多減耗，……盜賊水火殺敓焚溺之爲患，幸而得利，不能什一二，身敗祿敓，大者死，次貶廢，小者惡，終不遂。汙吏惡能商矣哉？廉吏以行商。……盜賊不得殺敓……利愈多，名愈尊，身富而家強……是故廉吏之商博也。苟修嚴潔白以理政，由小吏得爲縣，由小縣得刺小州，其利月益各倍。其行不改，又由小州得大州，其利月益三之一。其行又不改，又由大州得廉一道，其利月益之二倍，不勝富矣。……未有利

---

81 同上，頁四八一。

82 《柳河東集》卷卅四，頁五五四。

大能若是者。然而舉世爭爲貨商，以故貶吏相逐於道，百不能一遂。人之知謀好邇富而近禍如此，悲夫！或曰：「君子謀道不謀富，子見孟子之對宋牼乎？何以利爲也？」柳子曰：「君子有二道，誠而明者，不可教以利；明而誠者，利進而害退焉。吾爲是言，爲利而爲之者設也。或安而行之，或利而行之，及其成功，一也。吾哀夫沒於利者，以亂人而自敗也，姑設是，庶由利之小大登進其志，幸而不撓乎下以成其政，交得其大利。吾言不得已爾，何暇從容若孟子乎？孟子好道而無情，其功緩以疏，未若孔子之急民也。」❸

當時吏治腐敗，是因爲貪官汙吏爭著斂財取利，因此，他從經商謀利的觀點，指出汙吏所冒的風險大而獲利小，反不如做個廉吏，逐步升遷，既穩當，又可致富。這種謀利的觀點，不同於孟子，孟子認爲：「爲人臣者懷利以事其君，……去仁義，懷利以相接，然而不亡者，未之有也。」❹柳宗元卻採取《中庸》：「或安而行之，或利而行之，及其成功，一也。」❺來駁斥孟子。他認爲只要能使官吏由正當的途徑去謀利，而不再壓榨百姓，就可「成其政，而交得其大利」，又有何妨？因此，他說：「孟子好道而無情，其功緩以疏」，講仁義而不切實際，就難以見效，還不如照孔子之說，「利而行之」，盡快爲百姓謀得福利。

❸《柳河東集》卷二〇，頁三六一。
❹〈告子下〉第四章。
❺二十章

這種「急民」而欲速其功的政治理念，又見於〈伊尹五就桀贊〉，序曰：

> 伊尹五就桀。或疑曰：「湯之仁聞且見矣，桀之不仁聞且見矣，夫何去就之亟也？」柳子曰：「惡，是吾所以見伊尹之大者也。彼伊尹，聖人也。聖人出於天下，不夏、商其心，心乎生民而已。曰：『孰能由吾言？由吾言者爲堯、舜，而吾生人堯、舜人矣』。退而思曰：『湯誠仁，其功遲；桀誠不仁，朝吾從而暮及於天下可也』。於是就桀。桀果不可得，反而從湯。既而又思曰：『尚可十一乎？使斯人蚤被其澤也』。又往就桀。桀不可，而又從湯。以至於百一、千一、萬一，卒不可，乃相湯伐桀。俾湯爲堯、舜，而人爲堯、舜之人，是吾所以見伊尹之大者也。仁至於湯矣，四去之；不仁至於桀矣，五就之，大人之欲速其功如此。不然，湯、桀之辨，一恆人盡之矣，又奚以憧憧聖人之足觀乎？吾觀聖人之急生人，莫若伊尹；伊尹之大，莫若於五就桀。」[86]

《孟子‧告子下》曰：「五就湯，五就桀者，伊尹也。」趙岐注：「伊尹爲湯見貢於桀，桀不用而歸湯，湯復貢之，如此者五，思濟民冀得施行其道也。」[87]柳宗元根據這些記載，特別指出：伊尹明知湯爲仁君，而桀爲不仁，卻屢次去湯就桀，是希望桀能幡然悔改，聽從其言，使天下百姓立即受惠。但是，經過多次的努力，終不見效，只好相湯伐桀，使湯爲天子，

---

86 《柳河東集》卷十九，頁三三六。

87 焦循《孟子正義》卷二四，頁八二九，北京中華書局。

施澤於民。伊尹的偉大，就在他五次往返奔波中表現出來。對他而言，是佐夏？還是佐商？並不重要，重要的是，如何使天下人民早被其澤，這就是所謂「不夏、商其心，心乎生民而已」。也正因爲一心想著百姓的安危、福祉，所以「欲速其功」，所以「急生人」，而絲毫不以夏、商爲念。這種做法，在他人看來，或許認爲不智，也或許認爲不忠，然而，卻受到柳宗元的讚美。這在君主專制的中唐時代，又是何等大膽的宣言！

孟子曾稱伊尹爲「聖之任者」，柳宗元亦曾讚美伊尹「以生人爲己任」。「急民」之說，所反映的，正是「以生人爲己任」的仁義襟懷，與「欲速其功」的施政理念。欲速其功，就必須了解百姓的疾苦，因時制宜，因勢利導，方能迅速解決問題，爲民興利除害。這樣的施政，縱使急功近利，亦不失爲仁政。反之，若是拘泥於世俗的道德觀點，號稱仁民愛物，卻坐視百姓陷溺於水火之中，不能速謀對策，予以拯救，那就只有更加深百姓的痛苦，又何仁政之有？他曾批評當時號爲「長者」的大官說：

> 無之而不言者，土木類也。……自抱關擊柝以往，則必敬其事，愈上則及物者愈大，何事無用之朴哉！今之言曰：某子長者，可以爲大官，……則必土木而已矣。夫捧土揭木而致之巖廊之上，蒙以紱冕，翼以徒隸，而趨走其左右，豈有補於萬民之勞苦哉？聖人之道，不益於世用，凡以此也。⑧⑧

⑧⑧《柳河東集》卷三〇，頁四八六，〈與楊京兆憑書〉。

這些大官，號爲長者，身居廟堂之上，卻對萬民的勞苦毫不關心，所以才能袖手旁觀，閉口不言，如土木一般，毫無用處。面對這種官場現象，無怪乎他要強調聖人急民的政治理念。

中唐時期，外有吐蕃侵逼，內有藩鎮作亂，加上經濟凋弊、吏治腐敗，百姓無不苦於兵災、暴斂，因此，柳宗元認爲，施政的第一要務，就是爲百姓興利除弊。他說：

> 賢莫大於成功，愚莫大於恡且誣。……賢者之作，思利乎人。……由道廢邪，用賢棄愚，推以革物，宜民之蘇。若是而不列，殆非孔子之徒也。[89]

又說：

> 安其常而得所欲，服其教而便於己，百貨通行而不知所自來，老幼親戚相保而無德之者，不苦兵刑，不疾賦力，所謂民利，民自利者是也。[90]

爲百姓興功去弊，固然可以「利民」；但是，使百姓能夠自利，過著安和樂利，絲毫不受干擾的生活，更是最大的「民利」。這種理想的社會，曾經出現在堯的治理之下，因此，他盛讚堯曰：

> 有茅茨、采椽、土型之度，故其人至于今儉嗇；有溫恭、克讓之德，故其人至于今善

---

89 《柳河東集》卷廿六，頁四四八，〈全義縣復北門記〉。

90 《柳河東集》卷十五，頁二七六，〈晉問〉。

讓；有師錫、僉曰、疇咨之道，故其人至于今好謀而深；有百獸率舞、鳳凰來儀、於變時雍之美，故其人至于今和而不怒；有昌言、儆戒之訓，故其人至于今憂思而畏禍；有無爲、不言、垂衣裳之化，故其人至于今恬以愉，此堯之遺風也。……美矣善矣，其蔑有加矣。儉則人用足而不淫；讓則遵分而進善，其道不鬥；謀則通於遠而周於事；和則仁之質；戒則義之實；恬以愉則安，而久於其道也。至乎哉！91

堯有溫恭克讓之德，節用而愛人，又能謀於賢者，和於衆庶，無爲垂拱，而民自化。因此，柳宗元認爲，後代的君主都當以堯爲法，而儒者爲學，亦應「跨騰商周，堯舜是師」92；「以生人爲主，以堯舜爲的」93；「以興堯、舜、孔子之道，利安元元爲務」94。如果未能「使是君爲堯、舜之君」，「使是民爲堯、舜之民」95，那就是儒者最感憂急的事了！

三、結論

柳宗元是一個無神論者，他認爲天地萬物都是由氣形成，並無主宰創造一切的神，因此，

91 《柳河東集》卷十五，頁二七八，〈晉問〉。
92 《柳河東集》卷九，頁一三八，〈唐故衡州刺史東平呂君誄〉。
93 《柳河東集》卷九，頁一三三，〈陸文通先生墓表〉。
94 《柳河東集》卷三〇，頁四八〇，〈寄許京兆孟容書〉。
95 《孟子·萬章上》第七章。

他不相信有所謂「天命」，也不相信有天賦的道德。在這樣的思想基礎上，他的聖人觀有四個要點：

一、反對古書中有關聖人的神話，指出聖人是人，不是神，既非上天所命，也不具有神性，無法前知千歲，後知萬世。聖人重視人道，不重視神道，大凡推天引神者，皆不符聖人之道。

二、就形體和生理欲求而言，聖人與人並無不同。但是，就天賦氣稟而言，各人所稟受的「明」與「志」有等級之分。若是盡量發揮天賦的「明」與「志」，努力學習，就能具備道德與五常，成爲聖賢；若是天賦不足，又不肯學，就不免爲庸夫、愚人。

三、聖人運用其「明」與「志」建立「大中」之道，能夠兼備仁智，守常達變，方中圓外，因時制宜，故其所爲無不至「當」，得以化人及物，無所窒礙。後人亦當由大中以入聖人之道。

四、聖人目睹百姓疾苦，憂急如焚，不忍坐視，寧可奔波道途，爲民請命。聖人具有「以生人爲己任」的仁義襟懷，與「欲速其功」的施政理念，故不拘泥於世俗的道德觀點，而能針對百姓的需求，因勢利導，因時制宜，以利安元元。

根據以上四點，可以了解，柳宗元的聖人觀，基本上是走荀子、王充的路線。他反對推天引神，否定天賦道德，而主張人人可以積學至聖，對於漢代以來神化聖人，以聖人爲不可學的觀念有廓清之功。而他所提倡的聖人之學，大體來說，相當強調「外王」，重視事功，仍不脫漢、唐儒者偏重「外王」之學的傾向。但是，因為他所謂的「方中圓外」之道，必須兼顧內外，以求至當，故亦講求內心的戒慎、自我的檢束，而未完全忽略「內聖」之學。因此，由儒學的發展史看來，他的聖人觀正好表現出由漢至宋的過渡色彩。宋代以後，理學興起，最重「內聖」之學，講求心性修養，因此，宋儒對於柳宗元的聖人之學往往不屑一提。然而，時至今日，我們重新探討他的聖人觀，不難發現，其中自有不可磨滅的價值。

（本文原載中國唐代學會主編《第二屆國際唐代學術會議論文集》，文津出版社，一九九三年六月）

柳宗元的名實觀

一、前言

名實問題是中國思想家素所關切的論題之一。特別是在春秋戰國時代，由於社會變動日趨激烈，各種新事物不斷湧現，舊事物急遽變遷，而舊有的名稱尚未因應新的事實加以修正，便會造成名實不符、各說各話、莫衷一是的亂象。因此，當時有許多思想家都認爲：要想重建社會新秩序，就必須解決名實殽亂的問題，使名實能夠相符。例如，春秋時，衛君父子爭國，子路問孔子：「衛君待子而爲政，子將奚先？孔子說：「必也正名乎！…名不正，則言不順；言不順，則事不成；事不成，則禮樂不興；禮樂不興，則刑罰不中；刑罰不中，則民無所措手足。」❶可見，孔子認爲，身處亂世，面對糾葛不清的倫理關係與政治問題，必先「正名」，始能安邦定國。此後，儒、墨、道、法諸家對於名、實問題都很重視，而惠施、公孫龍等名家人物的出現，更將此一論題推至高峰。他們長於思辯、善於推理，「控名責實，

---

❶《論語・子路第十三》，卷一三，頁一一五（藝文印書館，十三經注疏本）。

參伍不失」，❷對於認識論與邏輯學的發展頗有貢獻，因此，後代學者論先秦學術，都以名家爲一重要派別。這個派別的缺點是「苛察繳繞」❸「鉤鈲析亂」、❹「專決於名而失人情」，❺很快就隨著戰國時代的結束而衰落，但是，他們對中國學術發展的影響卻不容忽視。因此，章學誠曾經指出，後代經解中有名家，❻文學中也有名家，而柳宗元便是唐、宋詩文大家中的名家。❼

章氏並未舉證說明柳宗元何以爲名家，但劉師培曾經指出：「子厚之文，善言事物之情，出以形容之詞，而知人論世，復能探源立論，核覈刻深，名家之文也。」❽這是從柳文作法

---

❷《史記・太史公自序第七十》，卷一三〇，頁三二九一，曰：「名家苛察繳繞，使人不得反其意，專決於名而失人情，故曰：『使人儉而善失眞』。若夫控名責實，參伍不失，此其所長也。」（鼎文書局，二十五史點校本）。

❸同註❷。

❹《漢書・藝文志第十》，卷三〇，頁一七三七，曰：「名家者流，蓋出於禮官。古者名位不同，禮亦異數。孔子曰：『也必正名乎！名不正則言不順，言不順則事不成。』此其所長也。及警者爲之，則苟鉤派析亂而已。」（鼎文書局，二十五史點校本）。

❺同註❷。

❻《校讎通義・宗劉第二》，頁九五七，曰：「名家者流，後世不傳。得辨名正物之意，則顏氏《匡謬》、丘氏《兼明》之類，經解中有名家矣。」（葉瑛《文史通義校注》下，仰哲出版社）

❼同上：「漢、魏、六朝著述，略有專門之意。…今即以世俗所謂唐、宋大家之集論之，如韓愈之儒家，柳宗元之名家，…皆以生平所得，見於文字，旨無旁出，即古人之所以自成一子者也。」

❽劉師培《論文雜記》（引自《文史通義校注》下，頁九六三。）

加以說明，或有可取。但是，名家之所以爲名家，首重名實之論；柳宗元爲文，屢屢抨擊名實不符的亂象，強烈主張「覈名實」、❾「去名求實」，❿應當也是他被歸入名家的重要因素之一。可惜，過去很少有人討論他的名實觀念⓫，因此本文擬就此一論題進行探討，期能略補前人所闕。

二、柳宗元對名、實關係的檢討

柳宗元生於唐代宗大曆八年，卒於憲宗元和十四年，歷仕德、順、憲三朝。他出生的時候，安、史之亂已經結束二十年，但唐朝國勢已衰，百弊叢生，外有藩鎮割據，內有奸佞當道，朝政日趨腐敗，民生日益困苦。因此，他進入仕途以後，便有志於革新時政，不僅參與以王叔文爲首的改革集團，而且一再撰文抨擊時弊。他認爲，當時有許多積弊之所以不能革除，是因爲大家對人、對事都認識不清，把所謂賢愚、貴賤、貧富，弄得錯亂顛倒；對於事物的眞假、本末、表裡，也往往混淆不分。於是衆口鑠金，積非成是，造成日趨腐敗的亂象。因此，他從多方面對名、實關係展開了檢討，盼能藉此扭轉錯誤的認知，使賢才能夠出頭，政治能夠清明。

❾《柳宗元集·答元饒州論政理書》，卷三二，頁八三二（吳文治整理，漢京文化事業有限公司，以下簡稱《柳集》）。

❿《柳集·送僧浩初序》，卷二五，頁六七四。

⓫管見所及，張漢綱〈柳宗元認識論特點初探〉（廣西民族學院學報，一九八三年四月）曾以大約四百字論

(一)有其實者，名固從之；無其實者，名亦加之

名與實究竟具有怎樣的關係？莊子說：「名者，實之賓」；⑫管子說：「名生於實」；⑬墨子說：「以名舉實」；⑭荀子說：「制名以指實」；⑮公孫龍說：「夫名，實謂也」。⑯可見，歷來思想家大多認爲，名從實起，名是用來指稱實的，自應按照實際情況來命名。但是，一般人在命名的時候，卻往往不依客觀實際，而憑主觀願望，於是就產生各種各樣的偏差，造成輕重不一的困擾。爲了揭發這種命名方式的荒謬，柳宗元以自己爲例，對於命名愚溪一事，極盡嘲諷之能事。〈愚溪詩序〉曰：

灌水之陽有溪焉，東流入於瀟水。或曰：冉氏嘗居也，故姓是溪爲冉溪。或曰：

其「唯物主義的名實觀」。楊沛蓀《中國邏輯思想史教程》（甘肅人民出版社，一九八八年八月）第八章第一節〈唐代的名辨思想〉，李匡武《中國邏輯史》唐明卷（甘肅人民出版社，一九八九年十二月）第一章〈唐代的名辨思想〉，亦各有數百字論及柳宗元。至於姜國柱《中國認識論史》（河南人民出版社，一九八九年七月）第二章第五節〈名與實〉，方立天《中國古代哲學問題發展史》（北京中華書局，一九九〇年三月）第十章〈中國古代名實觀〉，則未論及柳宗元。

⑫《莊子．逍遙遊第一》，頁二二，（王叔岷《莊子校詮》，中央研究院歷史語言研究所專刊之八十八）。

⑬《管子．九守第五十五》，頁二〇〇（趙守正《管子通解》，北京經濟學院出版社）。

⑭《墨子．小取第四十五》，卷一一，頁三七九（孫詒讓《墨子閒詁》，北京中華書局）。

⑮《荀子．正名第二十二》，卷一六，頁四一五（王先謙《荀子集解》，北京中華書局）。

⑯《公孫龍子．名實論第六》，頁九一（王琯《公孫龍子懸解》，北京中華書局）。

可以染也，名之以其能，故謂之染溪。余以愚觸罪，謫瀟水上，愛是溪，入二、三里，得其尤絕者家焉。古有愚公谷，今予家是溪，而名莫定，土之居者猶齗齗然，不可以不更也，故更之爲愚溪。⑰

溪是實有之物，爲溪命名，本應盡量如實反映溪的特性，然而，冉溪，是以居住者姓氏爲名，不是溪的屬性；染溪，是自使用者觀點名其用途，亦非溪的屬性；而愚溪則是居住者以己之「愚」投射於溪，更非溪的屬性。可見，一般人多是根據主觀意見命名，很少用心觀察對象本身具有那些特性，因此，所命之「名」往往脫離實際。同是一溪，因爲命名者觀察角度不同，考慮因素不同，就會有多種不同名稱。這些名稱對命名者而言，各自有其意義，但對他人而言，就不免造成混淆。因此，柳宗元爲愚溪命名以後，特作此文說明原由，試圖以一新主人的身份，定其新名以取代舊名。由於他的入主和命名，使這條小溪有了新的意義，那就是「愚」。而爲了凸顯這個「愚」字，他又將與小溪相關的一切事物都冠以「愚」字——包括愚丘、愚泉、愚溝、愚池、愚堂、愚亭、愚島，這些地方的實際狀況是「嘉木異石錯置，皆山水之奇者」，然而，「以余故，咸以愚辱焉」，可見，愚字乃是強加之辱。但爲把這個愚字坐實在溪的本身，他說：

夫水，智者樂也。今是溪獨見辱於愚，何哉？蓋其流甚下，不可以溉灌；又峻急，多

⑰《柳集》，卷二四，頁六四二。

> 坻石，大舟不可入也；幽邃淺狹，蛟龍不屑，不能興雲雨。無以利世，而適類於余，然則雖辱而愚之，可也。⑱

因爲這條溪不能灌溉田地、通航大舟，又不能興雲作雨，「無以利世」，正如被貶遐荒的他，爲世所棄，沒有利用價值，所以被辱爲愚，也不算冤枉。但是，下文又說：

> 甯武子「邦無道則愚」，智而爲愚者也；顏子「終日不違如愚」，睿而爲愚者也，皆不得爲眞愚。今余遭有道，而違於理，悖於事，故凡爲愚者莫我若也。夫然，則天下莫能爭是溪，余得專而名焉。⑲

同一甯武子，在世人眼中，有兩種形象：邦有道時，他被稱爲智者；邦無道時，他被視爲愚者。但是，在孔子看來，他的「愚」，正是世人難以企及的大智。⑳可見，世人以之爲愚，只是一種膚淺的認知。同一顏回，孔子與之談話時，見他唯唯諾諾，不知問難，有如愚者；但再仔細觀察他私下的表現，卻足以發明夫子所教，方才知他並非愚者。㉑可見，要有正確

---

⑱ 同上，頁六四三。

⑲ 同上。

⑳ 《論語・公冶長第五》，卷五，頁四五，「子曰：甯武子邦有道則智，邦無道則愚。其智可及也，其愚不可及也。」

㉑ 《論語・爲政第二》，卷二，頁一七，「子曰：吾與回言終日，不違如愚。退而省其私，亦足以發。回也，不愚。」

的認知，必須經過深入、全面的觀察，否則，就連聖人也會認錯。這兩個例子，充分說明人的認識能力多麼有限，往往分不清智者、愚者，一律稱之爲愚。因此，同一「愚」字，可用以稱甯武子、顏回，亦可用以稱柳宗元、愚溪，其實，人、事、時、地全然不同，孰眞？孰假？孰能辨之？智如孔子，以甯武子爲智；愚如世人，便以之爲愚。同理，柳宗元「遭有道，而違於理，悖於事」，在世人眼中，誠爲愚者，因此，他說：「凡爲愚者莫我若也」。但在智者眼中，「有道」或非「有道」，「愚者」亦非「眞愚」，「眞愚」乃世人耳。世人既是眞愚，無法辨清事實，他也只好背負一身罪名，承受屈辱。但是爲了發洩心中的怨憤，他把世人強加給他的屈辱，通通轉嫁給無辜的小溪，於是有了愚溪、愚丘、愚池…，陪他一起受辱，使他得到安慰。他說：

> 溪雖莫利於世，而善鑑萬類，清瑩秀澈，鏘鳴金石，能使愚者喜笑眷慕，樂而不能去也。余雖不合於時，亦頗以文墨自慰，漱滌萬物，牢籠百態，而無所避之。㉒

在他眼中的愚溪，是那樣「善鑑萬類，清瑩秀澈，鏘鳴金石」，不管世人如何輕視它、羞辱它，它的眞實樣貌、眞正價值，自有「愚者」能夠認知、欣賞。而被視爲愚者，也自居爲愚者的他，儘管拙於處世，卻能明辨是非，鑒照無隱，一如溪之「善鑑萬類」；並且清白無罪，潔身自愛，一如溪之「清瑩秀澈」；更能作爲詩文，「漱滌萬物，牢籠百態」，把形形色色

㉒ 同註⑱，頁六四四。

的山容水態、社會人生如實反映在筆下。可見，所謂「愚者」亦自有其智慧，足以反襯世人的愚昧，指出同名異實、異名同實的荒謬，把業已混淆的名稱與事實加以釐清。

爲了進一步凸顯名實殽亂的問題，他又作〈愚溪對〉曰：

> 柳子名愚溪而居，五日，溪之神夜見夢曰：「子何辱予？使予爲愚耶？有其實者，名固從之，今予固若是耶？予聞閩有水，生毒霧厲氣，中之者，溫屯嘔泄；藏石走瀨，連艫糜解；有魚焉，……是食人，……故其名曰惡溪。西海有水，散渙而無力，不能負芥……故其名曰弱水。秦有水，掎汩泥淖，撓混沙礫，……故其名曰濁涇。雍之西有水，幽險若漆，不知其所出，故其名曰黑水。夫惡弱，六極也；濁黑，賤名也，彼得之而不辭，窮萬世而不變者，有其實也。今予甚清與美，而又功可以及圃畦，力可以載方舟，朝夕者濟焉。子幸擇而居予，而辱以無實之名以爲愚，卒不見德而肆其誣，豈終不可革也？」㉓

愚溪本是一條無知的小溪，不管世人如何稱呼它、羞辱它，它都無法抗辯。但是，柳宗元卻假溪神之口，提出辯解。溪神認爲，「有其實者，名固從之。」乃是命名的基本原則。例如：惡溪、弱水、濁涇、黑水，都是因爲確有其實，才蒙上惡名。而愚溪既清又美，可以灌溉圃畦，也可以行船通航；柳宗元卻說它「不可以溉灌」，「大舟不可以入」，「無以利世」，而爲它取名愚溪，顯然完全弄錯了事實。因此，它拒絕接受這「無實之名」的侮辱，而要求改名。但柳宗元回答說：

㉓《柳集》，卷一四，頁三五七—三五八。

> 汝誠無其實，然以吾之愚而獨好汝，汝惡得避是名耶？且汝不見貪泉乎？有飲而南者，見交趾寶貨之多，光溢於目，思以兩手攫而懷之，豈泉之實也？過而往貪焉，猶以爲名；今汝獨招愚者居焉，久留不去，雖欲革其名不可得矣。夫明王之時，智者用，愚者伏；用者宜邇，伏者宜遠。今汝之託也，遠王都三千餘里，側僻迴隱，……唯觸罪擯辱、愚陋黜伏者，日侵侵以遊汝，……汝欲爲智乎？胡不呼今之聰明皎厲握天子有司之柄以生育天下者，使一經於汝，而唯我獨處？汝既不能得彼而見獲於我，是則汝之實也。當汝爲愚而猶以爲誣，寧有說耶？[24]

由於溪神舉證鑿鑿，柳宗元不得不承認：「汝誠無其實」。但，在人類過往經驗中，無其實而被其名的例子一再出現，又有誰去注意、改正？例如：所謂「貪泉」，豈有令人變貪之實？只因有人先飲泉水，而後至交趾，見了寶物想佔爲己有，就把貪婪之名推給泉水，其實，貪者自貪耳，與泉何干？但既遭此貪者，被以貪名，便已鑄成事實。現在，愚溪固然清美，但既遠離王都，不能吸引聰明、有權柄的顯要來訪，卻被觸罪擯辱的「愚者」選中，久居不去，可見，溪的本身確有吸引愚者之實質條件，被以「愚」名亦是理所當然。因此，溪神只好承認：「是則然矣。」但仍有不甘，所以又說：「敢問子之愚何如而可以及我？」縱有招愚之實，但愚者自愚，與溪何干？柳子乃曰：

㉔ 同上，頁三五八—三五九。

> 汝欲窮我之愚説耶？雖極汝之所往，不足以申吾喙……。吾茫洋乎無知，冰雪之交，眾裘我絺；……吾足蹈坎井，頭抵木石，衝冒榛棘，僵仆虺蜴，而不知怵惕。……此其大凡者也。願以是汙汝可乎？㉕

在他極力鋪陳自己拙於處世，與衆相違，而慘遭不幸的種種愚行之後，溪神終於承認，有這樣的愚者來居，要想避免受到汙辱已不可能，乃歎曰：「嘻！有餘矣，其及我也。」垂頭喪氣而去。

這場辯論看似由柳子獲勝，卻正是強詞奪理，積非成是的最佳例證。愚溪被「辱以無實之名」，就像柳宗元被朝廷定罪，被衆人譏爲愚者，無論如何辯解，也無法更改罪名，因爲，那「聰明皎厲握天子有司之柄以生育天下者」，原本就是全憑主觀意願來決定臣民的生死、貴賤、賢愚、榮辱，而不需任何事實爲證。但是，爲杜悠悠之口，他們也可以提出他們所認定的事實來爲人定罪，例如，他們認定王叔文有罪，所以，王叔文所重用的柳宗元，就以同黨身份被判定爲有罪。但，同黨何以有罪？犯罪事實何在？卻根本不容分説。於是，罪名就此判定，新的事實也因此而被決定——那就是貶謫、侮辱、與終身難以除去的烙印。這樣慘痛的遭遇，比起愚溪，更爲不幸。因爲，愚溪畢竟無知無覺，而人有知有覺，愚溪「被辱以無實之名」，對全天下、全人類而言，似乎無關痛癢，無須介意；但，柳宗元呢？王叔文呢？

㉕ 同上，頁三五九。

「八司馬」都是天下奇才，一心想要濟世利民，卻都「被辱以無實之名」，永不錄用，不僅從此決定他們一生的命運，也對中唐政局造成重大的影響。可見，錯誤的名實觀念，有必要加以糾正。如果人人各隨己意，信口雌黃，無其實者，名亦加之，爲禍必烈。因此，柳宗元特藉溪神之口，提出「有其實者，名固從之」的理念，以針砭時弊。

㈡事去名存而不知推其本

在社會變遷的過程中，事去名存的現象往往迭出不窮，但是，很少有人會去關心這些現象是否合理？應否改進？而多只是一仍舊貫，因循度日，致使矛盾日益加深，甚至引起各種誤會或衝突。因此，柳宗元曾作〈永州鐵爐步志〉，對此現象展開檢討。他說：

> 江之滸，凡舟可縻而上下者曰步。永州北郭有步，曰鐵爐步。余乘舟來居九年，往來求其所以爲鐵爐者無有。問之人，曰：「蓋嘗有鍛者居，其人去而爐毀者不知年矣，獨有其號冒而存。」余曰：「嘻！世固有事去名存而冒焉若是耶？」其人曰：「子何獨怪是？今世有負其姓而立於天下者，曰：『吾門大，他不我敵也。』問其位與德。曰：『久矣其先也。』然而彼猶曰：『我大』，世亦曰：『某氏大』，其冒於號有以異於茲步者乎？向使有聞茲步之號，而不足釜錡、錢鎛、刀鈇者，懷價而來，能有得其欲乎？則求位與德於彼，其不可得亦猶是也。位存焉而德無有，猶不足大其門，然世且樂爲之下。子胡不怪彼而獨怪於是？大者桀冒禹，紂冒湯，幽、厲冒文、武，以

傲天下，由不知推其本而姑大其故號，以致於敗，爲世笑僇，斯可以甚懼。若求茲步之實，而不得釜錡、錢鎛、刀鈇者，則去而之他，又何害乎？子之驚於是，末矣。」余以爲古有太史觀民風，采民言，若是者，則有得矣。嘉其言可采，書以爲志。㉖

永州有一個渡口，因爲曾有鐵匠居住，而被稱爲鐵爐步。後來人去爐毀不知多少年，卻仍沿用舊名。因此，引起柳宗元質疑。可是，當地人告訴他，這只是一件小事，根本不足爲奇。該奇怪的是，當時有些世家大族往往依恃祖上曾有高官盛德，而自誇姓氏高人一等，其實，歷經數代以後，子孫不肖，早已失去顯赫的官位與優良的家風，卻猶妄自尊大。世人亦爲社會風氣所囿，一味尊崇大姓。其實，就算那些世族仍然保有高位，若是無德，亦不足以光大門楣，世人卻皆樂居其下，以爲當然。所以夏桀、商紂、與周幽王、周厲王才能冒著禹、湯、文、武的名號，君臨天下。最後因爲「不知推其本」——努力修德，保其君位，而致身死國亡，爲世笑僇。這些關乎個人生死、家族盛衰、與天下存亡的大事，比起一個小小的「鐵爐步」，豈不更應檢討、改進？「鐵爐步」虛有其名，雖然會讓前來購買鐵器的人空跑一趟，但是，只要轉往他處購買，就能解決問題。君主、士大夫「不知推其本而姑大其故號」，小則亡其一家，大則滅其一國，問題可就嚴重多了。因此，柳宗元特別記下這段箴言，提醒世人務必「求實」。

黃唐評此文曰：

㉖《柳集》，卷二八，頁七五六—七五七。

> 古者姓氏特以別生分類，賢否之涇渭，初不由此。尊尚姓氏，始於魏之太和。齊據河北，推重崔、盧；梁、陳在江南，首先王、謝。至江東上人，爭尚閥閱，賣婚求財，汩喪廉恥。唐家一統，當一洗而新之，奈何文皇帝以隴西舊族矜誇其臣，以房、魏之賢，英公之功，且區區結婚於山東之世家。貞觀之世，冠冕高下雖稍序定，然許敬宗以不敍武后世，李義府恥其家無名，遂從而紊亂。黜陟廢置，皆不由於賢否，但以姓氏升降去留，定爲榮辱。衰宗落譜，昭穆所不齒者，皆稱禁婚，民俗安知禮義忠信爲何物耶？子厚憫時俗之未革，故以子孫冒昧者取況於鐵爐步之失實，誠有功於名教歟？㉗

唐朝重視門第的風氣沿自南北朝，由來已久。當時，山東世家以門第相誇，嫁女多娶聘財，然朝廷勳貴「欲共衰代爲親，縱多輸錢帛，猶被偃仰」。㉘太宗惡之，乃命高士廉等人撰《氏族志》，「不須論數世以前，止取今日官爵作等級」。㉙遂以崔幹爲第三等。其後，武后當政，許敬宗、李義府等人又奏請重修《氏族志》，以武氏爲第一；並奏隴西李等七家不得相與爲婚，皆稱禁婚家。可見，唐朝皇室一再想要「以當朝之所貴，易民間之所重」。㉚但終不敢舉世之風尚，故至中唐時，李、王、鄭、盧、崔等七姓十家，聲望之高，仍非他族

㉗ 見《柳集·永州鐵爐步志》題注引黃唐《柳文雌黃》。

㉘ 《舊唐書·高士廉傳》，卷六五，頁二四四四（鼎文書局，二十五史點校本）。

㉙ 同上。

㉚ 呂思勉《隋唐五代史》下，頁七八九。

所可企及。柳宗元認爲，望族的形成與維繫有兩個要件，那就是「位」與「德」。如果有位無德，就算貴爲天子，也不值得尊敬，甚至可能覆亡。因此，做爲一個世家子弟或皇室子孫，就必須努力進德修業，得位行道，絕不可自恃其姓而不推其本。以他自己爲例，柳氏世居河東，亦稱著姓，因此，他曾稱「世德廉孝，颺于河滸，士之稱家風者歸焉」。[31]但是入唐以後，高伯祖柳奭爲武后所害，累及宗人，柳氏遂衰。柳宗元素以振興宗族爲念，進德修業，不敢稍懈。不幸被貶，亦常勉宗人力爭上游。例如〈送澥序〉曰：

> 人咸言吾宗宜碩大，有積德焉。在高宗時，並居尚書省二十二人。遭諸武，以故衰耗。武氏敗，猶不能興。……永貞年，吾與族兄登並爲禮部屬。吾黜，而季父公綽更爲刑部郎，則加稠焉。……意者其復興乎？……勤聖人之道，輔以孝悌，復嚮時之美，吾於澥焉是望。[32]

可見，他早已認清柳氏中衰之事實，而力圖復興其位與德。這種積極進取的態度，自與〈永州鐵爐步志〉所譏諷的世家子弟大相逕庭。但是，令人痛心的是，在舉世尊尚姓氏的風氣之下，望族子弟縱使無才無德，單憑姓氏亦往往得以躋身清顯，而像柳宗元這樣的人才，只因氏族已衰，仕路就比較坎坷。因此，他一再反對以姓氏來任用官吏，定人高下。例如《非國

---

[31] 《柳集・先侍御史府君神道表》，卷一二，頁二九四。

[32] 《柳集》，卷二四，頁六三五—六三六。

語‧命官》曰：

> 官之命，宜以材耶？抑以姓乎？文公將行霸，而不知變是弊俗，以登天下之士，而舉族以命乎遠近，則陋矣。若將軍、大夫必出舊族，或無可焉，猶用之耶？必不出乎異族，或有可焉，猶棄之耶？則晉國之政可見矣。[33]

他批評晉文公不能改變弊俗，用人唯才，卻按姓氏命官。可見，他對尊尚姓氏的風氣頗爲不滿。而〈封建論〉曰：「繼世而理者，上果賢乎？下果不肖乎？」[34]更對君主世襲制提出了強烈的質疑。〈永州鐵爐步志〉強調所謂「高門大族」早已「事去名存」；甚至批評桀、紂、幽、厲「不知推其本，而姑大其故號」，正是針對當時「黜陟廢置，皆不由於賢否，但以姓氏升降去留」的風氣予以針砭，希望能夠革除弊俗，使朝廷選官任人，黜陟遷調，皆能唯賢是問；並且希望君主知所戒懼，努力修德。黃唐稱讚此文「有功於名教」，洵非虛語。

(三)先聲後實與痛抑華耀

在競爭激烈的社會中，怎樣才能出人頭地？一直是很多士人所關切的問題。孔子說：「不患人之不己知，患其不能也。」這是勉勵士人先充實自己的能力，不要急著追求名聲。

---

[33] 《柳集》，卷四五，頁一三〇八。

[34] 《柳集‧封建論》，卷三，頁七五。

但以中唐時代而言，一個具有眞才實學的人，若是抱著「不患人之不己知」的態度去考進士，卻很可能名落孫山，一再失利。因此，柳宗元不得不提出「先聲後實」的應考策略來進行檢討。〈送韋七秀才下第求益友序〉曰：

所謂先聲後實者，豈唯兵用之？雖士亦然。若今由州郡抵有司求進士者，歲數百人。咸多爲文辭，……有司一朝而受者幾千萬言，讀不能十一，即偃仰疲耗，目眩而不欲視，心廢而不欲營。如此而曰：「吾能不遺士」者，僞也。唯聲先焉者，讀至其文辭，心目必專，以故少不勝。京兆韋中立，其文懿且高，其行愿以恆。……然而進三年連不勝，是豈拙於爲聲者歟？或以韋生之不勝爲有司罪。余曰：「非也。穀梁子曰：『心志既通，而名譽不聞，友之過也；名譽既聞，而有司不以告，有司之過也。』人之視聽有所止，神志有所不及。古之道，名譽未至，不以罪有司，而況今乎？今韋生樂植乎內，不欲揚乎外，其志非也。孔子不避名譽以致其道；今韋生仗其文，簡其友，思自得於有司，抑非古人之道歟？將行也，余爲之言，既以遷其人，又以移其友，且使惑者知釋有司也。㊱

所謂「先聲後實」，就是先誇張聲勢，使敵人心生畏懼，而後再展現實力來取得勝利。韓信

㉟《論語・憲問第十四》，卷一四，頁一二八——一二九。

㊱《柳集》，卷二三，頁六二八。

大破趙國以後，派遣使者赴燕勸降，不戰而勝，便是採行此一戰略。㊲柳宗元認爲，唐代進士科考試，就像作戰一樣，必須運用「先聲後實」的策略，才能獲勝。因爲每年經州郡考試而貢至京師參與禮部會試的人數多達數百，主考官收到試卷幾千萬言，讀不及十分之一，就已疲累厭煩，頭昏眼花，當然不免遺漏人才。但是，如果應考人的知名度高，主考官讀到他的試卷，比較專心，就很少失利。可見，要想順利考中，不能單靠實力，而必須先把知名度打開。韋中立文、行俱優，卻連年落第。有人責怪考官，柳宗元卻說：「人之視聽有所止，神志有所不及」，如果應考人「名譽未至」，就不能責怪考官遺才。要怪也只能怪韋生「拙於爲聲」，只知埋頭苦學，而不多交朋友，朋友也不替他多做宣傳，所以「名譽未聞」。今後唯有改弦易轍，先把名聲傳開，才能脫穎而出，獲得考官青睞。

這種「先聲後實」的應考策略，可以說是唐代進士考試所衍生的病象之一。柳宗元雖爲主司開脫，指其閱卷太過辛勞，視聽、神志有所不及，難免認識不清，遺漏人才。但，既身爲主司，負有選才重任，就應盡量避免在過份疲倦、神志不清的時候閱卷，否則，像韋生這樣文、行俱優的人才，就很難出頭；而那些負有盛名的考生，即使並無實才，也能輕易矇混考官而僥倖上榜，豈不甚謬？柳宗元責怪韋生「拙於爲聲」、「非古人之道」，其實，韋生「樂植乎內，不欲揚乎外」，就是在遵行「不患人之不己知，患其不能」的古道，只可惜生錯了時代，所以必須被迫轉而向外追逐名聲。這種遭遇又豈是柳宗元所樂見？因此，他在序

㊲《史記・淮陰侯列傳第三十二》，卷九二，頁二六一八，曰：「兵固有先聲而後實者。」

文中，愈爲有司開脫，便愈見有司失職；愈責韋生「拙於爲聲」，便愈引人同情。何焯評此文曰：

故謬其詞，使有司無解于失士。實之不辨，則是驅天下而趨于聲也。巧于聲而拙于實，豈士端使然也？有司乃自致之。㊳

當時士子之所以競逐虛名而不務實學，就是因爲這些考官太不負責，只重虛名，而不辨其實。在這種風氣之下，一個具有眞才實學的人，必須運用「先聲奪人」的戰略，才能上榜；而一個已負盛名的人，若是缺乏實力作後盾，就算僥倖獲勝，亦無足取。因此，柳宗元提出「先聲後實」的應考策略，可以說是出於無奈，並非不重實學。這篇序文「故謬其詞」來爲有司開脫，其實是盼有司能辨其實，否則，無論採用何種策略應考，都將難以獲得公正的評價。辛生落第便是另一個令人叫屈的例子。〈送辛生下第序略〉曰：

京兆尹歲貢秀才，常與百郡相抗，登賢能之書，或半天下。取其殊尤以爲舉首者，仍歲皆上第，過而就黜，時謂怪事，有司或不問能否而成就之。中書高舍人備位于禮部，攘袂矯枉，痛抑華耀，首京師之貢者，再歲連黜，辛生以是不在議甲乙伍中。其沈沒厄困之士，闔戶塞竇而得榮名者，連軫而起。談者果以至公稱焉，其能否也，世莫知

㊳ 何焯《義門讀書記》（引自吳文治《柳宗元卷》，頁三五六，明倫出版社《柳宗元詩文彙評》）。

也。若辛生，其文簡而有制，其行直而無犯，嚮使不聞於公卿，不揚於交游，又不為京師貢首，則其甲乙可曲肱而有也。嗚呼！名之果為不祥也有是夫？…以辛生之文行，八年無就，…吾甚憤焉。❸❾

唐代士子須先經州郡考試取得鄉貢進士資格後，始能參與禮部會試。當時，各地士子為了早日成名，往往不在州郡應考，而逕至京兆府求貢，因此，京兆尹每年所貢進士最多，其貢首亦最受矚目，參與禮部會試，總是年年上榜。如果意外落榜，必為時人所怪，因此，歷任主司皆依慣例行事，不管其人有無眞才實學，一定錄取。可是，高郢擔任禮部侍郎以後，為了矯正競逐虛名的士風，有意「痛抑華耀」，遂使京師貢首連續兩年皆遭黜落，而那些沒沒無聞的士人卻紛紛上榜。當時人多以「至公」稱許高郢，至於被黜者是否無能？上第者是否有能？卻無人知曉。辛生就在這種情況之下，以京師貢首之名，遭到黜落。而事實上，他的文、行相當優秀，因此，柳宗元很為他不平，對於高郢「痛抑華耀」而「不問能否」的作法，也不以為然。《新唐書・高郢傳》曰：

時四方士務朋比，更相譽薦，以動有司，徇名亡實，郢疾之，乃謝絕請謁，顓行藝。司貢部凡三歲，甄幽獨，抑浮華，流競之俗為衰。❹⓿

---

❸❾《柳集》，卷二三，頁六二九—六三〇。

❹⓿《新唐書》，卷一六五，頁五〇七三（鼎文書局，二十五史點校本）。

可見，高郢「痛抑華耀」，是爲了矯正「徇名亡實」之風。但是，柳宗元認爲，主司取士，應以「能否」爲決，不論考生有名或無名，只要他的能力過人，就應錄取。高郢不看京師貢首究竟是否具有眞才實學，就加以黜落，可以說是因名害實，因此，柳宗元感歎：「名之果爲不祥也！」畢竟，「實」比「名」更重要，有司取士，如果不辨其實，而專決於名，確將造成種種不公。

(四)其名則存，其教之實則隱

《漢書·藝文志諸子略》曰：「名家者流，蓋出於禮官。古者名位不同，禮亦異數。孔子曰：『必也正名乎？名不正則言不順，言不順則事不成。』此其所長也。」此謂名家的出現，起源於古代的禮官。他們根據名位的不同，制定不同的禮數，藉以維持宗法社會的穩定與和諧。一旦社會發生變遷，禮制遭到破壞，原有的秩序便將蕩然無存。因此，孔子才會主張「正名」來維護禮制。但是，一般人對於聖人維護禮制的用心，往往不甚了解，即使保存了原有的名位和禮數，也多流於形式，而不能實踐禮的精神。因此，柳宗元在〈褙說〉一文中，曾對此一問題進行檢討。他說：

柳子爲御史，主祀事。將褙，進有司以問褙之說，則曰：「合百神於南郊，以爲歲報者也。先有事必質於戶部，戶部之詞曰：『旱于某，水于某，蟲蝗于某，癘疫于某』，則黜其方守之神，不及以祭。」余嘗學禮，蓋思而得之，則曰：「『順成之方，其褙乃通』，若是，古矣。」繼而歎曰：「神之貌乎？吾不可得而見也；祭之饗乎？吾不可得而知也。是其誕漫惝怳，冥冥焉不可執取者。夫聖人之爲心也，必有道而已矣，非于神也，蓋于人也。以其誕漫惝怳，冥冥焉不可執取，而猶誅削若此，況其貌言動作之塊然者乎？是設乎彼而戒乎此者也，其旨大矣。……旱乎、水乎、蟲蝗乎、癘疫乎，豈人之爲耶？故其黜在神。暴乎、眊乎、沓貪乎、罷弱乎，非神之爲也，故其罰在人。今夫在人之道，則吾不知也。不明斯之道，而存乎古之數，其名則存，其教之實則隱，以爲非聖人之意，故歎而云也。……其黜之也，苟明乎教之道，雖去古之數可矣。反是，則誕漫之說勝，而名實之事喪，亦足悲乎！」㊶

唐朝所謂䄍祭，就是在年終時合祭四方神明，如果當年某地發生災荒，五穀不登，當地神明就不能受祭。這個祭禮源於上古，行之已久，一般人習以爲常，很少思考其中的意義。但是，柳宗元認爲，神既看不見，也摸不著，或許根本就不存在。可見，聖人設計這樣的祭禮，不是爲了神，而是爲了人。目的是要藉著黜神來告戒地方官吏。一個地方發生旱災、水災、蟲蝗、癘疫之害，不是人所造成，所以黜神；而發生暴眊、沓貪、疲弱之害，不是神所造成，就當黜人。然而，當時貪官汙吏橫行，卻未見朝廷給予應得的懲罰，因此，他感歎䄍祭之名——「古之數」雖存，而䄍祭之實——聖人設教之意已隱。面對這種名存實隱的現象，他指出，如果能夠體察聖人的教誨，使貪官污吏得到應有的懲罰，縱使不再舉行䄍祭，也無不可；

㊶《柳集》，卷一六，頁四五七—四五九。

否則，就算年年舉行禮祭，行禮如儀，也不過是使「誕漫之說勝，而名實之事喪」，絲毫無濟於天下。

這種名實觀念究竟是否合乎聖人之意？黃唐曾經質疑曰：

子貢觀䄍，歎一國之人皆狂。孔子以文武弛張之道，辭而闢之，言若可已而不可已也。子厚䄍說，謂名存實隱，欲舉而去之，是豈知孔子之意乎？㊷

黃唐根據《禮記》的記載，認爲孔子贊成䄍祭，而子厚謂䄍祭「名存實隱」，欲「舉而去之」，不合孔子之意。今觀《禮記・雜記下》曰：

子貢觀於蜡。孔子曰：「賜也樂乎？」對曰：「一國之人皆若狂，賜未知其樂也。」子曰：「百日之蜡，一日之澤，非爾所知也。張而不弛，文武不能也；弛而不張，文武不爲也。一張一弛，文武之道也。」㊸

蜡即䄍也。孔子認爲，在辛勞百日之後，舉行蜡祭，讓百姓輕鬆享樂一下，合乎文王、武王一張一弛之治道。《禮記・禮運》亦曰：

昔者仲尼與於蜡賓，事畢，……喟然而嘆，……曰：「夫禮，先王以承天之道，以治人之

㊷《柳集・䄍說》題注引黃唐《柳文雌黃》。

㊸《禮記・雜記下第二十一》，卷四三，頁七五一。

情。故失之者死，得之者生。……是故夫禮，必本於天，殽於地，列於鬼神，達於喪祭、射御、冠昏、朝聘。故聖人以禮示之，故天下國家可得而正也。」㊹

可見，孔子相當重視蜡祭，一再強調聖人以禮示天下，上可承天，下可治人，絕不可輕言廢除。但，孔子也說過：「禮云禮云，玉帛云乎哉？」㊺「禮，與其奢也，寧儉。」㊻可見，孔子並不是只重禮數，而更看重禮意。以蜡祭而言，《禮記·郊特性》曰：

天子大蜡八。伊耆氏始為蜡，蜡者，索也。歲十二月，合聚萬物而索饗之也。蜡之祭也，主先嗇，而祭司嗇也。祭百種以報嗇也。饗農及郵表畷、禽獸，仁之至，義之盡也。古之君子，使之必報之也。……八蜡以記四方，四方年不順成，八蜡不通，以謹民財也。順成之方，其蜡乃通，以移民也。㊼

天子設蜡，旨在崇德報功，而蜡祭規模的大小，甚至舉不舉行，都得看年成好不好，以節省民財。可見，蜡祭的禮數並非一成不變，而聖人設蜡，首先考慮人民，正是禮意所在。因此，孔子強調「百日之蜡，一日之澤」，「天下國家可得而正」，都可見出愛護人民的用心。

㊹《禮記·禮運第九》，卷二一，頁四一二—四一四。
㊺《論語·陽貨第十七》，卷一七，頁一五六。
㊻《論語·八佾第三》，卷三，頁二六。
㊼《禮記·郊特性第十一》，卷二六，頁五〇〇—五〇二。

柳宗元不相信鬼神的存在，他認爲聖人設蜡「非于神也」，雖與《禮記》所謂「本於天，殽於地，列於鬼神」的態度有所不同，但，他強調聖人設蜡「蓋于人也」，並且指出：「不明斯之道，而存乎古之數，其名則存，其教之實則隱，非聖人之意也。」卻掌握了聖人愛護人民，首先考慮人民的心意。孔子一生堅決維護周禮，他認爲，先王禮數不可輕廢，否則禮意亦將蕩然無存，因此，當子貢欲去告朔之餼羊時，他說：「賜也，爾愛其羊，我愛其禮。」㊽可見，他對禮數也相當堅持，並且視之爲維護禮教的必要條件。然而，柳宗元卻認爲，只要能夠掌握聖人制禮的用心，努力實踐聖人的教誨，使天下得治，人民得安，就算捨棄古代的禮數，也無不可，因爲，禮數的本身並不是禮意能否實踐的必要條件。以聖人設蜡而言，雖可「治人之情」，使「天下國家可得而正」，但是，要想使天下得治，人民得安，並不是非行蜡祭不可。舉行蜡祭，也未必就能使人民安居樂業。以他所處的時代而言，人民苦於貪官汙吏，苛征重斂，若是朝廷知道體恤百姓，就應嚴懲貪汙，輕徭薄賦，而不宜舉行蜡祭，「以謹民財」。因此，他說：「苟明乎教之道，雖去古之數可矣。」「古之數」是「名」，「教之道」是「實」，當「名」已脫離「實」，甚至有礙於「實」的時候，他主張去「名」以存「實」，這種名實觀念自與孔子所堅持的「正名」思想有別。孔子認爲，名不正則禮樂不興，欲興禮樂，必先正名，名正不正對禮樂興不興有決定性的作用，因此，當名與實相悖時，必先正名，而後求其實。而柳宗元卻以實爲先，以名爲後，甚至不惜去名以存實，故與

㊽ 同註㊻，頁二九。

孔子思想不盡相合，而爲黃唐所譏。

(五) 去名求實

孔子重視名的作用，主張「正名」；老子、莊子卻都懷疑名的作用，而強調「無名」。「無名」是宇宙萬物創生以前，一片渾沌，無以名之的境界。而萬物既已創生，人類制定了各式各樣的名言，來指稱不同的事物，卻經常偏離事實，造成許多困擾。因此，老子說：「道常無名，樸」，㊾莊子說：「道不可言，……道不當名」，㊿都可提醒世人不要爲名所惑而失去了樸實純眞的大道。至於佛教強調「般若無名」，[51]亦傾向於否定名言，而與老、莊相通。柳宗元對名的局限性有很清楚的認知，他深深了解，一般人爲名所惑，往往認不清事實，因此，他一再強調「去名求實」。例如〈送僧浩初序〉曰：

> 儒者韓退之與余善，嘗病余嗜浮圖言，訾余與浮圖遊。……浮圖誠有不可斥者，往往與《易》、《論語》合，誠樂之，其於性情奭然，不與孔子異道。退之好儒未能過揚子，揚子之書於莊、墨、申、韓皆有取焉，浮圖者，反不及莊、墨、申、韓之怪僻險賊耶？曰：「以其夷也。」果不信道而斥焉以夷，則將友惡來、盜跖，而賤季札、由余乎？

㊾《老子‧三十二章》。

㊿《莊子‧知北遊第二十二》，頁八三七。

[51] 如《肇論‧般若無知論第三》頁三一，曰：「般若義者，無名無說。」（新文豐出版社）。

非所謂去名求實者矣。[52]

韓愈以儒者自居，一再指責柳宗元不斥佛教。柳宗元認爲，佛教有其可取之處，往往與《易》、《論語》相合，且能怡人情性，並不違反孔子之道。韓愈好儒，揚雄也好儒，揚雄對莊、墨、申、韓皆有所取，韓愈又何以不肯包容佛教？韓愈指斥佛教爲夷狄之教，但是，季札、由余皆爲夷狄之賢，難道不比中土的盜跖、惡來更爲可貴？佛教固非中土本有，但既有可取之實，就不應以其來自夷狄而加以排斥，而應以「去名求實」的態度，取其所長。

柳宗元曾說：「吾自幼好佛，求其道積三十年。」[53]可見，他早已對佛教展開實際的接觸，對於儒、佛二教的異同也有相當深刻的了解。因此，儘管佛教來自夷狄，儒教出自中土，名稱各異，背景不同，但是，在他看來，絲毫無損於眞正的價値。反觀韓愈曾自稱：「所讀皆聖人之書，楊、墨、釋、老之學無所入於其心。」[54]可見，他一直堅守儒家道統，對於異端之學，特別是來自夷狄的佛教，根本就採取拒斥的態度，不肯深入去了解。這種因名棄實、知名而不知實的態度，往往會使人錯失蘊藏在內的眞正價値。因此，柳宗元要求韓愈「去名求實」，可以說是正中其病。

再如〈答韋中立論師道書〉曰：

---

[52]《柳集》，卷二五，頁六七三—六七四。

[53]《柳集・送巽上人赴中丞叔父召序》，卷二五，頁六七一。

[54]《韓昌黎集・上宰相書》，卷三，頁九〇（馬其昶《韓昌黎文集校注》，世界書局）。

> 辱書云欲相師，…僕自卜固無取，假令有取，亦不敢爲人師。…孟子稱：「人之患在好爲人師。」由魏、晉氏以下，人益不事師。今之世不聞有師，有輒譁笑之，以爲狂人。獨韓愈奮不顧流俗，…作〈師說〉，抗顏而爲師。世果群怪聚罵，…愈以是得狂名。…古者重冠禮，將以責成人之道，是聖人所尤用心者也。數百年來，人不復行。近有孫昌胤者，獨發憤行之，既成禮，…言於卿士曰：「某子冠畢。」…廷中皆大笑。…何哉？獨爲所不爲也。今之命師者大類此。…假而以僕年先吾子，聞道著書之日不後，誠欲往來言所聞，則僕固願悉陳中所得者，吾子苟自擇之，取某事去某事，則可矣。若定是非以教吾子，僕材不足，而又畏前所陳者，其爲不敢也決矣。…取其實而去其名，無招越、蜀吠怪，而爲外廷所笑，則幸矣。[55]

魏晉以後，從師問學的風氣日益衰微。到了唐朝，更是變本加厲，只要有人以師生相稱，就會遭到衆人的訕笑和責罵。在這種風氣之下，韓愈卻公然「收召後學，作〈師說〉，抗顏而爲師。」果然驚世駭俗，被視爲狂人。這種勇氣固然值得同情，但是，柳宗元卻無意跟進。他認爲，師生之禮就像冠禮一樣，無論用意如何良好，既已荒廢數百年，就不必勉強再去實行，否則，難免被視爲食古不化、不合時宜的怪人。因此，儘管他很樂於指導後進，卻堅拒爲師之名。在他看來，師生的名份、禮數並不重要，重要的是，彼此切磋，互相學習。只要能夠眞正得到從師問道、以友輔仁的益處，就不必拘泥於名份和禮數，故寧「取其實而去其

---

55 《柳集》，卷三四，頁八七一—八七三。

名」，以免徒增困擾。〈答嚴厚與秀才論爲師道書〉亦曰：

> 得生書，……怪僕所作〈師友箴〉與〈答韋中立書〉，欲變僕不爲師之志，屈己爲弟子。……僕之所避者名也，所憂者其實也。實不可一日忘。……若乃名者，方爲薄世笑罵，僕脆怯尤不足當也。……實之要，二文中皆是也，吾子其詳讀之。……僕之所拒，拒爲師弟子名，而不敢當其禮者也。……幸而亟來，終日與吾子言，不敢倦，不敢愛，不敢肆。苟去其名，全其實，以其餘易其不足，亦可交以爲師矣。如此，無世俗累，而有益乎己，古今未有好道而避是者。[56]

嚴秀才認爲，柳宗元曾作〈師友箴〉強調從師、取友的重要性，卻又作〈答韋中立書〉堅拒爲師，是自相矛盾。柳宗元指出，他所迴避的是「名」，而所憂心的是「實」，「實不可一日忘」，所以，這兩篇文章都強調「實」的重要。至於師弟子的名份和禮數，既爲世人笑罵，就應「去其名，全其實」，方能眞正受益。

韓、柳二人都很尊崇孔子，也都有意振興儒學。但是，韓愈認爲，要振興儒學，就應高舉堯、舜、禹、湯、文、武、周公、孔子聖聖相傳的旗幟，來抵排異端，攘斥佛、老。因此，他以傳道自任，抗顏而爲師，希望號召衆人，一起尊儒排佛。柳宗元卻認爲，不必排佛，也不必大張旗鼓、以師自命，只要能夠融佛入儒，時時以聖人之道共勉，就能振興儒學。可見，

---

[56] 同上，頁八七八—八七九。

他們對於佛教與師道的態度之所以有別，是因爲韓愈上承孔子「正名」思想，比較重視「名」的號召作用與區別作用，一心想要恢復儒家的禮教。而柳宗元則受佛、道「無名」思想影響較多，比較不重視名份和禮數，因此，他主張「去名求實」。莊子說：「爲善無近名」，57老子說：「名與身孰親？」58韓愈因爲排佛、爲師，聲名大噪，惹禍上身；柳宗元則不願排佛，避居師名，以求避禍，可見，他的「去名」觀念比較接近老、莊的「無名」思想。

(六)覈名實，固必問其實

柳宗元對於人民生活的疾苦素極關心。他認爲，政府官員在施政時，如果不了解人民生活的實況，就無法滿足人民眞正的需要。因此，當元饒州來信論政時，他對當時的弊政下了一帖良藥，那就是「覈名實」、「固必問其實」。他說：

> 凡所言免貧病者，而不益富者稅，此誠當也。乘理政之後，固非若此不可；不幸乘弊政之後，其可爾邪？夫弊政之大，莫若賄賂行而征賦亂。苟然，則貧者無貲以求於吏，所謂有貧之實而不得貧之名；富者操其贏以市於吏，則無富之名而有富之實。貧者愈困餓死亡而莫之省，富者愈恣橫侈泰而無所忌。凡若所遇如是，則將信其故乎？是不

57《莊子·養生主第三》，頁九九。

58《老子·四十四章》。

> 可懼撓人而終不問也，固必問其實。問其實，則貧者固免，而富者固增賦矣，安得持一定之論哉？若曰止免貧者而富者不問，則僥倖者衆，皆挾重利以邀，貧者猶若不免焉。若曰檢富者懼不得實而不可增焉，則貧者亦不得實不可免矣。若皆得實而故縱以爲不均，何哉？…夫如是，不一定經界，覈名實，而姑重改作，其可理乎？…凡云懼富人流爲工商浮窳，蓋甚急而不均，則有此爾。若富者雖益賦，而其實輸當其十一，猶足安其堵，雖驅之不肯易也。…今若非市井之征，則捨其產而唯丁田之問，推以誠質，示以恩惠，嚴責吏以法，如所陳一社一村之制，安有不得其實？不得其實，則一社一村之制亦不可行矣。是故乘弊政必須一定制，而後兄之說乃得行焉。59

元饒州欲免除貧病者的稅，而不增加富者的稅，看似良法美意，但是柳宗元認爲，施政必須因時制宜。如果饒州之政原本清明，立刻推行此法，固可改善貧民生活，且使富人得以安心。但若原本處於弊政之後，最大問題必是「賄賂行而征賦亂」。貧者沒錢行賄，「有貧之實而不得貧之名」；富者有錢行賄，「無富之名而有富之實」。在這種情況之下，元饒州的美意，就將完全落空。因此，他說：「固必問其實」。問得其實以後，貧者固可得免，富者亦可增賦。只要實際賦稅不超過十分之一，就不致使富人流爲工商浮窳。但是，如果只免貧者而縱容富者繼續逃漏賦稅，就會使富人心存僥倖，挾利行賄，造成富者益富，而貧者仍貧的不均現象，使社會嚴重不安。因此，他認爲，當務之急就是「定經界，覈名實」，絕不可憚於改

---

59 《柳集》，卷三二，頁八三一—八三三。

革。如果能以誠信、恩惠對待人民，並且嚴格禁止官吏收受賄賂，一定可以問得其實，而將往日的弊政徹底革除。

元饒州有心求治，以解民瘼，在當時的地方官吏之中，已屬難能可貴。因此，柳宗元在回信中稱讚他：「類非今之長人者之志，不唯充賦稅，養祿秩，足己而已，獨以富庶且教為大任，甚盛！甚盛！」[60]但是，如果凡事只看表面，不能深入觀察，正本清源，以實事求是的精神去改革，縱有良法美意，也無法讓百姓眞正受惠。因此，柳宗元提出「覈名實」、「固必問其實」的施政理念，要求元饒州先去考覈名實是否相符，把事實的眞相弄清楚，而後再推行新政，應該可以說是改革弊政的良方。

這種施政理念，在〈種樹郭橐駝傳〉中亦可見出。他說：

> 郭橐駝不知始何名。病瘻，隆然伏行，有類橐駝者，故鄉人號之「駝」。駝聞之曰：「甚善，名我固當。」因捨其名，亦自謂橐駝云。……駝業種樹，……所種樹，或移徙，無不活，且碩茂早實以蕃。他植者雖窺伺傚慕，莫能如也。有問之，對曰：「……凡植木之性，其本欲舒，其培欲平，其土欲故，其築欲密。既然矣，勿動勿慮，去不復顧。……則其天者全而其性得矣。故吾不害其長而已，……不抑耗其實而已……。他植者則不然，根拳而土易，其培之也，若不過焉則不及。……愛之太恩，憂之太勤，旦視而暮撫，已去而復顧，甚者爪其膚以驗其生枯，……而木之性日以離矣。雖曰愛之，其實害之；雖

[60] 同上，頁八三一。

曰憂之，其實讎之，故不我若也。……」問者曰：「以子之道，移之官理可乎？」駝曰：「……吾居鄉見長人者好煩其令，若甚憐焉，而卒以禍。旦暮吏來而呼曰：『官命促爾耕，……』鳴鼓而聚之，……吾小人輟飧饔以勞吏者，且不得暇，又何以蕃吾生而安吾性耶？故病且怠。……」問者嘻曰：「吾問養樹，得養人術。」傳其事以爲官戒。61

當時有很多地方官「好煩其令」，成天到晚派人督促百姓努力生產，看似勤政愛民，其實卻是擾民。因此，柳宗元以養樹來比喻養民之術。他指出，郭橐駝種樹的訣竅，就是把根基紮好，「不害其長」，「不抑耗其實」，使樹木得以順其天性生長。而其他人種樹，往往沒把根基紮好，「愛之太恩，憂之太勤」，反而害了樹木。可見，要做一個理想的地方官，就必須了解百姓眞正的需要，爲他們準備一個良好的生長環境，讓他們得以「蕃吾生而安吾性」。如果只做表面功夫，而不能切合實際的需要，無論如何宣揚政令，號稱德政，都只會造成禍害。郭橐駝生病駝背以後，便捨其本名，接受鄉人的稱呼，可見，他重視的是「實」，而不是「名」。地方官吏如果能夠像他一樣，順應民情，捨名從實，就不會以煩苛的命令來擾民了。愛新覺羅弘曆曰：

宗元所言：「長人者好煩其令，民輟饔飧以勞吏者，且不得暇，又何以蕃吾生而安吾性？」誠足以爲官戒矣！雖然，其所以至是者，豈以赤子視斯民而致然哉？爲其以民

61 《柳集》，卷一七，頁四七三—四七四。

事爲立名之地而致然也。果甚憐其民，而促耕督穫之勤且劬如是，又安得使民輟饔飧以勞吏？唯其爲此者名也，名既至，而赤子與我即秦、越，是以若甚憐焉，而卒以禍。[62]

可見，地方官吏之所以「好煩其令」，是因爲好立己名。柳宗元寫郭橐駝捨其名，從其實，自有深意寓焉。

由這兩篇文章可知，地方官吏唯有摒棄好名之心，實事求是，才能眞正紓解民瘼，使人民安居樂業。柳宗元提出「覈名實」，「固必問其實」的施政理念，確可說是救時良策。

三、結論

中國歷代思想家論名、實問題，大多與其政、教思想相結合。柳宗元亦然。他認爲，要使政治清明，社會安定，就必須以「求實」的精神來掃除亂象，革除積弊。因此，他強調「有其實者，名固從之」的命名原則，反對天子、有司全憑主觀意願來決定臣民的生死、榮辱、貴賤、賢愚。對於那些「事去名存」，早已無位、無德，卻「不知推其本而姑大其故號」的「高門大族」、皇室子孫，也提出了強烈的質疑，希望能夠革除尊尚姓氏的陋習，唯賢是問。當時有司取士往往不辨其實，專決於名，致使天下士子競逐虛名而不尙實學，因此，他

[62] 愛新覺羅弘曆《唐宋文醇》卷一一（引自《柳宗元卷》頁四一六。）

對「先聲後實」的應考策略，以及「痛抑華耀」、不問「能否」的取士心態也有所檢討，希望有司能辨其實，使具有眞才實學的士人能夠脫穎而出。他認爲，朝廷每年舉行蜡祭，對於發生天災的地方，就黜其神明，不予祭拜；對於各地的貪官汙吏如何危害百姓，卻是不聞不問，使聖人設蜡以戒人的用心無法落實。因此，他感歎蜡祭「名存實隱」，要求朝廷實踐聖人設教之意，使貪官汙吏得到應有的懲罰，至於蜡祭的禮數就算不再舉行亦無不可。這種「去名求實」、不重禮數的態度，與孔子「正名」思想有別，也使他對佛教與師道的態度不同於韓愈。韓愈上承孔子「正名」思想，比較重視名的號召作用與區隔作用，所以獨尊儒學，力排佛、老，抗顏爲師。柳宗元卻認爲，佛教與《易》、《論語》合，有可取之實；而大張旗鼓、以師自命必會招來詬罵。因此，他不願排佛，也不願接受師弟子的名份和禮數，而主張「去名求實」。這種「去名」觀念，比較接近老、莊的「無名」思想，對於「名」所造成的混淆與禍害，抱持否定的態度。由於他不好求名而好求實，因此，他提出「覈名實」、「固必問其實」的施政理念，要求地方官吏摒棄好名之心，深入了解人民生活的實況，以實事求是的精神來紓解民瘼，革除弊政。他的名實觀與歷代思想家的名實理論相較，雖然建樹不多，但卻反映了強烈的批判精神與務實思想，不僅具有特殊的時代意義，而且是我們研究柳文不可忽略的重要特色之一。章學誠稱他爲唐宋詩文大家中的名家，雖然可以提醒我們重視他的名實觀，但是，若就其思想內涵、立論方式、行文特色以觀，先秦名家「控名責實」，往往「苛察繳繞，專決於名而失人情」，柳宗元卻主張「去名求實」，所論最切實際，最近人情，已與先秦名家大異其趣。因此，我們如果同意章氏將他歸入名家，也只能說他是唐代古文家中的「名家」，比其他古文家更重視名實問題而已。至於其他說法能否成立？不如姑且存疑。

（本文原載中國唐代學會主編《第二屆唐代文化研討會論文集》一九九五年九月，學生書局）

柳宗元的生死觀

一、前　言

生與死，是文學作品中常見的主題，也是各種宗教、哲學最想解決的問題。柳宗元以文學名家，也以思想湛深著稱。由於被貶蠻荒十四年，隨時可能喪命，因此，他對生死問題格外關注。在他的作品中，我們可以看見死亡的陰影如何籠罩著他，使他憂懼；也可以看見他是如何掙扎求活，如何思考人生，調整步伐，與死神競走。短短四十七年的生命，結束在柳州，未能返鄉，也未得大用，或許是他最大的憾恨，然而，這萬死千難，至爲不幸的遭遇，卻使他的作品獲得了強大的生命力，可以永垂不朽。因此，本文擬就他的生死觀做一探討，期有助於了解其人與其文。

二、生死悠悠爾，一氣聚散之

凡人有生必有死。死，是生命的結束，是無法避免的大限。當死亡降臨時，人，無論如何抗拒、掙扎，最終都得離開親友，告別人世，化爲塵土。因此，對大多數人而言，死是最大的痛苦，最可怕的結局，很難看得破，解得透，而不覺畏懼，不感傷痛。但是，莊子對生死卻有相當豁達的看法。他說：

人之生也，氣之聚也。氣聚則生，氣散則死。……通天下一氣耳。❶

他認爲天下萬物都是由一氣化成，氣聚則生，氣散則死，「以不同形相禪」❷。人死了，也不過是氣散了，又會以另一種形式化生，又何須抗拒死亡？厭惡死亡？因此，當他的妻子死時，他還鼓盆而歌，曰：

是其始死也，我獨何能無概然？察其始而本無生，非徒無生也，而本無形，非徒無形也，而本無氣，雜乎芒芴之間，變而有氣，氣變而有形，形變而有生，生又變而之死，是相與爲春秋冬夏四時行也。人且偃然寢于巨室，而我噭噭然隨而哭之，自以爲不通乎命，故止也。❸

在感情上，他對於妻子的死，也不免傷感，但是經過理智的思考，了然於生死變化的關鍵，

❶《莊子・知北遊》第二十二，王叔岷《莊子校詮》，中冊，頁八〇九，中央研究院歷史語言研究所專刊之八十八。
❷《莊子・寓言》第二十七，中冊，頁一〇九〇。
❸《莊子・至樂》第十八，中冊，頁六四五。

不過是一氣之聚散流轉，有如四時循環；而人死後，或許正安然躺在巨室中休息，也就不再悲痛。這是以理智的思考、分析，來減輕感情所受的創傷，自有助於消解死亡所帶來的衝擊。

但是，對柳宗元而言，儘管他在理智上，也是以莊子的氣化觀點來看待萬物的生滅❹，以一氣的聚散來說明生死的本質，故〈掩役夫張進骸〉曰：

> 生死悠悠爾，一氣聚散之。偶來紛喜怒，奄忽已復辭。為役孰賤辱？為貴非神奇。一朝纊息定，枯朽無妍媸。❺

生死悠悠，看似神祕難解，其實不過是一氣之聚散，充滿著偶然性。當人正為賢愚、貴賤、美醜而紛紛喜怒時，轉眼便已辭世。死亡是最公平的待遇，也是必然的結局，無論生前是僕役、是貴人，一旦斷氣，化為枯骨，就再也沒有美醜之分。這樣看來，死亡，似乎也不是壞事，無須過分悲哀。故〈下殤女子墓塼記〉曰：

> 孰致也而生？孰召也而死？焉從而來？焉往而止？魂氣無不之也，骨肉歸復於此。❻

〈小姪女子墓塼記〉亦曰：

---

❹ 詳見拙著〈柳宗元的天人思想〉，頁八七至九〇，《國立編譯館館刊》十二卷一期，一九八三年六月。

❺ 《柳河東集》卷四十三，頁七四四，河洛圖書出版社影印世綵堂本。（以下簡稱柳集）

❻ 同上，卷十三，頁二一四。

生而惠，命則夭。始也無，今何有？質之微，當速朽，銘茲瓦，期永久。❼

都是與莊子持同樣豁達的觀點來面對夭折的不幸。而所謂「銘茲瓦，期永久」，期以刻石文字使死者永留生人記憶中，則與莊子不同。

以上三篇或爲僕役而發，或爲夭折的小女兒、小姪女而作，要以理智來消除悲傷，保持達觀，看似比較容易，其實，再讀上、下文，便知亦是強作達觀語而已。至於其他至親、好友亡故，便無論如何也無法抑止悲傷，而滿紙哀痛。例如〈祭呂衡州溫文〉曰：

嗚呼天乎！君子何厲？天實仇之。生人何罪？天實讎之。聰明正直，行爲君子，天則必速其死，道德仁義，志存生人，天則必夭其身，吾固知蒼蒼之無信，莫莫之無神，今於化光之歿，怨逾深而毒逾甚，故復呼天以云云。❽

柳宗元本是個無神論者，不信天命、鬼神可以主宰人的生死，卻因摯友呂溫之死，痛而呼天，這是情感上有宣洩的需要，無論如何達觀，也不能遏止，故又曰：

嗚呼化光，今復何爲乎？止乎行乎？昧乎明乎？豈蕩爲太空與化無窮乎？將結爲光耀以助臨照乎？豈爲雨爲露以澤下土乎？將爲雷爲霆以泄怨怒乎？豈爲鳳爲麟爲景星爲

---

❼ 同上，卷十三，頁二一五。

❽ 同上，卷四十，頁六四三至六四四。

卿雲以寓其神乎？將爲金爲錫爲圭爲璧以栖其魄乎？豈復爲賢人以續其志乎？將奮爲神明以遂其義乎？不然，是昭昭者其得已乎？其不得已乎？抑有知乎？其無知乎？彼且有知，其可使吾知之乎？幽明茫然，一慟腸絕。嗚呼化光！庶或聽之。❾

他想像著化光死後，魂氣散而復聚，不知會以何種形式繼續存在，卻總期待好友生前未得施展之志，能在死後得以伸張，期待好友歿後仍能有知，仍能彼此溝通。這樣的想像，雖然奠基於莊子的氣化觀，卻是無法驗證的揣測，永遠無解的謎。因此，在一連串的問句中，宣洩了無窮的哀慟。對他而言，化光的死，之所以如此難忍，固是由於幽明永隔，兩不相知，情實難堪，更是由於他與化光同是功未成、志未就，唯恐與草木同朽，而終歸泯滅。可見，莊子以一氣聚散來看待生死，原是要人「安時而處順」，使哀樂不能入，做個無功、無己、無名、無情的至人❿。柳宗元卻因爲人死氣散，肉體生命消亡，而更重視生前的功業志義能否有成而不朽。也因爲不信人死得以化爲鬼神，得與生人長相左右，而益覺哀傷。這種執著於生，難捨於情的觀點，便與莊子大異其趣了！

---

❾ 同上，頁六四五。

❿ 《莊子・養生主》第三：「老聃死，……適來，夫子時也；適去，夫子順也。安時而處順，哀樂不能入也。古者謂是帝之縣解。」上冊，頁一一一。〈逍遙遊〉第一：「至人無己，神人無功，聖人無名。」上冊，頁一八。〈德充符〉第五：「吾所謂無情者，言人之不以好惡內傷其身，常因自然而不益生也。」上冊，頁二○○。

三、我心得所安，不謂爾有知

莊子對生死的達觀，也表現於喪葬。〈列禦寇篇〉載：

> 莊子將死，弟子欲厚葬之，莊子曰：「吾以天地為棺槨，以日月為連璧，星辰為珠璣，萬物為齎送，吾喪具豈不備邪？何以加此？」弟子曰：「吾恐烏鳶之食夫子也！」莊子曰：「在上為烏鳶食，在下為螻蟻食，奪彼與此，何其偏也！」⑪

莊子不僅不欲弟子為他厚葬，且願暴骸於天地之間，任由烏鳶啄食，可以說是完全因任自然，回歸自然。但是，站在弟子立場，恐不忍見其為烏鳶所食，而必妥善收葬，始能心安。這就是人情的表現。柳宗元亦然。〈掩役夫張進骸〉曰：

> 生平勤皂櫪，剉秣不告疲。既死給槥櫝，葬之東山基。奈何值崩湍，蕩析臨路垂。髐然暴百骸，散亂不復支。從者幸告余，睠之涓然悲。貓虎獲迎祭，犬馬有蓋帷。佇立唁爾魂，豈復識此為？畚鍤載埋瘞，溝瀆護其危。我心得所安，不謂爾有知。⑫

對一個生前勤苦的僕役而言，死後算是可以安息了。不料墳墓為崩湍所毀，尸骸散亂，暴於

---

⑪ 下冊，頁一二八三。

⑫ 《柳集》卷四十三，頁七四四。

路旁，使人惻然。因此，柳宗元為之掩骸，並以溝瀆護墳，以求心安。其實，他也知道人死之後不再有知，但是，如果因其已死，欺其無知，而不妥為收葬，則我心難安。這就是儒家所以重視葬、祭之關鍵所在。《禮記》曰：

> 古之君子，使之必報之。迎貓，為其食田鼠也；迎虎，為其食田豕也，迎而祭之也。⓭仲尼之畜狗死，使子貢埋之，曰：「吾聞之也，敝帷不棄，為埋馬也；敝蓋不棄，為埋狗也。」⓮

可見，就連貓虎、犬馬，都因生前為人所用，而獲祭、葬，何況是辛苦為人執役的僕人？更何況是生我劬勞的父母？喪葬、祭祀、慎終追遠、報功崇德，皆所以求我心之所安也。孟子謂：

> 上世嘗有不葬其親者，其親死，則舉而委之於壑。他日過之，狐狸食之，蠅蚋姑嘬之，其顙有泚，睨而不視。夫泚也，非為人泚，中心達於面目，蓋歸反虆梩而掩之。掩之，誠是也。則孝子仁人之掩其親，亦必有道矣。⓯

⓭〈郊特牲〉第十一，卷二十六，頁五〇〇，《禮記注疏》，藝文印書館影印《十三經注疏》本。

⓮〈檀弓下〉第四，卷十，頁一九八。

⓯《孟子・滕文公上》卷五，頁二六三，朱熹《四書章句集注》，鵝湖出版社。

孟子由其泚而知其中心之不安，而肯定葬禮之必要；柳宗元掩役夫張進骸，也可以說是又一次體證了相同的道理。

不幸的是，當他母親病故於永州以後，他卻無法親自奉喪歸葬於長安祖墳，因此，內心自咎極深，而痛呼曰：

嗚呼天乎！太夫人有子不令而陷于大僇，徙播癘土，醫巫藥膳之不具以速天禍，……又今無適主以葬，天地有窮，此冤無窮！……天乎神乎！其忍是乎？而獨生者誰也？爲禍爲逆，又頑很而不得死，逾月逾時，以至于今。靈車遠去，而身獨止；玄堂暫開，而目不見。孤囚窮縶，魄逝心壞。蒼天！蒼天！有如是耶？有如是耶？而猶言猶食者，何如人耶？⑯

不能隨靈車北返，不能親手斂葬，親視入土，使他愧猶活在人世，恨不能追隨亡母於地下。此時此刻，內心難安，莊子式的達觀，又有何用？

不僅如此，身爲謫臣，每逢寒食，不能親自祭掃父母丘墓，亦令他痛苦難當。〈寄許京兆孟容書〉曰：

先墓所在城南，無異子弟爲主，獨託村鄰。自譴逐來，消息存亡不一至鄉閭，主守者

⑯《柳集》，卷十三，〈先太夫人河東縣太君歸祔誌〉，頁二〇五。

固以益怠。晝夜哀憤，懼便毀傷松柏，芻牧不禁，以成大戾。近世禮重拜掃，今已闕者四年矣！每遇寒食，則北向長號，以首頓地。想田野道路，士女遍滿，皂隸傭丐皆得上父母丘墓，馬醫夏畦之鬼，無不受子孫追養者。然此已息望，又何以云哉！⓱

身爲獨子，他念念牽掛著祖先、父母的墳塋，並不眞信有鬼神的存在，但父母確是一直活在他的心中，使他不敢一刻或忘，而極重拜掃之禮。

《國語》載：

屈到嗜芰。將死，戒其宗老曰：「苟祭我，必以芰。」及祥，宗老將薦芰，屈建命去之，曰：「國君有牛享，大夫有羊饋，……夫子其以私欲干國之典？」遂不用。

柳宗元非曰：

門內之理恩掩義。父子，恩之至也。而芰之薦不爲愆義。屈子以禮之末，忍絕其父將死之言，吾未敢賢乎爾也。苟薦其羊饋，而進芰於籩，是固不爲非。禮之言齋也，曰：「思其所嗜」。屈建曾無思乎？⓲

屈建固守禮之末節，不肯以芰祭父。柳宗元認爲父子之間，恩情至上，父雖已死，亦當「思

⓱ 同上，卷三十，頁四八二。
⓲ 同上，卷四十五，頁七八六至七八七。

其所嗜」而祭之，有如父在。《禮記》曰：「事死者如事生，思死者如不欲生。」❶⑲柳宗元重葬祭之禮，強調生者對死者永恆不渝的思念，務求心安，正是儒家本色。

四、恬死百憂盡，苟生萬慮滋

語云：「千古艱難唯一死」，「螻蟻且偷生」，然而，當人處於極痛苦的境地中，身心受盡煎熬，而一籌莫展之時，卻會覺得，死，是一條比較簡單的路，一了百了，再也不用煩惱。柳宗元因爲參與王叔文黨，改革失敗，被貶遐荒，處境十分險惡。〈與蕭翰林俛書〉曰：

聖朝弘大，貶黜甚薄，不能塞眾人之怒，謗語轉侈，囂囂嗷嗷，漸成怪民，飾智求仕者，更詈僕以悅讎人之心，……而僕輩坐益困辱，萬罪橫生，不知其端。⑳

可見，黨人被貶之後，仍然一再受謗，成爲「怪民」、「異物」㉑，幾乎人人喊打。柳宗元於永貞元年九月，初貶邵州刺史；十一月，再貶永州司馬，而王叔文更於次年賜死，便是政敵攻擊不斷的結果。元和元年八月，憲宗下詔同黨被貶八司馬，「縱逢恩赦，不在量移之限。」

⑲〈祭義〉第二十四，卷四十七，頁八〇八。
⑳《柳集》卷三十，頁四九二。
㉑同上，〈與裴塤書〉：「使天下之人不謂僕爲明時異物，死不恨矣！」，卷三十，頁四九一。

㉒更如同對黨人的政治生命宣判了死刑。〈寄許京兆孟容書〉曰：

> 伏念得罪來五年，未嘗有故舊大臣肯以書見及者。何則？罪謗交積，群疑當道，誠可怪而畏也，以是兀兀忘行，尤負重憂，殘骸餘魂，百病所集。……宗元於眾黨人中，罪狀最甚，神理降罰，又不能即死，猶對人言語，求食自活，迷不知恥。㉓

可見，貶謫初期，他所面對的，不只是政敵的打擊，與政治生命的終結，而且是朋友的疏離，與社會關係的斷絕。他被迫離開了熟悉的京城與家園，投入蠻荒瘴癘之地，已如失根之物，極難存活；再加上老母隨至貶所，不到半年，便於元和元年五月病卒。孑然一身的他，無父、無母、無妻、無子，寄居佛寺，前途茫茫，舉步維艱，又深咎自己累及老母之不孝，不免想到以死自贖。是年冬，同黨被貶好友凌準病逝於連州司馬任上，他痛悼曰：

> 念昔始相遇，腑腸爲君知。進身齊選擇，失路同瑕疵。本期濟仁義，今爲眾所嗤。滅名竟不試，世義安可支！恬死百憂盡，苟生萬慮滋。顧余九逝魂，與子各何之？我歌誠自慟，非獨爲君悲！㉔

㉒《舊唐書、憲宗本紀》卷十四，頁四一八。
㉓《柳集》，卷三十，頁四八〇。
㉔同上，〈哭連州凌員外司馬〉，卷四十三，頁七二一。

他在世上僅存的同難好友，原已寥寥可數，如今竟又失去一個，傷痛可知。淩準負罪而死，含冤莫白，有志未伸，固然不幸；卻終可因一死而脫離一切憂苦，獲得安息。苟活於世的他，還得面對更多的打擊、困境，與揮之不去，不斷滋生的憂慮，那才是更難忍受的煎熬。此時此境，想死，自是情所難免！故曰：「恬死百憂盡，苟生萬慮滋。」〈與劉二十八院長述舊言懷感時書事……〉亦云：

守道甘長絕，明心欲自剄，貯愁聽夜雨，隔淚數殘葩。㉕

〈懲咎賦〉亦曰：

將沈淵而殞命兮，詎蔽罪以塞禍？惟滅身而無後兮，顧前志猶未可。㉖

可見，被貶之後，他確曾想要以死來結束一切的痛苦！

《莊子》書中有一髑髏曰：「死無君於上，無臣於下，亦無四時之事。從然以天地爲春秋，雖南面王樂，不能過也。」㉗人生在世，有太多的責任，太多的煩惱，死後卻可解脫一切束縛，難怪髑髏要以死爲至樂。但，莊子也說：「大塊載我以形，勞我以生，佚我以老，

㉕ 同上，卷四十二，頁六七八。
㉖ 同上，卷二，頁三四。
㉗ 《莊子·至樂》第十八，頁六四九。

息我以死。」㉘死，是生命自然的結局，是經過了勞苦、衰老之後的安息，而不應被用爲一種逃避的手段。故莊子又說：「善吾生者，乃所以善吾死也。」㉙只有先好好地生，好好地愛親、事君，盡其天年，然後才能好好地死。《荀子》書中記子貢「倦於學」，想要息事君，息事親，息於妻子、朋友，以至於息耕。孔子都告以「焉可息哉！」一直要到進了墳墓，才能「知所息矣！」子貢乃嘆曰：「大哉死乎！君子息焉，小人休焉！」㉚可見，站在儒家立場，君子更須善盡所有責任，至死方休。在責任未了之前，又豈能以死息之？柳宗元想死而不能死，原因正在於此。

五、恐一日塡委溝壑，曠墜先緒

想死，未必能死；不想死，又未必能不死。生死之間，究應如何自處？可謂難矣！但，就在這千萬難中，柳宗元做了自己的抉擇，那就是，不能死，不能滅身而無後，不能含冤而屈死，而必須勇敢活下去，與時間競賽，與死神拔河。遭貶時，他只有三十三歲，正當壯年，然而，所受打擊太大，永州又是險惡之地，使他的肉體生命受到極大的威脅，隨時可能死亡。

㉘ 同上，〈大宗師〉第六，頁二四七。

㉙ 同上。

㉚ 《荀子·大略》第二十七，卷十九，頁五〇九至五一〇，王先謙《荀子集解》，北京中華書局。

於是，他一再寫信向故舊、大臣訴苦，請求救拔。〈寄許京兆孟容書〉曰：

自以得姓來二千五百年，代為冢嗣。今抱非常之罪，居夷獠之鄉，卑濕昏霧，恐一日塡委溝壑，曠墜先緒，以是怛然痛恨，心腸沸熱。煢煢孤立，未有子息。荒陬中少士人女子，無與為婚，世亦不肯與罪大者親昵，以是嗣續之重，不絕如縷。每當春秋時饗，孑立捧奠，顧眄無後繼者，惸惸然欷歔惴惕，恐此事便已，摧心傷骨，若受鋒刃，此誠丈人所共憫惜也。……伏惟……以存通家宗祀為念，有可動心者，操之勿失。……姑遂少北，益輕瘴癘，就婚娶，求胤嗣，有可付託，即冥然長辭，如得甘寢，無復恨矣！㉛

他深切體認到，柳氏得姓已有二千五百年歷史，身為柳氏冢嗣，又是獨子，一旦殞命，不只是個人肉體生命的滅亡，而且將使宗祀斷絕，使祖先、父母不得血食。可是，身處荒陬，又是罪臣，很難覓得合適的再婚對象，也就無法生男育孫，以承宗祀。因此，對他而言，最迫切的需要，就是向北移官，減輕瘴癘的侵害，保住肉體的生命，以便結婚生子，使宗祀有託。

馮友蘭曾說：

儒家，至少一部分的儒家，……不以為人死後尚有靈魂繼續存在。……而人死之不等於完全斷滅，則為事實。蓋人所生之子孫，即其身體一部之繼續存在生活者；故人若

㉛ 同上，卷三十，頁四八一至四八四。

有後，即為不死。……可名為生物學的不死。

又說：

> 某人之于某時曾經生于某地，乃宇宙間之一固定的事實，無論如何，不能磨滅；……其差異只在受人知與不受人知。……然即絕不受人知之人物，吾人亦不能謂其不存在，……則凡人皆不死，……可名為「理想的不死」，或「不朽」。……所謂人有三不朽：「太上有立德，其次有立功，其次有立言。」人能有所立，則即能為人所知，為人人所記憶，而不死或不朽。……大多數之人，皆平常無特異之處，不能使社會知而記憶之，……特別注重喪祭禮，則人人皆得在其子孫之記憶中，得受人知之不朽。此儒家所理論化之喪祭禮所應有之涵義。㉜

柳宗元便可說是不信靈魂存在的儒家。而他之所以擔憂滅身而無後，也不只是求個人與家族的「生物學的不死」，而是要求「理想的不死」，故亦重喪祭禮，期使祖宗永遠活在子孫記憶中。〈與楊京兆憑書〉曰：

> 伏以先君稟孝德，秉直道，高於天下，仕再登朝，至六品官。宗元無似，亦嘗再登朝至六品矣。何以堪此？且柳氏號為大族，五六從以來，無為朝士者。……以是自忖，

㉜〈儒家對于婚喪祭禮之理論〉，馮友蘭《三松堂學術文集》，頁一四三至一四四，北京大學出版社。

官已過矣，寵已厚矣。夫知足與知止異，宗元知足矣。若便止不受祿位，亦所未能。今復得好官，猶不辭讓，何也？以人望人，尚足自進，如其不至，則故無憾。進取之志息矣！身世孑然，無可以爲家，……孟子稱：「不孝有三，無後爲大」，今之汲汲於世者，惟懼此而已矣。天若不棄先君之德，使有世嗣，或者猶望延壽命，以及大宥，得歸鄉閭，立家室，則子道畢矣。[33]

他的父親柳鎮是一個「稟孝德，秉直道」的君子，而且曾因力抗姦臣竇參而聲震天下，官至侍御史。他則做過禮部員外郎，也是六品，與其父同，故已知足。但若能復得好官，仍願努力進取，使柳氏的社會地位得以提升。如今既已獲罪，自不敢奢望步步高升。惟懼無後，而使先君之德，泯滅無傳，故盼延壽命，歸鄉閭，立家室，以盡人子之道。可見，在他心目中，父親的美德、聲望、社會地位，以及柳氏家族的政治生命，能否由子孫繼承而不死，是非常緊要的問題。〈先侍御史府君神道表〉曰：

尚顧嗣續，不敢即死，……大懼祭祀之無主，以忝盛德。[34]

〈閔生賦〉亦曰：

[33] 《柳集》卷三十，頁四八九至四九〇。

[34] 同上，卷十二，頁一八五。

> 慮吾生之莫保兮，忝代德之元醇。孰眇軀之敢愛兮？竊有繼乎古先。[35]

都著眼於「盛德」、「代德」，而懼有忝於所生。可見，他所關切的層面，實超乎個人肉體生命與種族繁衍之生物性意義，而具有政治、社會、歷史、文化與倫理、道德的意義。這就必須進一步追求所謂「理想的不死」了。

六、懼老死瘴土，他人無以辨其志

正因爲他深切關注「理想的不死」，故實不以求子嗣爲已足，而一再試圖申冤明志，呼救求援，盼能脫離罪籍，使自己的政治生命復活，社會聲望提昇。〈寄許京兆孟容書〉曰：

> 宗元早歲，與負罪者親善，始奇其能，謂可以共立仁義，裨教化，過不自料，懃懃勉勵，唯以中正信義爲志，以興堯舜孔子之道，利安元元爲務。不知愚陋，不可力彊，其素意如此也。[36]

他強調自己參與王黨是以中正信義爲志，以興道利民爲務，並無任何不良企圖。其後種種發

---

[35] 同上，卷二，頁三七。

[36] 同上，卷三十，頁四八〇。

展，實非始料所及，只能說是「年少氣銳，不識幾微」，以致於敗。可是，政敵卻窮追猛打，詆訶萬端，使他含冤莫白，故曰：

> 自古賢人才士，秉志遵分，被謗議不能自明者，僅以百數，……然賴當世豪傑，分明辨別，卒光史籍。管仲遇盜，升爲功臣；匡章被不孝之名，孟子禮之。今已無古人之實，欲望世人之明己，不可得也。直不疑買金以償同舍，……此誠知疑似之不可辯，非口舌所能勝也。鄭詹束縛於晉，終以無死；鍾儀南音，卒獲反國；……賈生斥逐，復召宣室；倪寬擯死，後至御史大夫；董仲舒、劉向下獄當誅，爲漢儒宗。此皆瓌偉博辯奇壯之士，能自解脫。今以恇怯淟涊，下才末技，又嬰恐懼痼病，雖欲慷慨攘臂，自同昔人，愈疏闊矣！[37]

處在四面受敵、舉目無援的情況中，孤軍奮戰，格外艱苦。因此，他想到古代許多賢才與自己一樣被誣陷、貶逐，甚至下獄當誅，卻都由死裏逃生，或爲高官，或得美譽。類似史實人物，對他而言，有如精神上的戰友，自有安慰、激勵的作用。但是，回到現實困境中，自愧不如古人，卻又不免氣餒。〈與裴塤書〉曰：

> 既受禁錮，而不能即死者，以爲久當自明。今亦久矣，而嗔罵者尚不肯已。[38]

---

37 同上，頁四八二至四八三。

38 同上，頁四九〇。

可見，要使沈冤得雪，實非易事。但，他還是一再爲文以明志。〈與顧十郎書〉曰：

> 長爲孤囚，不能自明，……今懼老死瘴土，而他人無以辨其志，故爲執事一出之。㊴

有志不能伸，有才不得展，已是極大的不幸，若再含冤負罪，老死於瘴土，更將是永遠的遺憾。孔子說：「言以足志，文以足言。不言，誰知其志？言之無文，行而不遠。」㊵柳宗元亦然。因此，他決定用自己的筆，來打開生路。〈上揚州李吉甫相公獻所著文啓〉曰：

> 閣下……有周公接下之道，斯宗元所以廢錮濱死，而猶欲致其志焉。閣下儻以一言而揚舉之，則畢命荒裔，固不恨矣。謹以雜文十首上獻，緣囚而干丞相，大罪也，寧爲有聞而死，不爲無聞而生。㊶

他寧願「有聞而死」，也不願沒沒無聞，老於荒裔，因此，屢屢投文干請。〈上嚴東川寄劍門銘啓〉曰：

> 恐沒身炎瘴，……是以晝夜洶洶，不克自寧。今身雖敗棄，庶幾其文猶或傳於世，……謹撰〈劍門銘〉……獻上。㊷

㊴ 同上，頁四九七。
㊵ 《左傳・襄公二十五年》，楊伯峻《春秋左傳注》，册三，頁一一〇六，北京中華書局。
㊶ 《柳集》卷三十六，頁五七一。
㊷ 同上，頁五七三。

〈貞符序〉亦曰：

> 嘗著〈貞符〉，言唐家受命於生人之意，……念終泯沒蠻夷，不聞于時，獨不爲也。
>
> 苟一明大道施于人代，死無所憾。[43]

他自信其文可以「傳於世」，可以「明大道施于人代」，然而，能否藉此使政治生命復活？卻全視當權者之好惡，而無法操之於己。故唯有努力爲學著書，以文明道，或可期其不朽。〈寄許京兆孟容書〉曰：

> 賢者不得志於今，必取貴於後，古之著書者皆是也。宗元近欲務此。[44]

〈答吳武陵論非國語書〉亦曰：

> 僕之爲文久矣，然心少之，不務也，以爲是特博奕之雄耳。故在長安時，不以是取名譽，意欲施之事實，以輔時及物爲道。自爲罪人，捨恐懼則閑無事，故聊復爲之。然而輔時及物之道，不可陳於今，則宜垂於後，言而不文則泥，則文者固不可少耶？[45]

---

[43] 同上，卷一，頁一八。
[44] 同上，卷三十，頁四八四。
[45] 同上，卷三十一，頁五〇八。

可見，被貶之後，政治生命中斷，無法建立事功，以輔時及物。他才開始用心於爲文，欲藉以明道。他說：

> 文者以明道，固不苟爲炳炳烺烺，務采色，夸聲音而以爲能也。㊻

又說：

> 夫爲一書，務富文采，不顧事實，……則顛者衆矣。㊼

可見，文章能否不朽，不在文采，而在於「道」。〈與楊誨之第二書〉曰：

> 凡儒者之所取，大莫尚孔子，……且子以及物行道爲是耶？非耶？伊尹以生人爲己任，管仲釁浴以伯濟天下，孔子仁之。凡君子爲道，捨是宜無以爲大者也。今子之書數千言，皆未及此，則學古道，爲古辭，尨然而措於世，其卒果何爲乎？㊽

他認爲君子立身處世，應當取法孔子，以及物行道爲己任，爲文亦然。可見，他是把「立德」、「立功」之志藉「立言」來表現，以求「理想的不死」。

㊻ 同上，〈答韋中立論師道書〉，卷三十四，頁五四二。

㊼ 同上，〈答吳武陵論非國語書〉，卷三十一，頁五〇八。

㊽ 同上，卷三十三，頁五二九至五三〇。

但是，要藉「立言」不朽，仍須取決於肉體生命的長短與身心健康的良窳。〈與楊京兆憑書〉曰：

> 凡爲文，以神志爲主。自遭責逐，繼以大故，荒亂耗竭，又常積憂恐，神志少矣。所讀書隨又遺忘。一、二年來，痞氣尤甚，加以眾疾，動作不常，眊眊然騷擾內生，……雖有意窮文章，而病奪其志矣！……又永州多大火，五年之間，四爲天火所迫，徒跣走出，……僅免燔灼，書籍散亂毀裂。一遇火恐，累日茫洋，不能出言，又安能盡意於筆硯，矻矻自苦，以危傷敗之魂哉？㊾

貶謫以來，他不僅爲瘴癘所苦，染上各種疾病，而且因爲母親去世，政敵迫害，與天火威脅等各種因素，使他經常處在「憂恐」、「茫洋」的狀況中，「神志少矣」。而爲文必須「以神志爲主」，沒有清明的神志，很難寫出好的作品；沒有健康的身體，也很難承受寫作的辛苦。因此，他深刻體認到，必須保住身心的健康，多活幾年，才能多寫一些好文章，以完成心願。〈種白蘘荷〉曰：

> 皿蟲化爲癘，夷俗多所神，……庶氏有嘉草，攻襘事久泯。炎帝垂靈藥，言此殊足珍。崎嶇乃有得，託以全余身。㊿

㊾ 同上，卷三十，頁四八八至四八九。

㊿ 同上，卷四十三，頁七二九。

可見，他開始留心於治病、「全身」，而自種藥草。〈與李翰林建書〉亦曰：

比得足下二書，及致藥餌，喜復何言！僕自去年八月來，痞疾稍已，……陰邪雖敗，已傷正氣，行則膝顫，坐則髀痺，所欲者補氣豐血，彊筋骨，輔心力，有與此宜者，更致數物，忽得良方偕至益善。……僕悶即出游，游復多恐，涉野有蝮虺大蜂，……近水即畏射工沙蝨，……時到幽樹好石，蹔得一笑，已復不樂，……摧傷之餘，氣力可想，假令病盡，已身復壯，悠悠人世，越不過爲三十年客耳。前過三十七年，與瞬息無異，復所得者，其不足把翫，亦已審矣！……僕近求得經史諸子數百卷，常候戰悸稍定，時即伏讀。頗見聖人用心，賢士君子立志之分。著書亦數十篇，……但用自釋。51

爲了身心健康，他一方面請朋友爲覓良方、藥餌，另一方面，也藉出游來散心，但因野外多毒蛇、毒蟲，危機四伏，故亦多恐，而難得一笑。在這樣的處境之下，他感歎肉體生命的脆弱、短暫與易逝，就更加努力讀書、寫作。而所謂「聖人用心，賢士君子立志之分」，也在他的筆下再現，而使其文足以不朽。

51 同上，卷三十，頁四九四至四九五。

七、聞道而死，雖勿哭焉可也

爲了完成立德、立功、立言的理想，他放棄了尋死的念頭，而選擇了生。但，死亡卻隨時威脅著他。他不知自己何時會死，也不知自己有無足夠的時間來完成理想。所以，他要服藥治病，散心養生，來爭取時間實踐理想。但是，他無意求永生，也無意求長壽，他不相信人的肉體生命可以不死，即或眞有不死的良方，他也不願服用。〈答周君巢餌藥久壽書〉云：

> 今丈人乃盛譽山澤之臞者，以爲壽且神，其道若與堯舜孔子似不相類焉，何哉？又曰：餌藥可以久壽，將分以見與，固小子之所不欲得也。嘗以君子之道，處焉則外愚而內益智，……出焉則外內若一，而時動以取其宜當，而生人之性得以安，聖人之道得以光，獲是而中，雖不至耇老，其道壽矣。今夫山澤之臞，於我無有焉，視世之亂若理，……視道之悖若義。我壽而生，彼夭而死，固無能動其肺肝焉。昧昧而趨，……掘草烹石，以私其筋骨而日以益愚，他人莫利，己獨以愉，若是者愈千百年，滋所謂夭也，又何以爲高明之圖哉！52

他認爲君子應當取法堯舜孔子，行大中之道，以安生民。若是能使生民得安，聖道得光，就算不能活到老，他的道德生命也能不朽。至於那些入山採藥求仙者，卻不顧他人死活，而只

52 同上，卷三十二，頁五一九。

爲自己的筋骨打算，就算活上千百年，也因爲失去道德生命而如同夭折一般。因此，他拒絕了周君巢的好意，不願餌藥求久壽。〈送婁圖南秀才遊淮南將入道序〉也說：

> 夫君子之出，以行道也；其處，以獨善其身也。……若苟焉以圖壽爲道，又非吾之所謂道也。夫形軀之寓於土，非吾能私之，幸而好求堯舜孔子之志，唯恐不得；幸而遇行堯舜孔子之道，唯恐不慊，若是而壽可也，求之而得，行之而慊，雖夭其誰悲？今將以呼噓爲食，咀嚼爲神，無事爲閑，不死爲生，則深山之木石，大澤之龜蛇，皆老而久，其於道何如也？[53]

君子出仕，是爲了行道，不出仕，也應當獨善其身，而不應「以圖壽爲道」。人的形軀只不過是暫寄於天地間，或壽或夭，並非個人所能掌控。如果一心效法堯舜孔子，唯恐不能及時行道，那麼，肉體生命的延長，就有益於行道。但是，如果已經盡心完成行道的使命，就算肉體生命夭折也無須悲傷。至於道教所追求的「不死」，卻將使人如木石、龜蛇一般，這樣的生命就算長久，也失去了人之所以爲人的意義。因此，他勸婁圖南勿做道士，而學堯舜孔子。

孔子說：「朝聞道，夕死可矣！」[54]又說：「志士仁人，無求生以害仁，有殺身以成仁。」

---

[53] 同上，卷二十五，頁四一六。

[54] 《論語・里仁》第四，頁七一。

㊺可見，做爲一個儒者，所應關切的是，能否「聞道」？能否「成仁」？而不是肉體生命的長短。如果能夠「聞道」，就是短命而死，亦可無憾；如果能夠「成仁」，就是犧牲性命，亦所願矣！又豈會以「圖壽」爲道，以「不死」爲生？但，如果尚未「聞道」，不能「成仁」，儒者也絕不輕易殺身，甘於瞑目。因爲，他要爲「道」而生，爲「道」而死，或生或死，都以「道」爲依歸。否則，生是枉生，死亦枉死，絲毫無裨於「道」。這個「道」，在儒者看來，必須以「仁」爲本，「入則孝，出則弟，……汎愛衆，而親仁」㊻，而道士們出家以後，連最基本的孝弟之道都難以做到。故〈東明張先生墓誌〉曰：

> 或曰：「先生友悌以遁，慈幼以死，若不能忘情者何耶？」吾曰：「道去友耶？去慈耶？……且夫虧恩壞禮，枯槁憔悴，隳聖圖壽，離中就異，欻然與神鬼爲偶，頑然以木石爲類，倥侗而不實，窮老而無死，先生之道，固知異夫如此也！」㊼

張因做道士已三十餘年，仍不忘骨肉之情，「友悌以遁」，「慈幼以死」，頗爲世俗所疑。柳宗元卻認爲一般道士只顧「圖壽」而「去友」、「去慈」、「虧恩壞禮」，根本就是隳毀聖道，「離中就異」，違背了人情。因此，他一再強調「聞道」比「圖壽」更重要。〈哭張後餘詞〉曰：

㊺ 同上，〈衛靈公〉第十五，頁一六三。
㊻ 《論語・學而》第一，《四書章句集註》，頁四九。
㊼ 《柳集》卷十一，頁一七六。

> 後餘……孝其家，忠其友，爲經術甚邃而文。……既得進士，明年痘發髀卒。後餘之死，人咸痛之，曰：「天之祐善人而殺是子何也？」激者曰：「天之殺恆在善人而佑不肖。莊周之說，以爲人之君子，天之小人，張君豈天所謂小人者耶？」是二者，又非論之適也。吾謂善與惡，夭與壽，貴與賤，異道而出者也，無取喜怒於其中。道之出者多，其合焉者固少，是以君子之難貴且壽也。……後餘不與諂冒者同貴，不與悖亂者同壽，歸潔乎身，聞道而死，雖勿哭焉可也。嗚呼！向更使既聞道而且貴、且壽，則其顯庸也遠矣，又烏能勿痛乎？[58]

張後餘可以說是「聞道」之「君子」，卻不得壽，不得貴，未及出仕而卒，一般人或疑天，或怨天，以爲是天殺了善人。柳宗元則不信天有意志，能主宰生死。他認爲人的善惡、壽夭、貴賤本來就是採取不同方向發展。君子一心追求「善」，而不願捨「道」去求「壽」與「貴」，故若已「聞道」，而不幸早死，其實不必爲他難過。但是，想到世上的諂冒者，往往得「貴」，悖亂者往往得「壽」，而像張後餘這樣「孝其家」、「忠其友」，又有學問、文章的人，卻不得「貴」、不得「壽」，不得大用於世，仍令他感到痛心。因此，他說：

> 與其寵而加貴，善而加壽，道施於人，慶及其母，從容家邦，樂我朋友，豈不光裕顯大歟？而不克也，則弔而哭者，其無過乎？[59]

[58] 同上，卷四十，頁六五七至六五八。

[59] 同上，頁六五八。

君子「聞道」以後，如果能夠加「貴」、加「壽」，就可以使「道施於人」，使親友家邦得福。可見，「貴」與「壽」雖非君子所求，但是，不得「貴」、「壽」，卻將使君子之道不得「施於人」，不克「光裕顯大」，誠屬憾事。在他看來，堯舜孔子之道所以可貴，就在於可以「利安元元」、「輔時及物」，如果只是「聞道」，而不能得位行道，就不能使個體生命發揮最大、最高的價值，因此，他一再感歎：

> 在長安時，……意欲施之事實，以輔時及物爲道，自爲罪人，捨恐懼則閑無事。[60]
>
> 今……名列囚籍，以道之窮也，而施乎事者無日，故乃挽引，強爲小書。[61]

可見，他最關切的是，能否建立事功，使「生人之性得以安，聖人之道得以光」。僅僅「聞道」、「著書」，而不能建立事功，縱能不朽，也被他視爲生命中的大憾，而難以釋懷。

八、古固有一死兮，賢者樂得其所

語云：「死有重於泰山，有輕於鴻毛。」怎樣才能死得有意義、有價值？是柳宗元一再思考的問題。個體生命是如此地有限，如此地渺小，如果不能爲群體而生，爲群體而死，就

---

60 同上，〈答吳武陵論非國語書〉，卷三十一，頁五〇八。

61 同上，〈答呂道州溫論非國語書〉，卷三十一，頁五〇六至五〇七。

不能使個體生命的價值擴大，化有限爲無限。因此，他以及物行道、利安元元爲己任，或生或死，都抱持著這樣的信念，不敢稍懈。〈懲咎賦〉曰：

潔誠之既信直兮，仁友藹而萃之。日施陳以繫縻兮，邀堯舜與之爲師，……旁羅列以交貫兮，求大中之所宜。……哀吾黨之不淑兮，遭任遇之卒迫，……爲孤囚以終世兮，長拘攣而轗軻，……苟余齒之有懲兮，蹈前烈而不頗。死蠻夷固吾所兮，雖顯寵其焉加？配大中以爲偶兮，諒天命之謂何！62

他自認參與王黨，從事政治改革，是與「仁友」共謀「大中之所宜」，因此，雖然失敗被貶，囚於荒陬，卻說：「死蠻夷固吾所兮，……諒天命之謂何！」這種視死如歸的精神，便是來自於他對大中之道的信念。而所謂大中，便是要求個體在群體中，以最適當的方法，爲群體謀得最大的利益。故〈瓶賦〉曰：

者有智人，善學鴟夷。……己雖自售，人或以危。敗眾亡國，流連不歸。……不如爲瓶，居井之眉。鉤深挹潔，淡泊是師。和齊五味，寧除渴飢。不甘不壞，久而莫遺。清白可鑒，終不媚私。利澤廣大，孰能去之？綆絕身破，何足怨咨？功成事遂，復于土泥。歸根反初，無慮無思。何必巧曲？徼覬一時。子無我愚，我智如斯。63

---

62 同上，卷二，頁三三至三五。

63 同上，頁二九至三〇。

鴟夷乃盛酒之皮囊，善學鴟夷者，爲世所喜，以爲智人；但是，他們的「智」，只是爲了「自售」，而於他人有害，故好之者，多致敗亡。反觀瓶，則用以盛水，淡泊清白，「利澤廣大」；卻因居於井邊，難逃「綆絕身破」的命運，而被視爲愚者。但是，柳宗元卻以瓶爲智。他認爲，鴟夷只能僥覬一時，瓶卻可以成其大功。縱使「綆絕身破」，亦是歸根反初，又何須怨嗟？可見，他所重視的是能否「利澤廣大」，至於個人身命，則非所計慮。這樣的人生態度，亦由信守「大中之道」而來。所謂「外愚而內益智，……時動以取其宜當」，故能使「生人之性得以安，聖人之道得以光」。〈牛賦〉亦曰：

牛之爲物，……自種自斂，服箱以走，……富窮飽飢，功用不有。……人不慚愧，利滿天下，皮角見用，肩尻莫保。……不如羸驢，……不耕不駕，……善識門户，終身不惕。牛雖有功，於己何益？命有好醜，非若能力。愼勿怨尤，以受多福。64

牛辛苦一生，爲人耕種、拉車，卻保不住自己的皮角、肩尻，與羸驢相較，自是命苦。但，柳宗元卻肯定牛的「利滿天下」，而有「愼勿怨尤」的知命之言。可見，在牛與羸驢之間，他寧可像牛一樣，犧牲自己，有功於天下人；也不願像羸驢一樣，平庸無能，而安度一生。類似的選擇又見於〈行路難三首之一〉：

君不見，夸父逐日窺虞淵，跳踉北海超崑崙，披霄決漢出沆漭，瞥裂左右遺星

---

64 同上，頁三〇。

辰。須臾力盡道渴死，狐鼠蜂蟻爭噬吞。北方竫人長九寸，開口抵掌更笑喧。啾啾飲食滴與粒，生死亦足終天年。睢盱大志小成遂，坐使兒女相悲憐。[65]

夸父志大，逐日不得，力盡而渴死，固然可悲，但，他巨大的身影，無畏的勇氣，與忠於理想，努力不懈的追求，卻足以驚天動地，永爲後人所仰。相形之下，那身長九寸的竫人，雖然得以安享天年，卻更顯渺小，而微不足道。兩種生命，兩種選擇，或許最終都是無成，也都是一死，但，在柳宗元看來，夸父的生，是獨特的，死，也是獨特的，他的「大志」成就了這獨特而不可磨滅的生命歷程，雖然無功，令人遺憾，卻可不朽。而竫人卻根本無志於立功，這樣的人生，又有何可取？因此，他寧可像夸父一樣逐日而死，也不願像竫人一樣坐著等死。這種抉擇，充分表現了不畏死，不怕難的殉道精神，顯然是他投身改革事業失敗後的自我告白。〈弔萇弘文〉亦曰：

殺身之匪予戚兮，閔宗周之不完。豈成城以夸功兮，哀清廟之將殘。嫉彪子之肆誕兮，彌皇覽以爲讒。姑舍道以從世兮，焉用夫考古而登賢？……圖始而慮末兮，非大夫之操。陷瑕委厄兮，固衰世之道。知不可而愈進兮，誓不偷以自好。陳誠以定命兮，侔貞臣以爲友。比干之以仁義兮，緬遼絕以不群。伯夷殉潔以莫怨兮，孰克軌其遺塵？苟端誠之內虧兮，雖耆老其誰珍？古固有一死兮，賢者樂得其所。大夫死忠兮，君子

[65] 同上，卷四十三，頁七三五。

所與！[66]

萇弘欲城成周，衛彪徯曰：「萇弘其不歿乎？……天之所壞，不可支也。」及范中行之難，周人殺萇弘[67]，世人或以彪徯之言爲信。柳宗元卻以其言爲誕，而肯定萇弘之忠。萇弘處衰周，不肯捨道從世，苟且偷生，而寧殺身以救危亡。這種爲群體、爲理想而獻身的精神，就像比干、伯夷一樣偉大。反觀那些不能堅持理想，而苟活於世的人，就算壽至「耆老」，又豈足珍？故曰：「古固有一死兮，賢者樂得其所」，萇弘、比干、伯夷如此，柳宗元末「圖始而慮末」，投身政治改革的心情，又何嘗不然？〈弔屈原文〉曰：

> 先生之不從世兮，惟道是就。支離搶攘兮，遭世孔疚。……何先生之凜凜兮，厲鍼石而從之。……今夫世之議夫子兮，曰胡隱忍而懷斯？惟達人之卓軌兮，固僻陋之所疑。委故都以從利兮，吾知先生之不忍。立而視其覆墜兮，又非先生之所志。窮與達固不渝兮，夫唯服道以守義。矧先生之悃愊兮，滔大故而不貳。沉璜瘞珮兮，孰幽而不光？荃蕙蔽匿兮，胡久而不芳？先生之貌不可得兮，猶髣髴其文章。……哀余衷之坎坎兮，獨蘊憤而增傷。諒先生之不言兮，後之人又何望？[68]

---

[66] 同上，卷十九，頁三三二至三三三。

[67] 見《左傳·哀公三年》，頁一六二二。

[68] 《柳集》卷十九，頁三三四至三三五。

屈原忠而被謗，自沈汨羅，後人或不以其沈身爲然。柳宗元卻認爲，屈原選擇死亡，是因爲不忍離開故都，以追求私利；也不願袖手，立視楚國覆亡。他的死是激於滿腔忠憤的最佳選擇，也是服道守義的最高表現。因此，雖死猶生，久而愈芳，至今爲人景仰。屈原的忠，因其文章而永銘人心，柳宗元與王黨的忠誠，又有誰知？屈原選擇自沈的苦心，柳宗元能知；柳宗元不能自沈的苦衷，又有誰解？因此，他唯有一再以文明志。〈弔樂毅文〉曰：

大廈將騫兮，風雨萃之。……昭不可留兮，道不可常。畏死疾走兮，狂顧傍徨。燕復爲齊兮，東海洋洋。嗟夫子之專直兮，不慮後而爲防。胡去規而就矩兮，卒陷滯以流亡。惜功美之不就兮，俾愚昧之周章。豈夫子之不能兮，無亦惡是之遑遑？仁夫對趙之悃款兮，誠不忍其故邦。君子之容與兮，彌億載而愈光。諒遭時之不然兮，匪謀慮之不長。[69]

樂毅奉燕昭王命伐齊，攻下七十餘城。昭王死，惠王使騎劫代之，樂毅畏誅，逃亡趙國，齊乃盡復其地。柳宗元雖惜其功未就，但仍肯定他「不慮後而爲防」，不忍爲趙伐燕的誠悃，而以「仁夫」、「君子」稱之。在他看來，樂毅「遭時不然」而「畏死疾走」，雖與屈原選擇自沈不同，但，其悃款、容與之君子風範，仍足以「彌億載而愈光」。可見，柳宗元所重視的，並不是能死或不能死，而是能不能死得其所。如果不得其所，又何必枉死？《非國語》

[69] 同上，頁三三六。

論伍員之死，便說：

伍子胥者，非吳之暱親也。其始交闔閭以道，故由其謀；今於嗣君已不合，言見進則讒者勝，國無可救者，於是焉去之可也。出則以孥累於人，而又入以即死，是固非吾之所知也。然則，員者果很人也歟？⑳

伍子胥由楚入吳，爲闔閭所重用，而與嗣位之夫差不合。柳宗元以爲，既非暱親，去之可也，伍子胥卻回吳國受死。這種抉擇，與屈原、樂毅相較，便可謂不得其所，故爲柳宗元所譏。

《非國語》論荀息之死，也說：

夫忠之爲言中也，貞之爲言正也。息之所以爲者有是夫？間君之惑，排長嗣而擁非正，其於中正也遠矣。或曰：「夫己死之不愛，死君之不欺也。抑其有是，而子非之耶？」曰：「子以自經於溝瀆者舉爲忠貞也歟？……不得中正而復其言，亂也，惡得爲信？」曰：「孔父、仇牧，是二子類耶？」曰：「不類，……春秋之類也，以激不能死者耳。」㉑

荀息受晉獻公遺命，立奚齊爲君而輔之，奚齊被殺，立卓子，又被殺，乃自殉。柳宗元認爲，奚齊、卓子本不當立，荀息雖「能死」，但既不合中正之道，便不能算是忠貞之士。《春秋》

⑳ 同上，卷四十五，頁七八八。
㉑ 同上，卷四十四，頁七六七至七六八。

書荀息之死，筆法同於仇、孔，是爲了激勵「不能死」的人，但，「能死」、「不能死」，仍應以中道爲準則，才有價值。可見，眞正有價值的是「道」，而不是「死」。〈箕子碑〉亦曰：

> 殷有仁人曰箕子，……當紂之時，大道悖亂。……進死以併命，誠仁矣，無益吾祀故不爲。委身以存祀，誠仁矣，與亡吾國故不忍。具是二道，有行之者矣。是用保其明哲，與之俯仰，晦是模範，辱於囚奴。……及天命既改，……乃出大法，用爲聖師，周人得以序彝倫而立大典。……及封朝鮮，推道訓俗，……俾夷爲華，化及民也。率是大道，藂于厥躬，……其大人歟？於虖！當其周時未至，殷祀未殄，比干已死，微子已去，向使紂惡未稔而自斃，武庚念亂以圖存，國無其人，誰與興理？是固人事之或然者也，然則先生隱忍而爲此，其有志於斯？[72]

殷有三仁：比干諫而死，是仁，但無益於宗祀；微子抱祭器而去，也是仁，卻有如預亡吾國。因此，箕子做了不同的選擇，佯狂爲奴，明哲保身，以備於必要時輔佐嗣君治國。這樣隱忍的苦心，很難爲人所解，柳宗元卻大加表彰。可見，他所重視的是「如何爲群體謀最大的利益」，而不是「能死」的勇氣。孟子曰：「可以死，可以無死，死傷勇。」箕子做了不死的選擇，其後才能作〈洪範〉、封朝鮮，完成「及物行道」的理想。這樣的選擇，和比干、微

[72] 同上，卷五，頁七三至七四。

子相較，可以說是爲群體謀得了更大的利益，故爲柳宗元所盛稱。

相對於樂毅、箕子之不死，柳宗元對於當代忠臣、烈士之死，也著眼於能否有益群生爲論。如〈故御史周君碣〉曰：

有唐貞臣汝南周氏，……以諫死。在天寶年，有以諂諛至相位，賢臣放退。公爲御史，抗言以白其事，得死于墀下。……於虖！古之不得其死者衆矣！若公之死，志匡王國，氣震奸佞，動獲其所，斯蓋得其死者歟！……第令生於定、哀之間，則孔子不曰未見剛者；出於秦、楚之後，則漢祖不曰安得猛士。而存不及興王之用，沒不遭聖人之歎，誠立志者之所悼也，故爲之銘。73

《資治通鑑》載唐玄宗時：「監察御史周子諒彈牛仙客非才，引讖書爲證。上怒，命左右撲於殿庭，絕而後蘇；仍杖之朝堂，流瀼州，至藍田而死。」74柳宗元認爲，周氏之死，表現出匡正王國的志氣，使奸佞小人震駭，可以說是死得其所。但，周氏因直言進諫，被玄宗當廷杖責致死，暴露的是，天子無道，直臣枉死。因此，文末歎其未遇孔聖人、漢高祖，以致未見欣賞、重用。這樣的死，雖然彰顯了直臣的氣節，卻糟蹋了有用之才，不能爲蒼生謀更大的利益，是最令有志者痛心的事。

73 同上，卷九，頁一三六。

74 《資治通鑑·唐紀》玄宗開元二十五年四月，冊十一，卷二一四，頁六八二七至六八二八，啓業書局。

至於南霽雲隨張巡、許遠死守睢陽事，〈南府君睢陽廟碑〉云：

睢陽之事，不唯以能死爲勇，善守爲功，所以出奇以恥敵，立懂以怒寇，俾其專力於東南，而去備於西北。力專則堅城必陷，備去則天討可行，是故即城陷之辰，爲剋敵之日，世徒知力保於江淮，而不知功靖乎醜虜，論者或未之思歟！⑮

他認爲張、許等人的偉大，不僅表現於「能死」而已，更重要的是死守孤城，使賊兵專力進攻東南，而「去備於西北」，西北王師才能剋敵致勝，收復京城。如果只是「死守」、「能死」，而無益於大局，就不能把死的價値發揮到極致。

再如〈段太尉逸事狀〉曰：

今之稱太尉大節者出入，以爲武人一時奮不慮死，以取名天下。不知太尉之所立如是。……太尉爲人姁姁，……未嘗以色待物，人視之儒者也。遇不可，必達其志，決非偶然者。⑯

朱泚作亂，欲稱帝，段秀實以笏擊泚，唾面大罵，因而遇害。人或以「一時奮不慮死」視之。柳宗元乃以其生前逸事成文，先敘殺郭晞悍卒，以安邠州軍民事；再敘賣馬以代農民償穀事，

---

⑮ 《柳集》卷五，頁八七。

⑯ 同上，卷八，頁一一三。

末敘朱泚贈綾，拒而不納事。足見其仁、勇、廉潔、愛民如子之儒者風範，早已見諸平生。縱無擊泚遇害事，亦足欽敬；況又以死成其大節，自當不朽。如此綜觀太尉之生死，乃知其死其生皆一本於「仁」、一本於「道」，絕非「一時奮不慮死」。

《論語》載子路問死，孔子曰：「未知生，焉知死？」[77]這種汲汲於生，無暇顧死的態度，使儒者更努力於建立生的價值，期待於完成一己責任後，得以泰然面對死亡。所謂「仁以爲己任，不亦重乎？死而後已，不亦遠乎？」[78]儒者以「仁」爲生命的最高價值。「造次必於是，顛沛必於是」[79]，甚至「殺身以成仁」，都能甘之如飴。這種視死如歸的殉道精神，便是把死的意義建立在「仁」的實現上，以完成生的價值。因此，面對生死關頭，儒者必以「仁」爲依歸來加以抉擇，當生則生，應死則死，必不違仁，所以無愧、無懼。

孔子一生栖栖遑遑，絕糧於陳，被圍於匡，削跡於衛，卻能「不怨天，不尤人」[80]，處之自若。他說：「天生德於予，桓魋其如予何！」[81]便是因爲體認到自身秉具的善德乃天所賦，絕非桓魋可奪。「爲仁由己，而由人乎哉？」[82]桓魋縱能取其性命，也無法使之喪仁，

---

[77] 《論語·先進》第十一，頁一二五。
[78] 同上，〈泰伯〉第八，頁一〇四。
[79] 同上，〈里仁〉第四，頁七〇。
[80] 同上，〈憲問〉第十四，頁一五七。
[81] 同上，〈述而〉第七，頁九八。
[82] 同上，〈顏淵〉第十二，頁一三一。

故雖處危急之中，亦無所懼。柳宗元記段秀實殺卒後，「解佩刀、選老躄者一人持馬，至晞門下，……曰：吾戴吾頭來矣」[83]便表現了相同的從容、自信與勇氣。所謂「死生有命，富貴在天」[84]，人的壽夭、貴賤，乃至於外在的各種形勢和際遇，都非一己所能決定，可以歸諸天命。但是，爲仁與否，卻完全可以自主。因此，孔子說：「不知命，無以爲君子。」[85]就是要人無論處在何種境遇中，都能不怨天、不尤人，而盡力去行仁。

這種知命的精神，亦爲柳宗元所肯定，故曰：「知命儒爲貴，時中聖所臧」，[86]而思以此自勵。但是，因爲他不信天有意志，能主宰，也不信道德的根源在天，而把天視爲「無異果蓏、癰痔、草木」的一種存在。因此，他特別強調人的自主力量，而或不肯向所謂「天命」屈服。〈天說〉曰：

> 子而信子之義，以遊其內，生而死爾，烏置存亡得喪於果蓏、癰痔、草木耶？[87]

便是對天的一種藐視[88]，而被指爲「有激而云」[89]。〈愈膏肓疾賦〉亦曰：

---

[83] 同上，《柳集》卷八，頁一一一。
[84] 同上，《論語‧顏淵》第十二，頁一三四。
[85] 同上，〈堯曰〉第二十，頁一九五。
[86] 《柳集》，卷四十二，〈弘農公以碩德偉材……〉，頁六八〇。
[87] 同上，卷十六，頁二八六至二八七。
[88] 林紓《韓柳文研究法》曰：「柳氏之詞則不激而近藐，藐天之無知。」頁九一，廣文書局。
[89] 劉禹錫〈天論〉，見《柳集‧天說》後附錄，頁二八七。

善養命者，鮐背鶴髮成童兒。善輔弱者，殷辛夏桀為周漢。……喪亡之國，在賢哲之所扶匡，而忠義之心，豈膏肓之所羈絆？……余今變禍為福，易曲成直，寧關天命？在我人力。[90]

他不信天命，要以人力來拯救喪亡之國，甚至使「鮐背鶴髮成童兒」，就好像夸父與日逐走，不肯服輸，結果往往是失敗、是死亡、是悲劇，而使他充滿了怨憤。但，他所怨的不是天，不是命，而是人，他認為人謀不臧，不能「時動以取其宜當」，才是失敗的的主因，所以強調「時中」，要以大中之道來勝過世人所謂的「天」與「命」。因此，無論遇到多少挫折、打擊，都不肯放棄理想。他的大中之道，是「以生人為己任」，「時動以取其宜當」，其實亦是取法堯舜孔子而得。但，孔子雖願「博施濟衆」，卻知有命，而不強求。故曰：「堯舜其猶病諸！」[91]柳宗元卻不肯向天命屈服，向人間強權低頭，而深以不能得位行道為憾，故雖或有「知命」之言，卻終不能無怨無憤。他汲汲於生，努力行仁，與孔子同。但，因不信天命，不肯向強權屈服，而蘊蓄的怨憤，時時流露於字裏行間，便與孔子樂天知命，不怨不尤的人生態度迴然有異了。

[90] 《柳集》卷二，頁四一。
[91] 《論語・雍也》第六，頁九一至九二。

九、結　論

綜觀以上各節所論便知，柳宗元一生以儒者自命，他的生死觀也具有強烈的儒家色彩。故雖採取莊子「一氣聚散」的觀點來說明生死的本質，卻仍執著於生，難捨於情，而為親友的亡故傷痛不已。也因為他不能像莊子一樣「無情」，使「哀樂不能入」，而強烈思念死者，故必須藉著妥善收葬死者，慎重舉行喪祭禮，來求心之所安，使思念之情得到適度的宣洩。

參與王黨，失敗被貶，不僅使他的政治生命終結，社會關係斷絕，而且被迫離開故土，投入蠻荒，使他的健康損壞，有絕後之虞，甚至失去老母、好友，而益感孤獨。因此，他曾想要以死來結束一切痛苦。但，想到自己尚無子息，一旦殞命，將使宗祀斷絕，使祖先、父母的盛德泯滅無傳，柳氏家族的歷史文化、社會地位、政治生命中絕，又不敢輕生圖死，反而一再投書求救，盼得量移，娶妻生子，以盡人子之道。再者，身負罪籍，沈冤未雪，若竟死於瘴土，而不能使他人辨其志，明其道，必然貽羞父母，辱沒祖先。因此，他一面服藥治病，散心養生，一面努力讀書、為學，以文明道，期能將「輔時及物」之道垂於後世。

對他而言，眞正可以使人不朽的是「道」，這個「道」，絕非道士們所追求的「不死」之道，而是「輔時及物」、「利安元元」的「大中」之道。個人肉體生命，終必歸於腐朽，群體生命卻可因個體的犧牲、奉獻，而永續發展，益顯光大。因此，他一再強調「聞道」比「圖壽」重要，強烈批判遠離人群，只顧自己死活的行為。但是，如果僅僅「聞道」、「著書」，而不能使「道施於人」，縱能不朽，也被他視為生命中的憾事，而難以釋懷。

他認爲，「道」之所以可貴，就在於能夠「利安元元」，因此，面臨生死關頭，必須以「道」爲依歸，來加以抉擇，才能有益於群生。否則，縱有「能死」之勇，也不能爲群體謀得最大的幸福。因此，他讚揚箕子以「不死」成就了「化及民」的事業，批評荀息、伍員之死不合中道。而他自己則是繼踵衆多前賢，願意爲「道」而生，爲「道」而死。他的大中之道是取法堯舜孔子而得，但孔子樂天知命，不怨不尤，他卻因不信天命，執意抗爭，而釀成了自己的悲劇。就像逐日的夸父與化爲碧血的萇弘一般，他也用生命譜成了一曲永恆的悲歌，久久迴旋於天地間，令人動容。

（本文原載中正大學中文系主編《山鳥下聽事，簷花落酒中——唐代文學論叢》，一九九八年四月）

柳宗元的愚者形象

一、前言

韓愈〈柳子厚墓誌銘〉說：「子厚少精敏，無不通達。」❶劉禹錫〈祭柳員外文〉也說，「惟君平昔，聰明絕人。」❷可見，在朋友眼中，柳宗元是個絕頂聰明的人，應與一般所謂的愚者有著天壤之別。但是，經歷了永貞改革的政治風暴以後，柳宗元卻一再以愚、拙自嘲，以「愚者」自命，甚至把冉溪更名爲愚溪，築室而居。這樣巨大的反差，出現在他貶後的作品中，相當值得重視。因此本文擬就此一論題進行深入剖析，期使他的「愚者」形象得以如實呈現。

二、以愚觸罪，被貶遐荒

根據劉禹錫的說法，柳宗元被貶之前，「始以童子有奇名於貞元初，至九年，爲名進士，

❶《韓昌黎文集校注》卷七，頁二九五。（馬其昶校注，台北世界書局，以下同）。

❷《劉禹錫集》卷四〇，頁六〇〇。（卞孝萱校訂本，北京中華書局，以下同）。

十有九年，爲材御史，二十有一年，以文章稱首，入尚書，爲禮部員外郎。」❸眞可說是一帆風順，令人稱羨。韓愈也說：

子厚少精敏，無不通達，……能取進士第，嶄然見頭角，衆謂柳氏有子矣。其後以博學宏詞授集賢殿正字，儁傑廉悍，議論證據今古，出入經史百子，踔厲風發，率常屈其座人，名聲大振，一時皆慕與之交，諸公要人爭欲令出我門下，交口薦譽之。❹

可見，初入仕途的他，有如一顆耀眼的新星；光芒四射，極爲出色。因此，很快就被王叔文網羅，投身於王、韋集團。

王、韋集團在德宗貞元後期已經形成，志在輔佐太子李誦（即順宗）於他日登基後實行新政。可惜，李誦即位前已患風疾，幾不得立。即位後，瘖不能言，雖然起用王、韋諸人，推行不少善政，卻僅當政數月，即被迫禪位。貞元二十一年八月，憲宗即位，改元永貞，王、韋諸人或貶或死，柳宗元也被貶爲永州司馬，成了千夫所指、再難起復的罪人。

這個政治事件發生以後，韓愈曾作〈永貞行〉批評王黨，告戒劉、柳曰：

君不見太皇諒陰未出令，小人乘時偷國柄。北軍百萬虎與貔，天子自將非他師。一朝奪印付私黨，懍懍朝士何能爲？……夜作詔書朝拜官，超資越序曾無難。公然白日受

❸ 同註❷，卷一九，頁二三六。〈唐故尚書禮部員外郎柳君集紀〉。
❹ 同註❶，〈柳子厚墓誌銘〉。

賄賂，火齊磊落堆金盤。元臣故老不敢語，晝臥涕泣何汍瀾！……國家功高德且厚，天位未許庸夫干。嗣皇卓犖信英主，……共流幽州鯀死羽。……吾嘗同僚情可勝？具書目見非妄徵，嗟爾既往宜爲懲。❺

韓愈指責王黨欲竊大位，對於彼等欲奪宦者兵權、超升黨人、收受賄賂、倨傲以待元臣故老等事皆予力斥。並且深慶王、韋諸人或貶或死，得到應有的懲罰，而告戒曾經同官監察御史的劉禹錫、柳宗元記取教訓。此後，韓愈作《順宗實錄》亦對王黨多所指責，如謂「叔文詭譎多計」❻、「密結韋執誼，并有當時名欲僥倖而速進者，……定爲死交，……交遊蹤跡詭祕。」❼「朋黨諠譁，榮辱進退，生於造次。」❽云云。大抵可反映當時一般人對王黨的觀感。而《舊唐書》載八司馬「初貶刺史，物議罪之，故再加貶竄。」❾又載憲宗於元和元年八月下詔八司馬「縱逢恩赦，不在量移之限。」❿均可見案發後衆口交相譴責，懲罰不斷加重的情況。

❺《韓昌黎詩繫年集釋》卷三，頁三三二～三三三。（錢仲聯集釋，台北學海出版社，以下同。）
❻同註❶，外集下卷，〈順宗實錄〉卷一，頁四〇五。
❼同註❻，卷五，頁四二一。
❽同註❻，卷四，頁四一九。
❾《舊唐書》卷一四，頁四一三〈憲宗上・永貞元年十月〉（台北鼎文書局）。
❿同註❾，頁四一八。

面對如此險惡的處境，柳宗元也曾試圖申訴、求援，如〈寄許京兆孟書〉云：

宗元早歲，與負罪者親善，始奇其能，謂可以共立仁義，裨教化，過不自料，懃懃勉勵，唯以中正信義爲志，以興堯舜孔子之道，利安元元爲務。不知愚陋，不可力彊，其素意如此也。末路孤危，扼塞臲卼，凡事壅隔，很忤貴近，狂疎繆戾，蹈不測之辜，群言沸騰，鬼神交怒。加以素卑賤，暴起領事，人所不信，射利求進者填門排户，百不一得，一旦快意，更造怨讟，以此大罪之外，詆訶萬端。旁午構扇，盡爲敵讎，協心同攻，外連強暴失職者，以致其事。此皆丈人所聞見，不敢爲他人道說，懷不能已，復載簡牘。此人雖萬被誅戮，不足塞責。今其黨與，幸獲寬貸，……尚何敢更俟除棄廢痼，以希望外之澤哉？年少氣鋭，不識幾微，不知當否，但欲一心直遂，果陷刑法，皆自所求取得之，又何怪也？⓫

他回顧王黨致敗之由，包括以下數端：「很忤貴近」，殆指得罪宦官；「狂疎繆戾，群言沸騰」，殆指行事不循舊規，招惹物議；「素卑賤，暴起領事」，殆指叔文出身寒門，以棋待詔，而忽得大位，黨人亦多超升；「射利求進者填門排戶」，謂請託者極多；「旁午構扇」，謂多造謠陷害者，「外連強暴失職者」，謂宦官與藩鎮相結，造成內禪。綜觀所述諸事，或可謂爲不智，而實並無大罪，故雖謂叔文「愚陋」、「萬被誅戮不足塞責」，而實未嘗指責

⓫《柳宗元集》卷三〇，頁七八〇。（吳文治點校，台北‧漢京文化事業有限公司，以下同）。

叔文有何大過。至述己「以利安元元爲務」，「年少氣銳，不識幾微，不知當否，但欲一心直遂」，更可見他始終不以參與王黨爲非，但悔「不識幾微」而已。他曾作〈懲咎賦〉曰：

> 始余學而觀古兮，怪今昔之異謀。惟聰明爲可考兮，追駿步而遐遊。潔誠之既信直兮，仁友藹而萃之。日施陳以繫縻兮，邀堯舜與之爲師。……奉訏謨以植內兮，欣余志之有獲。再徵信乎策書兮，謂炯然而不惑。愚者果於自用兮，惟懼夫誠之不一。不顧慮以周圖兮，專茲道以爲服。讒妬構而不戒兮，猶斷斷於所執。哀吾黨之不淑兮，遭任遇之卒迫。勢危疑而多詐兮，逢天地之否隔。欲圖退而保己兮，悼乖期乎曩昔。欲操術以致忠兮，衆呀然而互嚇。進與退吾無歸兮，甘脂潤乎鼎鑊。⑫

他以「仁友」稱王黨中人，強調王黨志在「邀堯舜與之爲師」，行事皆奉順宗旨意，並無竊位意圖。但因「愚者果於自用」，顧慮多有未周，以致進退失據，獲罪遭譴。這樣的下場，對於潔誠信直的他而言，眞是始料所未及，因此，他說：

> 曩余志之脩蹇兮，今何爲此戾也？夫豈貪食而盜名兮？不混同於世也。將顯身以直遂兮，衆之所宜蔽也。不擇言以危肆兮，固群禍之際也。⑬

---

⑫ 同註⑪，卷二，頁五四～五五。

⑬ 同註⑫，頁五六，〈懲咎賦〉。

他之所以招禍，不是因爲貪食盜名，罪有應得，而是因爲不肯混同於世，不能謹言愼行，而所謂「將顯身以直遂」，也就是〈與裴塤書〉所謂：

僕之罪，在年少好事，進而不能止，儔輩恨怒，以先得官。又不幸早嘗與游者，居權衡之地，十薦賢幸乃一售，不得者譸張排根，僕可出而辨之哉？性又倨野，不能摧折，以故名益惡，勢益險，有喙有耳者，相郵傳作醜語耳。不知其卒云何，中心之衍尤，若此而已。⓮

可見，他所承認的錯誤只是「年少好事，進而不能止」，「性又倨野，不能摧折」。而眞正使他獲罪的原因則是「儔輩恨怒」。〈與蕭翰林俛書〉亦云：

然僕當時年三十三，甚少，自御史裏行得禮部員外郎，超取顯美，欲免世之求進者怪怒娟嫉，其可得乎？……與罪人交十年，官又以是進，……貶黜甚薄，不能塞眾人之怒，謗語轉侈，囂囂嗷嗷，漸成怪民。飾智求仕者，更詈僕以悅讎人之心……而僕輩坐益困辱，萬罪橫生，不知其端。⓯

正因爲他年輕有爲，才華出眾，被超升爲禮部員外部，使人嫉忌，才會招致太多毀謗，以至

⓮ 同註⓫，頁七九四～七九五。

⓯ 同註⓫，頁七九七～七九八。

於「萬罪橫生，不知其端」。因此，他把自己觸罪被貶的緣由，總結為「愚」，而作〈愚溪詩序〉曰：「余以愚觸罪」⑯，又作〈送從弟謀歸江陵序〉曰：「吾不智，觸罪擯越楚間六年，……追計往時咎過，日夜反覆，無一食而安於口，平於心。若是者，豈不以少好名譽，嗜味得毒，而至於是耶？」⑰可見，經過深切反省之後，他確實覺悟到，自己「少好名譽」⑱、「年少氣銳，不識幾微」⑲、「年少好事，進而不能止」⑳、「將顯身以直遂」㉑、「不擇言以危肆」㉒，……都可說是「愚」而「不智」，的舉動。而自承以「愚」觸罪，一方面可藉著自責來消解政敵的怨恨，使紛至沓來的毀謗因而減少，另一方面也可藉以表示自己並無大罪，只是無知、愚笨，而期待他人能以不知者不罪的態度來寬待他、諒解他。否則，無論如何辯解，也難獲得寬諒。〈與蕭翰林俛書〉曰：

> 讀《周易・困卦》，至「有言不信，尚口乃窮」也，往復益喜曰：「嗟乎！余雖家置一喙，以自稱道，詬益甚耳。」用是更樂瘖默，思與木石為徒，不復致意。㉓

---

⑯ 同註⑪，卷二四，頁六四二。
⑰ 同註⑯，頁六三四。
⑱ 同註⑰。
⑲ 同註⑪。
⑳ 同註⑭。
㉑ 同註⑬。
㉒ 同註⑬。
㉓ 同註⑮，頁七九八。

對於叢集而至的罪名，千千萬萬的指責，他就是家家戶戶去說，說破了嘴，怕也只是招來更多的辱罵，因此他決定保持瘖默，不再多做解釋，盡量使自己像木石一般，無知無覺。而自承「以愚觸罪」，也是一種不辯之辯，可「與木石爲徒」，而避開更多的攻擊。因此，他在被貶之後，便一再以愚者自居了。

三、抱拙終身，以死誰惕

在當時人看來，柳宗元參與王黨，失敗遭貶，是相當愚昧的行爲。因此，他一再自承「以愚觸罪」，便可以在相當程度上符合世俗的評斷標準，而不致遭到更多的指責。但是，世俗的評斷標準究竟是否公平？是否符合正道？是否值得依循？卻在柳宗元的內心產生了強烈的質疑。他說：

> 昔有智人，善學鴟夷。鴟夷蒙鴻，罍罃相追。諂誘吉士，喜悅依隨。開喙倒腹，斟酌更持。味不苦口，昏至莫知。頹然縱傲，與亂爲期。視白成黑，顛倒妍媸。己雖自售，人或以危。敗眾亡國，流連不歸。誰主斯罪？鴟夷之爲。不如爲瓶，居井之眉。鉤深挹潔，淡泊是師。和齊五味，寧除渴飢。不甘不壞，久而莫遺。清白可鑒，終不媚私。利澤廣大，孰能去之？綆絕身破，何足怨咨？功成事遂，復于土泥。歸根反初，無慮無思。何必巧曲？徼覬一時。子無我愚，我智如斯。㉔

㉔ 同註⑪，卷二，頁四七—四八。

世俗所謂的「智人」，是像鴟夷一樣，——一種皮製的酒囊，有著大大的肚腹，裝滿了甘甜的美酒，能夠「諂誘吉士，喜悅依隨」，以致於酩酊大醉，「視白成黑」。這樣的「智人」雖然討喜，可以「自售」，卻會造成「敗衆亡國」的禍害。還不如井邊的水瓶，可以供人「鉤深挹潔」，裝盛淡水，解除渴飢，它的「清白可鑒」，「利澤廣大」，雖然隨時會有「綆絕身破」的危險，卻能無怨無悔，視死如歸。這種立身處世的態度，在後人眼中是「愚」，但在柳宗元看來，卻是眞正有智慧的抉擇，所以他說：「子無我愚，我智如斯」。

由這篇〈瓶賦〉便知，柳宗元對於世俗的智、愚標準，其實是加以否定的。因此，儘管他自承「以愚觸罪」，卻不願改弦易轍去學鴟夷，做個世俗所謂的「智人」，而寧可像井邊的水瓶一樣，做個世人眼中的「愚者」。這樣的「愚者」，淡泊、清白、利澤廣大，不僅具有清明的智慧，而且具有捨己利人的熱忱和勇氣，正是柳宗元的自我寫照。

再看他的〈乞巧文〉，雖以乞巧開端，卻以「抱拙終身」作收，也對世俗所謂的智巧作了強烈的嘲諷，而突出地表現了自己的愚拙。他說：

> 臣有大拙，智所不化，……乾坤之量，包含海岳，臣身甚微，無所投足。蟻適于垤，蝸休于殼，……臣物之靈，進退唯辱。……他人有身，動必得宜，周旋獲笑，顚倒逢嘻。己所尊暱，人或怒之。變情徇勢，射利抵巇，中心甚憎，爲彼所奇。……叩稽匍匐，言語譎詭，令臣縮恧，彼則大喜。臣若效之，嗔怒叢己，彼誠大巧，臣拙無比。王侯之門，狂吠狴犴，臣到百步，喉喘顚汗……，欣欣巧夫，徐入縱誕，……世途昏

險，擬步如漆。……是獨何工，縱橫不卹？非天所假，彼智焉出？獨嗇於臣，恒使玷黜。沓沓騫騫，恣口所言，迎知喜惡，默測憎憐，搖唇一發，徑中心原，……獨結臣舌，喑抑銜冤，……胡為賦授，有此奇偏？眩耀為文，瑣碎排偶，……駢四儷六，錦心繡口，……觀者舞悅，誇談雷吼。獨溺臣心，使甘老醜，……不期一時，以俟永久，……跪呈豪傑，投棄不有……天孫司巧，而窮臣若是，卒不余畀，獨何酷與？㉕

他以巧、拙對比的方式，形容那些「巧夫」如何善於周旋，動必得宜，如何趨炎附勢，伺候王侯，如何巧言佞色，眩耀為文。而自己則是「無所投足」、「進退唯辱」，既不屑於奔走逢迎，也不善於察顏觀色，就連為文也是甘於「老醜」，以致於動輒得咎，「喑抑銜冤」。因此他向天孫乞求：

敢願聖靈悔禍，矜臣獨艱。付與姿媚，易臣頑顏。鑿臣方心，規以大圓。拔去吶舌，納以工言。文詞婉軟，步武輕便。齒牙饒美，眉睫增妍，突梯卷臠，為世所賢。㉖

但是，天孫的答覆是：

凡汝之言，吾所極知。汝擇而行，嫉彼不為。汝之所欲，汝自可期。胡不為之，而誑

㉕ 同註⑪，卷一八，頁四八八——四八九。

㉖ 同註㉕。

我爲？汝唯知恥，諂貌淫詞，寧辱不貴，自適其宜。中心已定，胡妄而祈？堅汝之心，密汝所持，得之爲大，失不汙卑。凡吾所有，不敢汝施。致命而昇，汝慎勿疑。㉗

正因爲柳宗元「知恥」，不願「諂貌淫詞」，而「寧辱不貴，自適其宜」，所以就連司巧的天孫，也無法改變他的命運。他的愚拙，既是自己的抉擇，他的不幸，也就幾乎不可避免，面對這樣的命運，他說：

嗚呼！天之所命，不可中革，泣拜欣受，初悲後懌。抱拙終身，以死誰惕。㉘

在經歷了那麼多的挫折、貶抑、羞辱之後，他仍堅持「抱拙終身」，死而後已，這眞是世人眼中的「愚者」。這樣的「愚者」，知恥知病，拙於謀身，雖然不爲世俗所容，卻自有其不可磨滅的價值，應予肯定。而藉著他對「愚者」的這份肯定，也就否定了世俗所謂的智巧，而爲自己做了強而有力的辯護。

四、名愚溪而居，以文墨自慰

做一個世人眼中的「愚者」，抱著冤屈，忍受被貶的恥辱，自是一種莫大的痛苦。但是，

㉗ 同註㉕，頁四九〇。
㉘ 同註㉗。

柳宗元卻決定勇敢、執著地承擔下來，不與世俗同流合污。於是，在被貶永州的第六個年頭，他選擇灌水北邊的一條小溪安家，更名爲愚溪，以愚者自居，並且把一些與愚溪相關的地方全都冠以「愚」字——包括愚丘、愚泉、愚溝、愚池、愚堂、愚亭、愚島，這些地方的實際狀況是「嘉木異石錯置，皆山水之奇者」，但是，「以余故，咸以愚辱焉」。可見，這個「愚」字乃是強加於山水的恥辱，而眞正所要凸顯的則是他自己的「愚者」形象。〈愚溪詩序〉說：

> 夫水，智者樂也。今是溪獨見辱於愚，何哉？蓋其流甚下，不可以溉灌。又峻急多坻石，大舟不可入也；幽邃淺狹，蛟龍不屑，不能興雲雨，無以利世，而適類於余，然則雖辱而愚之，可也。[29]

《論語、雍也篇》說：「智者樂水」，可見，水的屬性必有類於智者，始能爲智者所樂。但此溪既不能灌溉田地、通航大舟，又不能興雲作雨，「無以利世」，正如被貶遐荒的他，爲世所棄，一無用處，被辱爲愚，也算言之成理。但是，他又說：

> 甯武子「邦無道則愚」，智而爲愚者也；顏子「終日不違如愚」，睿而爲愚者也，皆不得爲眞愚。今余遭有道，而違於理，悖於事，故凡爲愚者，莫我若也。夫然，則天下莫能爭是溪，余專得而名焉。[30]

---

[29] 同註[16]，頁六四三。

[30] 同註[29]。

甯武子在邦有道時，則智；邦無道時，則愚，孔子稱讚他：「其智可及也，其愚不可及也。」㉛可見，他的「愚」，乃是人所難及的大智。顏回與孔子談話時，「終日不違如愚」，但是，「退而省其私，亦足以發。」㉜方才知他並非愚者。這兩位賢者所表現的「愚」，其實都是出於睿智。而柳宗元的「愚」卻是在邦有道時，觸罪被貶，所以他說自己才是眞正的愚者，應該專有愚溪，以愚爲名。但，值得推敲的是，同一甯武子，時謂爲智，時謂爲愚；同一顏回，初謂爲愚，後謂不愚，可見，要辨清智、愚並非易事，就連孔子都幾乎錯認了顏回，何況凡人？凡人以爲愚者，未必眞愚，而柳宗元就是凡人以爲愚者，他自稱「遭有道而違於理、悖於事」，看似與甯武子不同，其實，他之所以被視爲愚，豈不也是因爲「邦無道」？他之所以自居爲愚，不加辯解，豈不也如顏回之「不違」而似愚？甯武子的「愚」表現了謀國的忠誠與處世的智慧，顏回的「愚」表現了默識心通的敏悟與力行近仁的誠篤，柳宗元的「愚」，則不僅表現了拙於謀身、勇於爲人的執著，而且同樣具有清明的智慧。他說：

> 溪雖莫利於世，而善鑒萬類，清瑩秀澈，鏘鳴金石，能使愚者喜笑眷慕，樂而不能去也。余雖不合於俗，亦頗以文墨自慰，漱滌萬物，牢籠百態，而無所避之。㉝

㉛《論語·公冶長》，卷五，頁四五，「子曰：甯武子邦有道則智，邦無道則愚。其智可及也，其愚不可及也。」（台北·藝文印書館，十三經注疏本，下同）

㉜《論語·爲政》，卷二，頁一七，「子曰：吾與回言終日，不違如愚，退而省其私，亦足以發。回也，不愚。」

㉝同註㉙。

愚溪雖然「莫利于世」，但是，它的「善鑒萬類，清瑩秀澈，鏘鳴金石」，自有愚者能夠欣賞、喜愛。而被視爲愚者，也自居爲愚者的他，雖然「不合於俗」，卻也能「以文墨自慰」，把形形色色的山容水態、社會人生反映在筆下。寂寞的愚溪，有了愚者的喜笑眷慕，徘徊不去，似乎不再寂寞。而他呢？藉著文墨抒寫心聲，是否也能覓得知音？是否也能獲得安慰？他說：

以愚辭歌愚溪，則茫然而不違，昏然而同歸，超鴻蒙，混希夷，寂寥而莫我知也。㉞

當歌聲迴蕩於溪畔山間時，他彷彿與天地自然合而爲一，達到了〈始得西山宴遊記〉所說：「心凝形釋，與萬化冥合」㉟的境界。這種境界頗似於《老子·二十章》所描繪的：

眾人皆有餘，而我獨若遺。我愚人之心也哉！沌沌兮，俗人昭昭，我獨昏昏；俗人察察，我獨悶悶。澹兮其若海，飂兮若無止。眾人皆有以，而我獨頑且鄙。我獨異於人，而貴食母。㊱

老子指出，「愚人之心」是看透一切自以爲聰明的知識之後，復歸於素樸的心境。因此，看

㉞ 同註㉙。
㉟ 同註⑪，卷二九，頁七六三。
㊱ 吳怡《老子解義》，頁一六一。（三民書局）

似昏昏、悶悶，無聲無息，而實廣大、自由，能超拔於塵俗之上，翺遊於天地之間。衆人皆自以爲有用，而視我爲頑鄙，但我卻吸食著生命之源，無憂無慮。這種「愚人」的心境，對於飽受挫折屈辱的柳宗元來說，自是値得追求、體悟的。因此，他不斷以山水、文墨自慰，以佛、道思想療傷，但是，根深柢固的是那一份捨己利人的情操，守死善道的執著，使他無時無刻不盼著爲人所知，爲世所用。於是，當他嘆息：「寂寥而莫我知」的同時，撲天蓋地而來的寂寞也就揮之不去了。

章士釗《柳文指要》評〈愚溪詩序〉曰：

> 此爲子厚騷意最重之作，然亦止於爲騷而已，即使怨家讀之，亦不能有所恨。以全部文字，一味責己之愚，而對任何人都無敵意，其所謂無敵意者，又全本乎眞誠，而不見一毫牽強，倘作者非通天人性命之源，決不能達到此一境地。袁爽秋曾在日記中記一段曰：「柳子厚居愚溪，自爲文曰：超鴻濛，混希夷，寂寞而莫我知也，此莫我知三字，與論語孔子之莫我知，相去何啻宵壤？蓋子厚徒以文辭鳴，特自託於曠達，以寄其牢騷不平之氣耳，其實於天人性命之源，未及夢見。」此誠南方之強之言也，爽秋自以忿悁災其身，因而以忿悁律乎人，其論終嫌一間未達。何義門曾爲評曰：「愚溪詩序，辭意殊怨懟不遜，然不露一跡」，夫既不露一跡，則所論怨懟不遜，豈非故肆苛求？[37]

---

[37] 卷二四，頁七二九，（北京・中華書局）

章氏謂此文「騷意最重」，卻又斷言作者「通天人性命之源」，顯然自相矛盾。至於袁氏謂子厚「莫我知」三字與孔子之「莫我知」相去甚遠，證諸《論語》：「不患人之不己知」㊳「不怨天，不尤人，下學而上達，知我者其天乎！」㊴所表現的「不患」、「不怨」、「不尤」，確與子厚文中所流露之騷意有霄壤之別。故袁氏謂子厚「自託於曠達，以寄其牢騷不平之氣耳，其實於天人性命之源未及夢見」，自有見地。不過，子厚以愚者自居，確盼能如儒、道家兩所稱許之「愚者」——既有謀國之忠，處世之智，能夠捨己爲人，「利安元元」㊵，又能超拔塵俗，復歸於素樸，以與萬化冥合。但因胸中不平之氣，寂寞之感，一時難以盡去，故未達一間耳。何氏謂此文「辭意殊怨懟不遜，然不露一跡」，章氏謂其「故肆苛求」。其實，所謂「不露一跡」，與章氏所謂「無敵意」並無二致，殆皆指其辭氣看似平和，「一味責己之愚」。但其文並不僅責己而已，又一味以愚辱溪，而其騷意、怨懟也就由此表露無遺。

章氏謂〈愚溪詩序〉爲子厚騷意最重之作，其實，子厚另有〈愚溪對〉一文，牢騷不平之氣更重。其文曰：

㊳ 卷一，頁九，〈學而〉。

㊴ 卷一四，頁一二九，〈憲問〉：「子曰：莫我知也夫！子貢曰：何爲其莫知子也？子曰：不怨天，不尤人，下學而上達，知我者其天乎？」

㊵ 同註⑪。

> 柳子名愚溪而居，五日，溪之神夜見夢曰：「子何辱予，使予爲愚耶？有其實者，名固從之。……今予甚清與美，爲子所喜，而又功可以及圃畦，力可以載方舟，朝夕者濟焉。子幸擇而居予，而辱以無實之名以爲愚，卒不見德而肆其誣，豈終不可革耶？」41

〈愚溪詩序〉謂此溪「不可以溉灌」、「大舟不可入也」，本文則藉溪神之口辯誣，指出其「功可以及圃畦，力可以載方舟」，不應以無實之名辱之爲愚。柳子對曰：

> 汝誠無其實，然以吾之愚而獨好汝，汝惡得避是名耶？且汝不見貪泉乎？有飲而南者，見交趾寶貨之多，……思以兩手左右攫而懷之，豈泉之實耶？過而往貪焉，猶以爲名。今汝獨招愚者居焉，久留而不去，雖欲革其名不可得矣。……今汝之託也，遠王都三千里，……唯觸罪擯辱愚陋黜伏者，日侵侵以遊汝，……汝欲爲智乎？胡不呼今之聰明皎厲握天子有司之柄以生育天下者，使一經於汝，而唯我獨處？……是則汝之實也。42

溪神認爲應當據實以命名，故曰：「有其實者，名固從之。」柳宗元卻指出，世人命名原本就未必依據事實，例如所謂貪泉，豈有令人變貪之實？只因有人先飲泉水而後至交趾，見寶物想佔爲己有，便名此泉爲貪，其實，貪者自貪耳，與泉何干？現在愚溪雖然無愚之實，但既遠離王都，不能吸引聰明、顯要之人來訪，而獨招愚者久居不去，自難避免被辱爲愚。溪

---

41 同註11，卷一四，頁三五七～三五八。

42 同註41，頁三五八～三五九。

神心有不甘，又說：「敢問子之愚何如而可以及我？」柳子曰：

汝欲窮我之愚說耶？……姑示子其略。吾茫洋乎無知，冰雪之交，眾裘我絺，溽暑之鑠，眾從之風，而我從之火。吾蕩而趨，不知太行之異乎九衢，以敗吾車。吾放而遊，不知呂梁之異乎安流，以沒吾舟。吾足蹈坎井，頭抵木石，衝冒榛棘，僵仆虺蜴，而不知怵惕。何喪何得？進不為盈，退不為抑，荒涼昏默，卒不自克。此其大凡也，願以是汙汝可乎？㊸

他極力鋪陳自己不識時務，不知世態炎涼，以至於與眾相違，處處碰壁，慘遭種種不幸。有這樣的愚者來居，自不免令愚溪同受侮辱，溪神只好垂頭喪氣而去。

由這篇〈愚溪對〉便知，柳宗元以愚者自居，以愚名辱溪，是因為他有滿腔怨憤，不吐不快。愚溪被「辱以無實之名」，就像他被朝廷定罪，被人譏為愚者，無論如何辯解，都無法出脫，因為，那「聰明皎厲握天子有司之柄以生育天下者」，原本就是全憑主觀意願來決定天下臣民的生死、貴賤、賢愚、榮辱，而不需任何事實為證。愚溪原本無知無覺，被辱為愚，其實無關痛癢；而他卻是有知有覺，有滿腹才學，有滿腔理想，一旦遭此無實之辱，縱使知道抗辯無用，也不免要藉溪神之口一吐胸中塊磊。因此，〈愚溪詩序〉看似不露一跡的怨憤，就在〈愚溪對〉中噴薄而出。而他也就像是一個倔強負氣的傷者，因為不肯停止掙扎，

㊸ 同註㊷，頁三五九。

而讓看似癒合的傷口綻開，再次滲出了血水。

由〈愚溪詩序〉和〈愚溪對〉可知，柳宗元觸罪被貶之後，面對整個社會價值體系對他的否定，使他在個人信念與社會判準相衝突的矛盾中，時而想要放棄掙扎，以順從的姿態接受社會的批判，藉以減少衝突、尋求平靜，時而又從心底迸出被扭曲、被撕裂的呻吟、怒吼，期能獲得宣洩。因此，他一方面以愚自責、自抑，另一方面又忍不住以愚辱溪、罵世，而藉以自慰、自揚。他的態度看似矛盾，其實自有定見。〈答周君巢餌藥久壽書〉曰：

> 君子之道，處焉則外愚而內益智，外訥而內益辯，外柔而內益剛，出焉則外內若一，而時動以取其宜當，而生人之性得以安，聖人之道得以光，獲是而中，雖不至耇老，其道壽矣。……宗元始者講道不篤，以蒙世顯利，動獲大僇，用是奔竄禁錮，為世之所詬病，凡所設施，皆以為戾，從而吠者成群，已不能明，而況人乎？然苟守先聖之道，由大中以出，雖萬受擯棄，不更乎其內，大都類往時京城西與丈人言者，愚不能改，……仕雖未達，無忘生人之患，則聖人之道幸甚。[44]

所謂「處焉則外愚而內益智，外訥而內益辯，外柔而內益剛」，正是他在被貶之後的寫照。因此，我們可以了解，無論他在外表上是否順從世俗的觀點自居為愚、訥口不辯，內心自有清明的智慧、堅定的信念，未嘗動搖、更改——那就是所謂聖人之道、大中之道——以生人

---

44 同註11，卷三二，頁八四〇～八四一。

爲己任，而「時動以取其宜當」。爲了達成這個信念，他寧可「抱拙終身」、寧可「縵絕身破」，因此，他說：「雖萬受擯棄，不更乎其內」。這種一往直前、無吝無悔、堅持到底的愚者精神，在〈江雪〉一詩中表現得更爲深刻、感人，他說：

千山鳥飛絕，萬徑人蹤滅，孤舟簑笠翁，獨釣寒江雪。㊺

在這白雪茫茫、冰冰冷冷、不但渺無人蹤，而且不見鳥跡的寂天寞地中，只見一個頭戴簑笠的孤翁，靜靜地守著孤舟，守著寒江，獨自垂釣。他是那樣地專注，那樣地執著，彷佛無視於漫天的白雪，逼人的寒氣，而要以一己的生命與四圍的死寂對峙著、對峙著，直到永恆。他的「獨釣」，顯得那樣執拗、那樣愚拙，但卻凝聚著全生命的期待、追求，而展現出無比堅強的毅力。這個孤獨而又愚拙的身影，就是「萬受擯棄，不更乎其內」的柳宗元，也就是愚溪旁「喜笑眷慕樂而不能去」的愚者。他的外表看似寧靜平和，內心卻是傷痕累累，時刻期待著知音的迴響和撫慰。

五、後人的批評

遺憾的是，後人對於柳宗元以愚、拙自命，大多予以譏評，例如宋・黃震評〈愚溪對〉曰：

㊺ 同註⑪，卷四三，頁一二二一。

> 此雖子厚自戲之辭，然愚謂溪之愚可辭，而子厚傑然文人也，乃終身陷叔文而不知悟，其身之愚，可得辭耶？[46]

黃震認爲愚溪被辱爲愚，確屬冤枉，可以拒絕接受，柳宗元「終身陷叔文而不知悟」，則屬事實，被辱爲愚，又豈能推辭不受？這是從一般世俗的觀點，認定王叔文非善類，而以柳宗元參與王黨爲愚。而宋・晁無咎評〈愚溪對〉則曰：

> 嘗論宗元固不愚，夫安能使溪愚哉？竭其智以求利而不獲，既困矣，而始曰我愚，宗元之困，豈愚罪耶？[47]

又評〈乞巧文〉曰：

> 宗元之作，雖亦閔時奔鶩，要歸諸厚。然宗元媿拙矣。[48]

晁氏認爲宗元受困是因「竭其智以求利而不獲」，豈可歸罪於愚？又謂宗元作〈乞巧文〉是因爲憂心時俗之奔名逐利，而以棄巧抱拙明志，但其爲人實有愧於「拙」。這也是一般世俗的觀點，認定柳宗元乃以智巧求利之徒，不配自稱愚、拙。其後，明・陸樹聲云：

---

46 《黃氏日鈔》，卷六〇。見吳文治《柳宗元卷》頁一六四引。

47 見《柳宗元集》，卷一四，頁三五七，〈愚溪對〉題下舊註引。

48 見《柳宗元集》卷一八，頁四八七，〈乞巧文〉題下舊註引。

> 柳子厚於八司馬中，可謂至巧者矣，作〈乞巧文〉，巧非不足也。晚來作〈愚溪對〉，以愚自命，豈眞愚者哉？然以子厚之巧，而昧於進退從違之義，孰謂子厚非愚也？[49]

陸氏謂柳宗元爲至巧者，非眞愚者，又以其從王叔文爲愚，亦是意在譏諷。而清・愛新覺羅弘曆則曰：

> 人病宗元以巧進被謫，而作〈乞巧文〉，自謂抱拙終身。考諸史傳，其爲人蓋喜立事，急功名，以至於敗，非爲機變之巧者也。如爲陽城作〈遺愛碣〉及〈與太學諸生書〉，此豈巧人所肯爲耶？[50]

弘曆以史傳、柳文爲據，認定宗元「非爲機變之巧者」，可謂持平。較諸前人之信口譏訐，已屬難能可貴，然對宗元抱拙終身、捨己利人之精神、意趣則未見發揮。

今人對王、韋集團所從事的政治革新，大抵皆予肯定[51]，對於柳宗元參與王黨觸罪被貶

---

[49] 《適園語錄》，見《柳宗元卷》頁二四五引。

[50] 《唐宋文醇》卷一八，見《柳宗元卷》頁四三四引。

[51] 如王壽南〈論王叔文之爲人及其失敗之原因〉，（見《唐宋史研究》：林天蔚、黃約瑟主編，香港大學亞洲研究中心，一九八七）；王藝生〈論二王八司馬政治革新的歷史意義〉（見《歷史研究》，一九六三年三期）。

之事，也多爲其抱屈[52]，因此，細讀柳文，自可明白他以愚、拙自命的苦衷，而不再妄予譏評。

六、結　論

柳宗元原本是個聰明絕頂的人，初入仕途，可謂一帆風順，卻因參與王黨，失敗遭貶，成了衆人眼中的愚者與罪人。面對如此險惡的處境，他自承「年少好事」，「以愚觸罪」，一方面可以在相當程度上符合世俗的評斷標準，使謗言減少；另一方面也可以表示自己並無大罪，只是無知、愚笨，而期待他人能以不知者不罪的態度予以寬諒。

但是，世俗的標準究竟是否值得依循？在他內心卻是加以否定的。因此，他不願去學鴟夷做個世人眼中的「智人」，而寧可像井邊的水瓶一樣，做個世人眼中的「愚者」——淡泊、清白、「利澤廣大」，不僅具有清明的智慧，而且具有捨己利人的熱忱和勇氣。當世人爭相乞巧，自以爲智時，他卻因爲知恥知病，不願以「諂貌淫詞」奔走逢迎，而堅持做個「抱拙終身的愚者」。

因此，他選擇永州一條小溪安家，更名爲愚溪，以愚者自居，盼如儒、道兩家所稱許之

---

[52] 如王泳〈柳子厚黨事之剖析〉（見《大陸雜誌》二九卷五～六期，一九六四年）；章士釗《柳文指要》（北京・中華書局，一九七一年）；吳文治《柳宗元評傳》（北京・中華書局，一九六二年）；劉光裕、楊慧文《柳宗元新傳》（上海人民出版社，一九八九年）。

愚者——既有謀國之忠、處世之智，能夠捨己爲人，利安元元；又能超拔塵俗，復歸於素樸，以與萬化冥台。但因胸中不平之氣、寂寞之感難以盡去，故於天人性命之源未達一間。並且由於個人信念與社會判準相衝突，使他一方面以愚自責、自抑，另一方面又忍不住以愚辱溪、罵世，而藉以自慰、自揚。他的態度看似矛盾，其實內心自有清明的智慧與堅定的信念——那就是以生人爲己任，而「時動以取其宜當」的大中之道。爲了達成這個信念，他寧可「抱拙終身」，「萬受擯棄，不更乎其內」。這種一往直前，無吝無悔，堅持到底的愚者精神，在〈江雪〉一詩中表現尤爲突出，那個獨釣寒江雪的「愚」翁，就是「萬受擯棄」的柳宗元，也就是愚溪旁「喜笑眷慕樂而不能去」的「愚者」，他的外表看似寧靜平和，內心卻是傷痕累累，時刻期待知音的迴響。今人對於柳宗元參與王黨觸罪被貶之事，大多以爲冤屈，重新審視柳文，自可明白他以愚、拙自命的苦衷，而還以清白。

（本文原載《故宮學術季刊》十五卷一期，一九九七年十月）

柳宗元〈伊尹五就桀贊〉析論

一、前　言

伊尹佐湯伐桀，克夏立商，功不世出，史所盛稱。然《孟子》謂其嘗「五就湯，五就桀」，《呂氏春秋》、《淮南子》、《鬼谷子》、《史記》諸書，亦皆謂其往來夏、商之間。後人以其去就無常，而不免致疑。柳宗元乃作〈伊尹五就桀贊〉，謂其「不夏、商其心，心乎生民而已」，並謂「聖人之急生人，莫若伊尹，伊尹之大，莫若於五就桀」。立論新穎，用意深遠，足以邁越流俗，思接千載。然而，後人論及此文，多謂「宗元意欲以此自解其從王叔文之罪也」，對於文中所欲凸顯之聖人形象與政治理想則多所輕忽。因此，筆者擬先考察古籍相關記載，指出柳氏立論依據；進而根據柳氏生平、思想闡發其文主旨；再對後人評語加以分析，辨其是非，作一正確評價，期能藉此彰明柳氏襟抱。

二、古籍相關記載與柳氏立論依據

古籍中有關伊尹的記載很多，其中，最具有爭議性的話題，就是他的出處去就。相傳他曾「以割烹要湯」，但是，孟子卻說：

否，不然。伊尹耕於有莘之野，而樂堯、舜之道焉。非其義也，非其道也，祿之以天下，弗顧也。……湯使人以幣聘之，囂囂然曰：「我何以湯之聘幣爲哉？……」湯三使往聘之，既而幡然改曰：「……吾豈若使是君爲堯、舜之君哉？吾豈若使是民爲堯舜之民哉？……」思天下之民，匹夫匹婦有不被堯、舜之澤者，若己推而內之溝中。其自任以天下之重如此，故就湯而說之以伐夏救民。吾未聞枉己而正人者也，況辱己以正天下者乎？聖人之行不同也，或遠或近，歸潔其身而已矣。吾聞其以堯、舜之道要湯，未聞以割烹也。❶

孟子認爲，伊尹原本「耕於有莘之野」，而無意出仕。後因湯再三聘請，方才「就湯而說之以伐夏救民」。像這樣潔身自重的人，豈肯「辱己」而「以割烹要湯」？可見傳聞失實。但是，孟子又說：

居下位，不以賢事不肖者，伯夷也。五就湯，五就桀者，伊尹也。不惡汙君，不辭小官者，柳下惠也。三子者不同道，其趨一也。一者何也？曰：仁也。君子亦仁而已矣，何必同？❷

---

❶《孟子．萬章上》，卷一九，頁六五二—六五五（焦循《孟子正義》，北京中華書局，下同）

❷《孟子．告子下》，卷二四，頁八二九—八三〇

伊尹曰：「何事非君？何使非民？」治亦進，亂亦進。……伊尹，聖之任者也。❸

伊尹潔身自重，對於湯的聘請，尚且考慮再三，方才應聘，又何以「五就湯，五就桀」？孟子雖然肯定他的做法不失爲仁，甚至稱他爲「聖之任者」，但對他「五就湯，五就桀」的原委與細節，並未加以交代。因此，不免啓人疑竇。

至於其他古籍之相關記載，則以《呂氏春秋》爲較詳，其〈愼大〉曰：

桀爲無道，暴戾頑貪，……國人大崩。湯乃惕懼，憂天下之不寧，欲令伊尹往視曠夏，恐其不信，湯由親自射伊尹，伊尹奔夏三年，反報于亳曰：「桀迷惑於末嬉，……夏命其卒。」……湯與伊尹盟，以示必滅夏。伊尹又復往視曠夏，聽於末嬉。末嬉言曰：「今昔天子夢……兩日相與鬥，西方日勝，東方日不勝。」伊尹以告湯。商涸旱，湯猶發師，以信伊尹之盟，故令師從東方出於國，西以進。未接刃而桀走。❹

此謂伊尹奉湯之命，往視大夏，目的是探聽敵情，伺機滅夏。而其往來夏、商之間僅有兩次，則與孟子所謂「五就湯，五就桀」不同。

他如《淮南子・泰族訓》曰：

---

❸ 《孟子・萬章下》，卷二〇，頁六七一—六七二

❹ 卷一五，頁八四三—八四四（陳奇猷《呂氏春秋校釋》，學林出版社）

伊尹憂天下之不治，調和五味，負鼎俎而行，五就桀，五就湯，將欲以濁爲清，以危爲寧也。❺

《鬼谷子・忤合》曰：

伊尹五就湯，五就桀，然後合於湯。❻

則皆謂伊尹曾「五就湯」、「五就桀」，而未述其詳情。

今觀《史記・殷本紀》曰：

伊尹名阿衡。阿衡欲奸湯而無由，乃爲有莘氏媵臣，負鼎俎，以滋味說湯，致於王道。或曰：伊尹處士，湯使人聘迎之，五反然後肯往從湯，言素王及九主之事。湯舉任以國政。伊尹去湯適夏，既醜有夏，復歸于亳。……湯乃興師率諸侯，伊尹從湯，……遂伐桀。❼

太史公先將伊尹「以割烹要湯」的種種傳聞加以綜述，而後附上「處士」之說，聊備參考。可見，他對孟子之說半信半疑。孟子謂湯「三使往聘之」，太史公卻說「五反然後肯往從湯」，

❺ 卷二〇，頁六八三（劉文典《淮南鴻烈集解》，北京中華書局）
❻ 《鬼谷子》卷中，第六（世界書局）
❼ 卷三，頁九四—九五（鼎文書局二十五史點校本）

顯然是將孟子所謂「五就湯」解釋爲：五次遣使往返，然後才肯應聘就湯。至於太史公謂「伊尹去湯適夏，既醜有夏，復歸于亳」，則僅於夏、商之間往返一次，亦與孟子所謂「五就桀」不同。可見，伊尹「五就湯，五就桀」是一個充滿疑點、很難理解的傳說，就連太史公也無法找出佐證來澄清種種疑點，只好如此記載。

但是，後人讀孟，對於此中原委，仍不免好奇，因此，相繼提出各種推測。例如，東漢趙岐注孟，曰：

> 伊尹爲湯見貢於桀，桀不用而歸湯，湯復貢之，如此者五，思濟民，冀得施行其道也。❽

趙岐推測「伊尹爲湯見貢於桀」，或許是因《呂氏春秋》謂湯「令伊尹往視曠夏」。但，照《呂氏春秋》的說法，伊尹潛伏於夏打探敵情，實與間諜無異；而孟子既稱伊尹五就湯，五就桀爲仁，則其往夏就桀，自應有更堂皇的理由。因此，趙岐推測他的動機是「思濟民，冀得施行其道也。」此說看似與孟子強調伊尹「思天下之民匹夫匹婦有不被堯、舜之澤者，若己推而納之溝中。其自任以天下之重如此。」正相符合。但若仔細推敲，便見趙岐所注相當可疑。孟子稱「五就湯，五就桀者，伊尹也。」又稱「伊尹，聖之任者也。」是因爲伊尹對出處去就的抉擇雖與伯夷、柳下惠不同，卻同趨於「仁」。如果他的「五就桀」是「爲湯見貢」、奉湯之命，就不宜與伯夷、柳下惠並舉爲仁、爲聖。可見，若依《孟子》原文推論，

❽ 《孟子・告子下》，卷二四，頁八二九

「五就湯，五就桀」是出於伊尹的抉擇，而不是奉湯之命。再者，孟子謂湯三使往聘，始得伊尹，自當置於左右，予以重用，又何至於如趙歧所謂，五貢伊尹於桀、冀桀用之？孟子謂伊尹應聘就湯，「說之以伐夏救民」，似於初就湯時已有伐夏之意，而趙歧謂「伊尹爲湯見貢於桀，……思濟民，冀得施行其道」，則似有意佐桀、無意伐桀，亦與《孟子》之說有所出入。可見，趙歧強調「伊尹爲湯見貢於桀」，雖似可使伊尹免於去就無常、事奉二君之譏，卻與孟子原意不盡相符。

此後，宋儒朱熹注孟，引楊氏曰：

伊尹之就湯，以三聘之勤也。其就桀也，湯進之也。湯豈有伐桀之意哉？其進伊尹以事之也，欲其悔過遷善而已。伊尹既就湯，則以湯之心爲心矣；及其終也，人歸之，天命之，不得已而伐之耳。若湯初求伊尹，即有伐桀之心，而伊尹遂相之以伐桀，是以取天下爲心也。以取天下爲心，豈聖人之心哉？❾

朱、楊二氏亦採趙歧之說，強調伊尹就桀爲湯所進，「湯豈有伐桀之意？」可見，他們都具有天無二日，民無二王，忠臣不事二主，君位不可覬覦的君臣觀念，這在君主專制時代可以說是天經地義，無庸置疑，因此，後人讀孟，大多信從此說。

但，清崔述《考信錄》則曰：

---

❾《孟子・告子下》，卷一二，頁三四二（朱熹《四書章句集注》，北京中華書局）

> 孟子書中有「伊尹五就湯，五就桀」之語，論者因之，或以爲伊尹罪。余按，孟子辨伊尹要湯事，稱其非義非道，祿以天下弗顧；湯以幣聘猶不肯往，必無一旦無故去商而欲輔桀之事。即就桀矣，桀之暴戾不可化誨，伊尹豈不見之？即由亳適夏，復由夏而歸亳，一已足矣，五何爲焉？孟子稱伊尹言「何事非君」，而《史記》載〈書序〉復有「醜夏歸亳」之事，然則伊尹固嘗適夏，或仕於桀，或未嘗仕於桀，或如孟子在梁爲齊客卿者然，皆未可知。……要之，五就湯，五就桀，則必無之事也。戰國游說之士多喜妄談古人，既流俗相傳有至夏之事，遂從而甚其詞，以爲五就桀耳。且伊尹初就者湯也，若果五就湯，五就桀，則當終於夏，何由復至商？其非實事，亦已明矣。❿

崔述認爲，湯以幣聘，伊尹猶不肯往，必無去商而欲輔桀之事。就算前去輔桀，一次已足以知其不可化誨，何須五次？伊尹固嘗適夏，但是否曾仕於桀？則未可知。流俗相傳，過甚其詞，遂以爲五就桀。若果五就湯，五就桀，則當終於夏，而不宜六就湯，可見，此說必非實事，不可因之以罪伊尹。

綜上所論可知，《孟子》、《淮南子》、《鬼谷子》皆稱伊尹曾「五就湯」、「五就桀」，但《呂氏春秋》載其往返兩次，《史記》則僅一次。至於其中原委，則除《呂氏春秋》謂其往視敵情外，未見其他記載。因此，後人對此傳聞，或信或疑，莫衷一是。或謂伊尹爲湯見貢於桀，冀行其道，如趙岐、朱熹；或以文獻不足，記載矛盾，而斥其不實，如崔述；而柳

❿《崔東壁遺書・商考信錄》卷一，頁三八（河洛圖書出版社）

宗元作〈伊尹五就桀贊〉，則是依據《孟子》加以推闡。他說：

> 伊尹五就桀。或疑曰：「湯之仁聞且見矣，桀之不仁聞且見矣，夫何去就之亟也？」柳子曰：「惡，是吾所以見伊尹之大者也。彼伊尹，聖人也。聖人出於天下，不夏、商其心，心乎生民而已。曰：『孰能由吾言？由吾言者爲堯、舜，而吾生人堯、舜人矣』。」⓫

一般人對於「伊尹五就桀」的記載，最感疑惑的問題就是：伊尹既已知曉湯爲仁君，桀爲不仁，爲何屢次去湯就桀？他的去就無常是否不忠？是否不配稱爲聖人？但是，柳宗元認爲，伊尹五次就桀，正可以見出他的偉大。《孟子》曰：「伊尹，聖之任者也。」因此，柳宗元說：「彼伊尹，聖人也。」這位聖人，依照《孟子》的記載，曾經一再宣稱：「何事非君？何使非民？」因此，柳宗元說他「不夏、商其心」。而《孟子》謂伊尹「思天下之民匹夫匹婦有不被堯、舜之澤者，若己推而內之溝中」，也就是柳宗元所說的「心乎生民而已」。《孟子》載伊尹曰：「吾豈若使是君爲堯、舜之君哉？吾豈若使是民爲堯、舜之民哉？」柳宗元也說伊尹考慮的是：「孰能由吾言？由吾言者爲堯、舜，而吾生人堯、舜人矣。」可見，柳宗元推闡伊尹五就桀的用心，頗能掌握孟子之意。孟子曰：「民爲貴，社稷次之，君爲輕。」因此，他對伊尹五就湯、五就桀的事君態度絲毫不以爲非，而且稱許伊尹爲仁、爲聖。柳宗

⓫ 《柳宗元集》卷一九，頁五二一—五二二（吳文治整理，北京中華書局，以下簡稱《柳集》）

元宣稱聖人「不夏、商其心，心乎生民而已」，也是以民爲貴，以君爲輕，相當符合孟子思想。但是，下文又說：

> 退而思曰：「湯誠仁，其功遲；桀誠不仁，朝吾從而暮及於天下可也」。於是就桀，桀果不可得，反而從湯。既而又思曰：「尚可十一乎？使斯人蚤被其澤也」。又往就桀。桀不可，而又從湯。以至於百一、千一、萬一，卒不可，乃相湯伐桀。俾湯爲堯、舜，而人爲堯、舜之人，是吾所以見伊尹之大者也。仁至於湯矣，四去之；不仁至於桀矣，五就之，大人之欲速其功如此。不然，湯、桀之辨，一恆人盡之矣，又奚以憧憧聖人之足觀乎？吾觀聖人之急生人，莫若伊尹；伊尹之大，莫若於五就桀。作《伊尹五就桀贊》。⑫

柳宗元認爲，伊尹雖知湯仁、桀不仁，但因當時天下仍由夏桀統治，如果佐湯伐桀，勢必曠日廢時；如果桀能聽從他的建議，朝令夕達，就能使天下百姓早日蒙受德澤。因此，他寧願捨湯就桀，一再抱著希望而去，帶著失望而回，直到完全絕望，方才輔佐商湯伐桀，使湯像堯、舜一樣，造福天下人民。這樣揣測伊尹五就湯、五就桀的原委和經過，所強調的是：「大人之欲速其功」、「聖人之急生人」，便已溢出《孟子》所載，而加上了自己的想像，表達了新的理念。孟子謂伊尹初就湯時「說之以伐夏救民」，而柳宗元謂伊尹五就桀後，

⑫ 同上，頁五二二

「乃相湯伐桀」，顯然與《孟子》不同，而揉合了趙岐的部份說法。趙岐謂伊尹爲湯見貢於桀五次，「思濟民，冀得施行其道」；柳宗元謂伊尹五次就桀，盼桀「朝吾從而暮及於天下」，皆謂其初有意輔桀、無意伐桀。但趙岐強調伊尹「爲湯見貢於桀」，則爲柳宗元所不取，可見，他的君臣觀念與趙岐不同。依趙岐之說，湯較伊尹更值得稱許；然而，柳宗元卻強調：「聖人之急生人，莫若伊尹」，可見，在他心目中，最能「急生人」的聖人是伊尹而不是湯。因此，他極力稱頌伊尹曰：

聖有伊尹，思德於民。往歸湯之仁，曰：仁則仁矣，非久不親。退思其速之道，宜夏是因。就焉不可，復反亳殷。猶不忍其遲，亟往以觀。庶狂作聖，一日勝殘。至千萬冀一，卒無其端。五往不疲，其心乃安。遂升自陑，黜桀尊湯，遺民以完。大人無形，與道爲偶。道之爲大，爲人父母。大矣伊尹，惟聖之首。既得其仁，猶病其久。恆人所疑，我之所大。嗚呼遠哉！志以爲誨。⓭

所謂「庶狂作聖」，即指伊尹欲使桀爲堯、舜，語出《尚書·多方》：「惟聖罔念作狂，惟狂克念作聖。」⓮至於《論語·子路》曰：「善人爲邦百年，亦可以勝殘去殺矣。」⓯柳宗

⓭ 同上

⓮ 《尚書注疏》卷一七，頁二五六（藝文印書館《十三經注疏》，下同）

⓯ 《論語注疏》卷一三，頁一一七（藝文印書館《十三經注疏》）

元卻稱伊尹欲「一日勝殘」，可見他急於救民，故以百年爲遲而欲速其功。孟子稱伊尹五就湯、五就桀爲仁，柳宗元稱其「五往不疲，其心乃安」，正是「仁」的具體表現。而所謂「遂升自陑，黜桀尊湯」，出於《尚書・湯誓・序》曰：「伊尹相湯伐桀，升自陑。」⑯至於所謂「爲人父母」，當即《孟子》所謂「爲民父母」。⑰可見，柳宗元作〈伊尹五就桀贊〉，是以儒家經典爲立論基礎。他的說法雖有部份出於揣測，無法獲得確證，但卻極具特色，足以反映他的政治理念，因此，格外值得我們注意。

三、〈伊尹五就桀贊〉的主旨及其寫作背景

柳宗元作〈伊尹五就桀贊〉，不僅宣稱「聖人不夏、商其心，心乎生民而已」，並且一再強調：「使斯人蚤被其澤」、「大人欲速其功」、「聖人急生人」、「退思其速之道」、「不忍其遲」、「猶病其久」。可見，他之所以稱頌伊尹，旨在凸顯聖人急於拯救蒼生的形象，藉以宣揚「急生人」、「欲速其功」的政治理念。他認爲，聖人有不忍人之心，目睹百姓疾苦，必然憂急如焚，因此，他曾作〈論語辯〉下篇曰：

⑯《尚書注疏》卷八，頁一〇八

⑰如〈梁惠王上〉曰：「爲民父母，行政不免於率獸而食人，惡在其爲民父母也？」〈梁惠王下〉曰：「如此然後可以爲民父母也。」〈滕文公上〉曰：「使老稚轉乎溝壑，惡在其爲民父母也？」（分別見於頁六二、一四五、三四〇）

堯曰：「咨，爾舜！天之曆數在爾躬，四海困窮，天祿永終。」舜亦以命禹。曰：「余小子履，敢用玄牡，敢昭告于皇天后土，有罪不敢赦。萬方有罪，罪在朕躬。朕躬有罪，無以爾萬方。」或問之曰：「《論語》書記問對之辭爾。今卒篇之首，章然有是，何也？」柳先生曰：「《論語》之大，莫大乎是也。是乃孔子常常諷道之辭云爾。彼孔子者，覆生人之器者也。上之堯、舜之不遭，而禪不及己；下之無湯之勢，而己不得爲天吏。生人無以澤其德，日視聞其勞死怨呼，而己之德涸然無所依而施，故於常常諷道云爾而止也。此聖人之大志也，無容問對於其間。弟子或知之，或疑之不能明，相與傳之。故於其爲書也，卒篇之首，嚴而立之。」⑱

《論語》一書大體是記孔子及其弟子、時人問答之語，但是，〈堯曰〉首章卻記載了堯、舜禪讓、商湯伐桀的誓辭，似與孔門師生毫不相關。柳宗元認爲，這一章之所以編入《論語》，是因爲孔子經常諷誦其辭，感歎自己既未遭逢堯、舜禪位於己，又不能繼踵商湯弔民伐罪，空有濟世之德、憂民之心，卻無法得位行道，施澤於民，於是經常諷誦，以寄其志。

這樣解釋孔子的用心，在君主專制的時代，眞可謂大膽之至！然而，無論孔子是否眞的有心做天子，這篇文章所要表達的，乃是聖人急於拯救蒼生的心情。而這樣的心情也正是柳宗元自身的寫照，他說：

⑱《柳集》卷四，頁一一一—一一二

> 宗元早歲與負罪者親善，始奇其能，謂可以共立仁義，裨教化，過不自料，懃懃勉勵，唯以中正信義爲志，以興堯、舜、孔子之道，利安元元爲務。不知愚陋，不可力彊，其素意如此也。⑲

他之所以參與王、韋集團，力圖改革時弊，是爲了實踐堯、舜、孔子之道，以利民安民，然而，「但欲一心直遂，果陷刑法。」⑳從此被貶南荒，不得起復。〈上門下李夷簡相公陳情書〉曰：

> 宗元曩者齒少心銳，徑行高步，不知道之艱，以陷於大阨，窮躓殞墜，廢爲孤囚，日號而望者十四年矣！㉑

在這長達十四年，「日號而望」，憂急如焚的貶謫生涯中，他眼看著當時政局的腐敗，人民的困苦，卻是無能爲力，只好一再爲文宣揚聖人急民的政治理念，期能有補於時。例如，〈吏商〉曰：

> 吏而商也，汙吏之爲商，不若廉吏之商，其爲利也博。汙吏以貨商，……盜賊水火殺

---

⑲《柳集・與許京兆孟容書》，卷三〇，頁七八〇

⑳同上。

㉑《柳集》卷三四，頁八九二

> 敢焚溺之爲患，幸而得利，不能什一二，身敗祿斂，大者死，次貶廢，……汙吏惡能商矣哉？廉吏以行商，……盜賊不得殺斂，……利愈多，名愈尊……，是故廉吏之商博也。苟修嚴潔白以理政，由小吏得爲縣，由小縣得刺小州，……又由小州得大州，……又由大州得廉一道，其利月益之三倍，不勝富矣。……然而舉世爭爲貨商，以故貶吏相逐於道……。人之知謀好邇富而近禍如此，悲夫！或曰：「君子謀道不謀富，子見孟子之對宋牼乎？何以利爲也？」柳子曰：「君子有二道，誠而明者，不可教以利；明而誠者，利進而害退焉。吾爲是言，爲利而爲之者設也。或安而行之，或利而行之，及其成功，一也。吾哀夫沒於利者，以亂人而自敗也，姑設是，庶由利之小大登進其志，幸而不撓乎下以成其政，交得其大利。吾言不得已爾，何暇從容若孟子乎？孟子好道而無情，其功緩以疏，未若孔子之急民也。」㉒

當時吏治腐敗，是因爲貪官汙吏爭著斂財取利，因此，他從經商謀利的觀點，指出汙吏所冒的風險大而獲利小，反不如做個廉吏，逐步升遷，既穩當，又可致富。這種謀利的觀點，不同於孟子，孟子認爲：「爲人臣者懷利以事其君，……去仁義，懷利以相接，……然而不亡者，未之有也。」㉓柳宗元卻以《中庸》所載孔子之言：「或安而行之，或利而行之，及其

㉒《柳集》卷二〇，頁五六三—五六四

㉓《孟子．告子下》，卷二四，頁八二五

成功，一也。」㉔來駁斥孟子。他認爲只要能使官吏由正當的途徑去謀利，而不再壓榨百姓，就可「成其政，交得其大利」，又有何妨？因此，他說：「孟子好道而無情，其功緩以疏，未若孔子之急民也」，講仁義而不切實際，就難以見效，還不如照孔子之說，「利而行之」，盡快爲百姓謀得福利。

孟子稱伊尹爲「聖之任者」，柳宗元亦曾讚美伊尹「以生人爲己任」。㉕然而，孟子講仁義而不講功利，往往不切實際，緩不濟急，因此，柳宗元作〈伊尹五就桀贊〉，特別強調聖人「急生人」而「欲速其功」，便與孟子思想大異其趣，而自有其特殊意義。他認爲，施政者必須了解百姓的疾苦，因時制宜，因勢利導，方能迅速解決問題，爲民興利除害。這樣的施政，縱使急功近利，亦不失爲仁政。反之，若是拘泥於世俗的道德觀點，號稱仁民愛物，卻坐視百姓陷溺於水火之中，不能速謀對策，予以拯救，那就只有更加深百姓的痛苦，又何仁政之有？他曾批評當時號爲「長者」的大官說：

> 無之而不言者，土木類也。……自抱關擊柝以往，則必敬其事，愈上則及物者愈大，何事無用之朴哉！今之言曰：某子長者，可以爲大官，……則必土木而已矣。夫捧土揭木而致之巖廊之上，蒙以紱冕，翼以徒隸，而趨走其左右，豈有補於萬民之勞苦哉？

㉔《中庸》第二十章，頁二九（《四書章句集注》，北京中華書局）

㉕《柳集・與楊誨之第二書》，卷三三，頁八五三

聖人之道，不益於世用，凡以此也。㉖

這些大官，號爲長者，身居廟堂之上，卻對萬民的勞苦毫不關心，所以才能袖手旁觀，閉口不言，如土木一般，毫無用處。面對這種官場現象，無怪乎他要強調「急生人」而「欲速其功」的政治理念。

中唐時期，外有吐蕃侵逼，內有藩鎮作亂，加上經濟凋弊、吏治腐敗，百姓無不苦於兵災、暴斂，因此，柳宗元認爲，施政的第一要務，就是爲百姓興利除弊。他說：

賢莫大於成功，愚莫大於恡且誣。……賢者之作，思利乎人。……由道廢邪，用賢棄愚，推以革物，宜民之蘇。若是而不列，殆非孔子之徒也。㉗

又說：

安其常而得所欲，服其教而便於己，百貨通行而不知所自來，老幼親戚相保而無德之者，不苦兵刑，不疾賦力，所謂民利，民自利者是也。㉘

爲百姓興功去弊，固然可以「利民」；但是，使百姓能夠自利，過著安和樂利，絲毫不受干

㉖《柳集・與楊京兆憑書》，卷三〇，頁七八八

㉗《柳集・全義縣復北門記》，卷二六，頁七一九—七二〇

㉘《柳集・晉問》，卷一五，頁四二五

擾的生活，更是最大的「民利」。這種理想的社會，曾經出現在堯的治理之下，因此，他盛讚堯曰：

> 有茅茨、采椽、土型之度，故其人至于今儉嗇；有溫恭、克讓之德，故其人至于今善讓；有師錫、僉曰、疇咨之道，故其人至于今好謀而深；有百獸率舞、鳳凰來儀、於變時雍之美，故其人至于今和而不怒；有昌言、儆戒之訓，故其人至于今憂思而畏禍；有無爲、不言、垂衣裳之化，故其人至于今恬以愉，此堯之遺風也。……美矣善矣，其蔑有加矣。㉙

堯有溫恭克讓之德，節用而愛人，又能謀於賢者，和於衆庶，無爲垂拱，而民自化。因此，柳宗元認爲，後代的君主都當以堯爲法，而儒者爲學，亦應「跨騰商周，堯舜是師」㉚；「以生人爲主，以堯舜爲的」㉛；「以興堯、舜、孔子之道，利安元元爲務」。㉜如果未能「使是君爲堯、舜之君」，「使是民爲堯、舜之民」，㉝那就是儒者最感憂急的事。因此，

㉙ 同上，頁四二七—四二八
㉚ 《柳集・衡州刺史東平呂君誄》，卷九，頁二一八
㉛ 《柳集・陸文通先生墓表》，卷九，頁二〇九（按：吳校依百家注本作「以聖人爲主」，今依世綵堂本，作「生人」爲是。）
㉜ 同註⑲
㉝ 同註❶

他不僅積極參與王叔文的政治改革集團，而且一再為文宣揚聖人「急生人」而「欲速其功」的政治理念。〈伊尹五就桀贊〉的寫作年代雖不可考，但是無論作於何時，都可說是柳宗元一生志業的最佳註腳。在他筆下的伊尹，顯然就是自身理想的投影。

四、後人對〈伊尹五就桀贊〉的評論

歷來史家、文人對於王叔文的政治改革集團多無好評，而柳宗元參與此一集團，亦深蒙世譏，[34]因此，後人評論柳文，時或不能持平，甚或造成曲解。例如，宋蘇軾曰：

> 元祐八年，讀柳宗元〈伊尹五就桀贊〉，終篇皆言伊尹往來兩國之間，豈有意教誨桀而全其國耶？不然，湯之當王也久矣，伊尹何疑焉？桀能改過而免於討，可庶幾也。能用伊尹而得志於天下，雖至愚知其不然矣。宗元意欲以此自解說其從二王之罪也。[35]

蘇軾認為，柳宗元作〈伊尹五就桀贊〉，是為了洗刷自己跟隨王叔文、王伾的罪名，故謂伊

---

[34] 如韓愈〈永貞行〉以「小人乘時偷國柄」、「公然白日受賄賂」等多項罪狀痛斥王黨，並於〈柳子厚墓誌銘〉中謂子厚「不自貴重顧藉」。《舊唐書・韋執誼傳》亦曰：「執誼、叔文乘時多僻，而欲斡旋六合，斟酌萬機；劉、柳諸生逐臭市利，何狂妄之甚也。」而《新唐書・韋執誼傳》更斥之曰：「叔文沾沾小人，竊天下柄，……宗元等撓節從之，徼幸一時……一僨而不復，宜哉！」

[35] 《經進東坡文集事略・辯伊尹說》，卷五七，頁九三八—九三九（香港中華書局）

尹往來夏、商之間，意在使桀改過，免受討伐，而非藉以得志於天下。其實，柳宗元謂伊尹「不夏、商其心，心乎生民而已」，又謂伊尹五就桀，是爲了「急生人」；蘇軾卻謂伊尹有意教誨桀而「全其國」，使之「免於討」，可見，蘇軾眼中的伊尹是以君爲念，不是以民爲念，並不符合柳文原旨。

但是，明何孟春仍採蘇軾之說，曰：

> 柳宗元作〈伊尹五就桀贊〉，而蘇子瞻非之，謂宗元意欲以此自解其從王叔文之罪也。宗元非其人矣。[36]

何孟春指責柳宗元不是伊尹，卻欲藉伊尹五就桀事爲自己脫罪。可見，他對柳文的理解，頗爲黨事所囿。

又如宋陳善曰：

> 予讀柳子厚〈伊尹五就桀贊〉，未嘗不憐其志也。伾、叔文雖小人，而子厚欲因以行道，故以就桀自比。然學者至今罪之。按《順宗實錄》，帝自初即位，則疾患不能言，天下事皆斷於叔文。……伾主往來傳授，劉禹錫、……柳宗元、……等主謀議唱和，採聽外事，此其朋黨之跡也。其專權竊柄，誠爲可罪。然予觀順宗即位未幾，而首貶李實，次罷宮市，……次禁五坊小兒張捕鳥雀，橫暴閭里，……不數月間，行此數事，

---

36 《餘冬敘錄》卷四五（引自《古典文學研究資料彙編・柳宗元卷》頁二二〇）

人情大悅。雖王政何以加此？豈非子厚等爲之歟？而世不知察，徒罪其朋黨，則亦見其不恕矣。《春秋》之法，不以功掩過，亦不以罪廢德。責備而言，則子厚之罪，在於附小人以求進。若察其用心，則尚在可恕之域，況一時之善有不可掩者乎？[37]

陳善認爲，王伾、王叔文雖爲小人，但柳宗元欲因以行道，就像伊尹就桀一般，用心可恕。故特以《順宗實錄》爲證，指出王黨有功、有過，不可以罪廢德，以過掩功。此論看似較能持平，但所謂「專權竊柄」，並非實情；[38]而柳宗元亦始終不曾以叔文爲小人。[39]陳善謂其以就桀自比，似以桀比叔文，其實，桀爲天子，叔文乃一介臣子，亦恐難以相提並論。

至於清愛新覺羅弘曆則曰：

宗元與劉禹錫輩佐王叔文，欲以收天下奄寺之兵柄，而還之朝廷。……叔文輩敗，天下以黨人目之，而要其本志，爲帝室，非爲身家……。此贊伊尹五就桀，其意蓋謂苟可以膏澤下於民，則桀尚可就，況其未至於桀者，於人何擇焉？所以自解也。雖然，其亦不明於聖賢去就之正矣。伊尹之就桀也，湯之薦人於天子也，四棄而四薦之。……

---

[37] 《捫蝨新話·柳子厚功過》卷一二（引自《柳宗元卷》頁八二）

[38] 王、韋集團乃奉順宗旨意執政，並無竊位意圖。故當劍南節度使韋皋遣使求領三川曰：「若與某三川，當以死相助」時，叔文無意與之勾結，而欲斬來使。即此一端，已可見其冤屈。

[39] 王叔文因母喪去位後，旋即失敗，但柳宗元爲其母撰墓誌文時，猶盛讚其執政有功，並謂「知道之士，爲蒼生惜焉」，可見，他對叔文評價之高。

> …桀者，天下之共主，尹之就之，又何疑焉？豈若叔文輩，當順宗之寢疾，無所稟承，鼠竊國命，自相部署，即使其能一旦盡復唐故所沒地，舉藩鎮而空之，猶爲不得其正，君子無取焉，況乃謇淹留而無成哉？[40]

清高宗認爲，柳宗元佐王叔文收宦者兵權，乃爲帝室，而非爲身家，故作〈伊尹五就桀贊〉謂「苟可以膏澤下於民，則桀尚可就」，以自解其罪。但，伊尹就桀，乃湯所薦，湯薦伊尹於天子，固無可疑；而柳宗元之就叔文，「無所稟承，鼠竊國命」，故仍不免爲高宗所譏。其實，柳宗元參與王黨，既非爲身家，亦非爲帝室，而是爲了「利安元元」。而〈伊尹五就桀贊〉亦未嘗言伊尹爲湯所薦。高宗強調「爲帝室」、就天下共主始得其正，顯然是以帝王心態立論，而與柳文原旨不符。

他如清何焯曰：

> 趙云：「伊尹爲湯見貢于桀，不用而歸湯，湯復貢之，如是者五，思濟民冀得施行其道也。」必合此論，于君臣之義，乃爲無敝，漢注之最精者。柳子但欲贊尹之大，然君臣之分既定，亦安得若此憧憧者哉！按此篇疑他人文，不簡健，或欲示當時庸人，自解與伾、文相結之失耶？[41]

---

[40] 《唐宋文醇・伊尹五就桀贊》卷一二（引自《柳宗元卷》頁四一九）

[41] 《義門讀書記・伊尹五就桀贊》（引自《柳宗元卷》頁三五三）

何焯認為，趙岐強調「伊尹為湯見貢於桀」，始合君臣之義。故對柳文有所不滿，謂其「欲示當時庸人，自解與伾、文相結之失」；甚至懷疑此文非柳所作。可見，他對柳宗元「急生人」的政治理念，全然未能理解，故猶拘守所謂「君臣之義」以譏柳子。

以上諸人大抵皆謂柳宗元欲以〈伊尹五就桀贊〉自解其從二王之罪，對於柳文所欲闡揚的「急民」理念，則不予理會。因此，縱或對於柳宗元參與王黨之事表示同情、不予苛責，亦未能眞正了解柳宗元的思想和襟抱。

但，清吳闓生則曰：

此與上篇，皆見柳子為學立身本末。蓋自古偉大人物，皆具偉大之志量、學識，而非僅以文字見也。若尋章摘句之徒，其何足與於此？先大夫曰：此子厚解嘲之作，非強顏作高語，其所自負故如此也。自宋君子出，談道理益精，而子厚之見器伾、文，退之之上書宰相，皆深蒙世譏，而雄奇傲岸，自詭不顧世之氣亦益衰少矣。㊷

所謂「上篇」，指〈論語辯〉。吳闓生評〈論語辯〉，稱其「具有共和之精神，最是其學識卓偉處，彼何嘗以一姓之統紀置心目間哉？」㊸可見他對柳宗元「不夏、商其心，心乎生民而已」的政治理念知之甚切，故謂二文「皆見柳子為學立身本末」，而贊許其志量、學識之

㊷《古文範・伊尹五就桀贊》卷三（引自《柳宗元卷》頁七二一）

㊸《古文範・論語辯》卷三（引自《柳宗元卷》頁七二一）

偉大。至其先人吳摯父謂此爲子厚解嘲之作，「非強顏作高語，其所自負故如此」，並對其「雄奇傲岸，自詭不顧世之氣」表示稱許。可見，吳氏父子皆具卓識，故其所論未爲黨事所囿，而能藉此窺知柳氏一生志業，堪稱柳氏知音。

今人生當民主時代，不再具有家天下的君臣觀念，對於柳文所具民主、共和之精神，最易產生共鳴，而柳宗元參與王黨所受之屈抑亦屢經學者舉證昭雪。[44]重新捧讀柳文，觀其於千載之上，有此先見、偉識，一心「急民」而「不夏、商其心」，豈不令人起敬？

五、結論

綜上所論可知，《孟子》、《淮南子》、《鬼谷子》皆稱伊尹曾「五就湯」、「五就桀」，但《呂氏春秋》載其往返兩次，《史記》則僅一次。至於其中原委，則除《呂氏春秋》謂其往視敵情外，未見其他記載。因此，後人對此傳聞，或信或疑，莫衷一是。或謂伊尹爲湯見貢於桀，冀行其道，如趙岐、朱熹；或以文獻不足，記載矛盾，而斥其不實，如崔述；而柳宗元作〈伊尹五就桀贊〉，則是依據《孟子》加以推闡。孟子曰：「民爲貴，社稷次之，君爲輕。」因此，他對伊尹五就湯、五就桀的事君態度絲毫不以爲非，而且稱許伊尹爲仁、爲

---

[44] 如岑仲勉《隋唐史》、呂思勉《隋唐五代史》、章士釗《柳文指要》等，皆曾舉證爲王黨洗冤。他如王泳〈柳子厚黨事之剖析〉（見《大陸雜誌》二九卷五期、六期，一九六四）王壽南〈論王叔文之爲人及其失敗的原因〉（見《唐宋史研究》，香港大學亞洲研究中心，一九八七）等，均有詳細論證。

聖。柳宗元宣稱聖人「不夏、商其心，心乎生民而已」，也是以民爲貴，以君爲輕，相當符合孟子思想。但是，孟子講仁義而不講功利，往往不切實際，緩不濟急；柳宗元作〈伊尹五就桀贊〉，特別強調聖人「急生人」而「欲速其功」，便與孟子思想大異其趣，而自有其特殊意義。

以他所處的中唐時代而言，內憂外患紛至沓來，百姓無不苦於兵災、暴斂，然而，所謂朝廷「長者」，卻對萬民勞苦毫不關心，有如土木一般，袖手旁觀。因此，他不僅積極參與王叔文的政治改革集團，「以興堯、舜、孔子之道，利安元元爲務」；而且一再爲文宣揚聖人「急生人」而「欲速其功」的政治理念。〈伊尹五就桀贊〉的寫作年代雖不可考，但是無論作於何時，都可說是柳宗元一生志業的最佳註腳。在他筆下的伊尹，顯然就是自身理想的投影。

後人論〈伊尹五就桀贊〉，大多謂「宗元意欲以此自解其從二王之罪」，對於文中所欲闡揚的「急民」理念則不予理會。但，清人吳闓生則謂此文可見「柳子爲學立身本末」，並對柳文所具共和精神、及其志量、學識大爲稱許，可謂柳氏知音。今人捧讀柳文，觀其於君主專制之時，已能如此「急民」，而不以一家、一姓之天下爲念，焉能不表歎服？

（本文原載《國立編譯館館刊》二十四卷二期，一九九五年十二月）

韓、柳交誼與相互影響

一、前　言

在唐代古文運動中，最受矚目，也最爲傑出的作家，就是韓愈、柳宗元。他們彼此交往、辯論，爲文之時，又或相互競勝，極有助於古文運動之推展。因此，前賢研究韓、柳，已屢就此問題有所論述。例如錢基博《韓愈志》第四章〈韓友四子傳〉、羅師聯添《韓愈研究》第三章〈韓愈交遊〉、吳文治《柳宗元評傳》第十二章〈和韓愈的交往和論戰〉、陳克明《韓愈述評》第五章〈韓愈師友關係〉等，皆曾論及二人交往情形，且多可取之意見。但是，對於韓、柳何時訂交？如何建立深厚友誼？是否曾生嫌隙？如何爲文競勝？等問題，仍然留下一些疑點，有待後續之研究。因此，近年又有蔣美華撰《韓柳交誼及其相角作品之研究》，試圖有所突破，可惜論證不足，未能袪疑釋惑，釐清眞相。因此，本文擬就此一論題，重新考察前人研究成果，加以補充、修正，以供參考。文中有關韓、柳事蹟及作品繫年，大抵是以羅師聯添《韓愈研究》、《柳宗元事蹟繫年》二書爲準，爲省篇幅，不復一一註明。至於其他論述，若屬諸家公認之事實，亦不復加註，若有異說，則加附註。以下分爲兩節加以論述：

二、韓、柳交往情形

(一)結識與相交

韓愈伯兄會與柳宗元父鎮爲友❶，大曆九年左右，二人同於長安任職。時愈年僅七歲，宗元兩歲，童稚無知，殆不相識。大曆十至十二年，柳鎮在吳居喪，服滿後，任宣城令。而是時，韓會坐元載黨貶官南遷，建中元年左右卒於韶州。因此，韓、柳少年時期當無法由父兄引介相交。

貞元二年，韓愈由宣城赴京，次年，以故人稚弟拜見北平王馬燧，得託衣食於燧。稍後，柳鎮自江西入朝爲殿中侍御史，奉命總三司審理穆贊受誣一案，不懼宰臣竇參權勢，平反冤獄，直聲震動朝野。這時，韓愈在京，獲知此事，是否也曾以故人稚弟拜見柳鎮？雖無文獻可考，實不無可能。若然，則其與宗元之相識，最早可假定於此時。

貞元五年、七年、八年，韓、柳三度同應進士考試，極有可能相互交往。劉禹錫〈柳君集紀〉云：「子厚始以童子有奇名於貞元初」❷。韓愈〈柳子厚墓誌銘〉亦云：「子厚少精敏，無不通達，逮其父時，雖少年，已自成人，能取進士第，嶄然見頭角」❸。可見宗元未及第前，

---

❶《柳河東集》（台北，河洛圖書出版社影印世綵堂本，以下簡稱《柳集》）卷十二，頁一八八〈先君石表陰先友記〉。

❷《劉賓客文集》（台灣中華書局四部備要《劉禹錫集》以下簡稱《劉集》）卷十九，頁七。

❸《韓昌黎文集校注》（台北，世界書局，馬其昶校注，以下簡稱《韓集》）卷七，頁二九四。

已享有盛名，早爲劉、韓所聞。當時進士結伴干謁之風頗盛，《封氏聞見記》卷三云：

> 玄宗時，士子殷盛，每歲進士到省者，常不減千餘人，在館諸生更相造詣，互結朋黨以相漁奪，號之爲棚，推聲望者爲棚頭，權門貴盛，無不走也。

在這種風氣之下，進士來往頻繁，韓、柳亦可能經由某些共同朋友而相識、相交。例如崔群與韓愈曾共遊梁肅之門，《唐摭言》卷七云：

> 貞元中，李元賓、韓愈、李絳、崔羣同年進士。先是，四君子定交久矣，共遊梁補闕之門。居三歲，肅未之面，而四賢造肅多矣，靡不偕行。

據此推斷，則韓、崔在八年及第以前三年，便已同遊。而崔羣之父積爲柳鎮之友❹，宗元〈送崔羣序〉云：「余於崔君有通家之舊，外黨之睦。」可見，宗元與崔羣亦早相識，彼此「忘言相視，默與道合」❺，非泛泛之交。因此，韓、柳、崔三人在貞元五至八年之間即已共同來往是很可能的。又如劉禹錫於貞元七年至京應試，九年與宗元同登第。《劉公嘉話拾遺》曰：

> 予嘗與柳八、韓十八詣施士丏聽毛詩❻。

---

❹ 同註❶，頁一九三。

❺ 《柳集》卷二十二，頁三七七，〈送崔羣序〉。

❻ 此段引文見於宋魏仲擧編《五百家註昌黎文集施先生墓銘》注，「韓十八」即韓愈。又，《唐語林》卷二，頁五〇（台北，世界書局）引作「韓七」，則爲韓泰。

案施士丏在太學爲官十九年，卒於貞元十八年❼。而禹錫自十四年至十七年在揚州，十八年爲京兆渭南主簿❽。韓愈自十一年離京，至十七年秋冬方返京任四門博士，因此，三人同聽毛詩當在十一年以前，而宗元自九年五月至十一年居父喪，故以七年至九年初爲較可能同聽毛詩之時，則三人相交或許早在貞元七年。至八年，韓愈登第，九年，劉、柳登第，三人交往可能性就更大了。❾

韓愈自十一年離京後，曾於十五年冬奉徐州節度使張建封之命，赴京朝正，是時，宗元爲集賢殿正字，而其妻父楊憑之弟凝，正在京師養病❿。韓與楊凝爲汴州幕府同事，曾有詩篇往還⓫。是時，韓、柳、楊亦可能晤面。⓬

❼《韓集》卷六，頁二〇三，〈施先生墓銘〉。

❽據羅師聯添〈劉夢得年譜〉，（收入《唐代詩文六家年譜，台北，學海出版社）。

❾蔣美華謂韓、柳初識在貞元九年，其據有二，一爲《太平廣記》卷二五六引《劉賓客嘉話錄》云：「唐柳宗元與劉禹錫同年及第，題名於慈恩塔。」一爲《韓昌黎集》遺文〈長安慈恩塔題名〉：「韓愈退之、李翺翔之、孟郊東野、柳宗元子厚、石洪濬川同登。」蔣氏謂「此二則可合併爲一」，乃據以定韓、柳於貞元九年初識，同遊慈恩塔。（說見《韓柳交誼及其相角作品之研究》，頁三十。高雄師範學院國文研究所碩士論文，一九八八年十二月。）然此二則引文之來源各異，劉、柳及第題名，與韓、柳等人題名，未必同時，豈可隨意綰合二事？又，李翺〈祭韓吏部文〉曰：「貞元十二，兄在汴州，我遊自徐，始得兄交。」可見韓、李二人至貞元十二年始相結識，若果曾與柳、孟等人同登慈恩塔，必在十二年以後，蔣氏之說不可從。

❿《柳集》，卷九，頁一三五，〈兵部郎中楊君墓碣〉。

⓫《韓昌黎詩繫年集釋》（台北，學海出版社，錢仲聯集釋，以下簡稱《韓詩》）卷一，頁七一，〈天星送楊凝郎中賀正〉。

⓬羅師聯添定韓、柳初識於是時，推測「楊凝當於是時薦韓愈於柳宗元，促成韓、柳之交往。」（說見增訂再版《韓愈研究》頁一六四，台北，學生書局）其實，前此，韓、柳同在長安應試期間，已有相識之可能。崔羣、劉禹錫與韓、柳之交誼亦比楊凝更爲密切，韓、柳二人似無須待楊凝居中稱薦始得相交。

貞元十六年冬至十七年初，韓愈在京參選，而宗元仍任集賢殿正字，二人可有較多時間來往。至十七年秋，宗元調爲藍田尉，而韓入爲四門博士，二人工作地點不同，來往機會不多，但宗元家在長安，而藍田距京不遠，暇時返京，二人仍有機會往還。

貞元十八年四月，獨孤申叔在京去世，宗元爲作墓碣⑬，記其友人於墓，包括韓泰、李行諶、李行敏、崔廣略、王涯、呂溫、崔羣、劉禹錫、李景儉、嚴休復、韋詞，以及韓愈、宗元等十三人，可見，韓、柳有許多共同的朋友，而申叔與韓、柳交誼尤篤。韓與申叔早在貞元十年就已同居⑭，情誼深厚，故作哀辭悼之⑮。柳於申叔死後十餘年，作文以祭申叔之母，猶云：「某曩與子重，道契義均，知心爲貴，實在斯人。奉養宜繼，特致其勤，竟罹禍謫，適紀漂淪」⑯。可見他與申叔之交極厚。因此，韓、柳在申叔去世前應有共同而密切之交往，申叔去世時，當曾相晤。

貞元十九年正月，楊凝卒，宗元爲作墓碣⑰，韓愈則有詩哭之⑱。二人應曾晤面。是年

⑬《柳集》卷十一，頁一七二，〈校書郎獨孤君墓碣〉。
⑭《韓集》卷二，頁五一，〈畫記〉：「貞元甲戌（十）年，余在京師，……同居有獨孤生申叔者。」
⑮《韓集》卷五，頁一七九，〈獨孤申叔哀辭〉曰：「死者無知，吾爲子慟而已矣……如聞其聲，如見其容，烏乎遠矣，何日而忘？」
⑯《柳集》卷四十一，頁六六六，〈祭獨孤丈母文〉。
⑰同註⑬。
⑱《韓詩》卷二，頁一五二，〈哭楊兵部凝陸歙州詩〉。

春，浮屠文暢將行東南，宗元爲之請序於韓愈。愈作序曰：

浮屠師文暢，喜文章，其周遊天下，凡有行，必請於搢紳先生以求詠歌其志。貞元十九年春，將行東南，柳君宗元爲之請。解其裝，得所得敍詩累百餘篇，非至篤好，其何能致多如是邪？惜其無以聖人之道告之者，而徒舉浮屠之説贈焉。夫文暢，浮屠也，如欲聞浮屠之説，當自就其師而問之，何故謁吾徒而來請也？彼見吾君臣父子之懿，文物事爲之盛，其心有慕焉，拘其法而未能入，故樂聞其説而請之。如吾徒者，宜當告之以二帝三王之道，……，不當又爲浮屠之説而瀆告之也。民之初生，固若禽獸夷狄然。聖人者立，然后知宮居而粒食，親親而尊尊，……。是故道莫大乎仁義，教莫正乎禮樂刑政，……堯以是傳之舜，舜是以傳之禹，禹以是傳之湯，湯以是傳之文、武，文、武以是傳之周公、孔子，書之於冊，中國之人世守之。今浮屠者，孰爲而孰傳之邪？……。今吾與文暢，安居而暇食，優游以生死，與禽獸異者，寧可不知其所自邪？……知而不以告人者，不仁也；告而不以實者，不信也。余既重柳請，又嘉浮屠能喜文辭，於是乎言⑲。

此序名爲送文暢，實是爲宗元而作，故篇首云：「柳君宗元爲之請」，篇末又云：「余既重柳請……於是乎言。」篇中更有將近一半之文字是在指責當時文士以浮屠之説贈浮屠，而不

⑲《韓集》卷四，頁一四七——一四八。

告以儒家聖人之道，至謂「不仁」、「不信」。可見，韓愈此序不僅是以儒家道統向浮屠宣戰，也是對信佛文士的嚴厲批評。柳宗元曾於前一年，作〈送文暢上人登五台遂遊河朔序〉，稱讚文暢「道源生知，善根宿植，深嗜法語，忘甘露之味」，並勉其「統合儒釋，宣滌疑滯」[20]。韓愈讀後，深感不滿，故作此序批評宗元沒有站穩儒家立場，反以文字助長佛教聲勢。而宗元所以會為文暢請序於韓愈，或有調和儒、釋之意，卻遭韓愈義正辭嚴之駁斥，想是始料所未及。

(二)同官與生隙

是年十月，韓、柳與劉禹錫、韓泰同時入朝為監察御史，彼此交往十分密切。禹錫〈祭韓吏部文〉云：

> 昔遇夫子，聰明勇奮，常操利刃，開我混沌。子長在策，予長在論，持矛舉楯，卒莫能困。時惟子厚，竄言其間，……磅薄上下，羲農以還[21]。

可見，韓、柳、劉三人經常一起辯論。這時，劉、柳、韓泰皆為王叔文、韋執誼所結納。韓愈不滿王、韋為人，曾勸告劉、柳。十二月，韓愈上〈論天旱人飢狀〉，旋被貶為連州陽山令。

[20] 《柳集》卷二十五，頁四二二—四二三。
[21] 《劉賓客外集》卷十，頁四。

時同官張署、李方叔亦同時被貶。二十一年正月，順宗即位，王、韋當權，劉、柳等人皆獲超升，而韓愈因大赦離開陽山。八月，順宗禪位於憲宗，改元永貞，韓愈奉命為江陵府法曹參軍，赴任途中有詩寄贈王涯、李建、李程三學士，提及被貶陽山事云：

孤臣昔放逐，血泣追愆尤，……或自疑上疏，上疏豈其由？是年京師旱，田畝少所收，……拜疏移閤門，……上陳人疾苦……天子惻然感，司空歎綢繆，謂言即施設，乃反遷炎州。同官盡才俊，偏善柳與劉，或慮語言洩，傳之落冤讎。二子不宜爾，將疑斷還不。㉒

道經岳陽樓時，又作詩留別竇司直云：

前年出官由，此禍最無妄，……姦猜畏彈射，斥逐恣欺誑。㉓

可見，韓愈對此次貶謫，滿心疑惑。就時間來看，他是在上疏論天旱人飢後被貶，但由天子、司空見到奏疏的反應判斷，不似因此被貶。所以，他懷疑是由於劉、柳洩露他對王、韋不滿之批評，而被王黨所排。雖然他說「二子不宜爾，將疑斷還不」，似又否定自己對劉、柳之懷疑，卻仍將此詩寄給王涯等三人，而此三人與劉、柳相熟，見詩後，可能轉告劉、柳，那

㉒《韓詩》卷三，頁二八八。
㉓《韓詩》卷三，頁三一七。

麼，就等於是向劉、柳間接求證。至於〈岳陽樓別竇司直〉詩，他更親示劉禹錫，並囑其相和。雖然詩中未明言「姦猜畏彈射」指誰，但他請劉和詩，頗似有意觀其反應。這時，劉、柳已被貶南方，途次江陵，與韓愈相會。劉以詩和之云：

故人南臺舊，一別如弦馳。今朝會荊蠻，斗酒相宴喜。爲余出新什，笑抃隨伸紙。曄若觀五色，歡然臻四美。委曲風濤事，分明窮達旨。洪韻發華鐘……㉔

劉禹錫在詩中敘及彼此別後重逢的欣喜，並稱讚韓詩了悟窮達之旨，似對韓愈致貶之事毫無芥蒂。這時，韓愈又作〈永貞行〉以示劉、柳：

君不見太皇諒陰未出令，小人乘時偷國柄。北軍百萬虎與貔，天子自將非他師。一朝奪印付私黨，凜凜朝士何能爲？……夜作詔書朝拜官，超資越序曾無難。公然白日受賄賂，……元臣故老不敢語，……董賢三公誰復惜，侯景九錫行可歎。國家功高德且厚，天位未許庸夫干。嗣皇卓犖信英主，……共流幽州鯀死羽。……數君匪親豈其朋？……荒郡迫野嗟可矜。蠻俗生梗瘴癘烝，……雄虺毒螫墮股肱，……吾嘗同僚情可勝？具書目見非妄徵，嗟爾既往宜爲懲㉕。

㉔《韓詩》卷三，頁三二九，〈岳陽樓別竇司直〉附錄。

㉕《韓詩》卷三，頁三三二—三三三。

韓愈先是指責王、韋欲偷國柄、奪軍權、任意超升官吏、公然受賄、不尊重元臣故老，甚至有意篡位。然後爲劉、柳交友不愼，遭致貶謫而歎惜，並告知蠻荒生活之可怕，勸戒二人記取失敗之教訓。由此詩，便可知韓愈對王、韋黨是何等深惡痛絕，而他對劉、柳如此直言不諱，也反映出他仍在懷疑陽山之貶與劉、柳洩言有關。《順宗實錄》卷五云：

貞元十九年，補闕張正買疏諫他事，得召見。正買與王仲舒、韋成季、……相善，數遊止。……有與之不善者，告叔文、執誼云：「正買疏似諭君朋黨事，宜少誡。」執誼、叔文信之。執誼嘗爲翰林學士，父死罷官，此時雖爲散郎，以恩時時召入問外事，執誼因言成季等朋讌聚遊無度，皆譴斥之，人莫知其由。

韓愈寫實錄時，已是元和九年左右，他追想貞元末年張正買等人被譴斥之事，認是韋執誼所讒。這時，王、韋皆無權，何以能左右人事？是因執誼爲德宗所寵信。但正買等人被斥，究竟是否出於執誼？他說「人莫知其由」，可能也是一種猜測吧！但這種猜測，正足以說明他何以懷疑被貶陽山是由於王、韋黨的排擠。元和元年，韓愈被召回京權知國子博士，又作〈憶昨行和張十一〉云：

伾文未揃崖州熾，雖得赦宥恆愁猜。近者三姦悉破碎，羽窟無底幽黃能。眼中了了見鄉國，知有歸日眉方開㉖。

㉖《韓詩》卷四，頁三七六。

可見，到這時他仍然認爲自己是被王黨斥逐的，所以，必到王叔文、韋執誼、王伾都貶死後，他才有機會回朝。

究竟韓愈陽山之貶是否劉、柳洩言於王、韋造成？始終只是韓愈的猜測。其實，他上疏論旱飢，等於是彈劾京兆尹李實瞞上欺下，不恤民隱，天子若眞有意採納其議，何以李實未受任何懲治？《順宗實錄》卷一謂李實：

> 恃寵強愎，不顧文法。是時，春夏旱，京畿乏食，實一不以介意，方務聚斂徵求，以給進奉。……優人成輔端爲謠嘲之，實聞之，奏輔端誹謗朝政，杖殺之。……陵轢公卿已下，隨喜怒誣奏遷黜，朝廷畏忌之。嘗有詔免畿內逋租，實不行用詔書，徵之如初，勇於殺害，人吏不聊生。

既然優人成輔端因旱飢爲謠嘲之，被杖殺，那麼，韓、李、張三人因上疏論此事而被貶，也是可能的。《舊唐書》卷一五四〈許孟容傳〉載孟容上疏論旱，「以諷諭太切，改太常少卿」，可見，天子對羣臣論旱的反應，是生氣而不是嘉許。以李實在那時的「恃寵強愎」，「隨喜怒誣奏遷黜」來看，他向天子讒毀韓愈等人，幾乎是必然的反應。而韓愈只見上疏當時，天子、司空感歎應許，就以爲不是因此而貶，或許太低估了李實的姦邪。雖然《順宗實錄》中指出貞元末年，執誼爲德宗所寵，王、韋黨已經形成，但他們畢竟還只是明日之星，能否有那麼大的影響力？不無疑問。再以劉、柳與韓的交情來看，絕不可能有意洩言於王、韋，縱使曾在無意之間洩言，亦難斷定陽山之貶是因韋執誼進讒。畢竟，貶謫是在上疏論旱之後發生，而李實權勢正盛，自以李實進讒爲最可能㉗。但無論眞相如何，韓愈卻懷疑是王、韋排擠造成，因而，陽山之貶使他和劉、柳之交情蒙上陰影，也使他對王、韋深惡痛絕。雖然，他後來對劉、柳的憐恤惋惜遠超過責備，但卻始終認定王、韋是小人，而深惜劉、柳誤交姦邪。

(三)闊別與通書

韓、柳在江陵一晤之後，從此闊別有十年之久，這十年，宗元被貶永州，備受煎熬，而韓愈則任職京、洛，雖然仕途不很順利，名氣卻日盛一日。他曾作〈毛穎傳〉，以擬人化之筆法，爲毛筆作傳，構思新奇，詼諧有趣，時人讀後，多大笑以爲怪，而未能了解作者的用心，給予正確評價。元和五年，楊誨之路過永州，持〈毛穎傳〉來，宗元讀後，爲題數百言曰：

自吾居夷，不與中州人通書。有來南者，時言韓愈爲〈毛穎傳〉，不能舉其辭，而獨大笑以爲怪。而吾久不克見。楊子誨之來，始持其書，索而讀之，若捕龍蛇、搏虎豹，急與之角而力不敢暇，信韓子之怪於文也。世之模擬竄竊……而以爲辭者之讀之也，其大笑固宜。且世人笑之也，不以其俳乎？而俳又非聖人之所棄者。《詩》曰：「善戲謔兮，不爲虐兮。」太史公書有〈滑稽列傳〉，皆取乎有益於世者也。故學者終日討說答問，呻吟習復，應對進退，……則罷憊廢亂，故有息焉游焉之說。……韓子之

㉗ 韓愈陽山之貶，《新、舊唐書》謂因上疏論宮市，《資治通鑑》則以爲論旱所致，其後，學者聚訟紛紜，迄無定論。茲據諸家所論，擇善而從，予以申論如前。

爲也，亦將弛焉而不爲虐歟？息焉游焉而有所縱歟？盡六藝之奇味以足其口歟？……且凡古今是非六藝百家，大細穿穴，用而不遺者，毛穎之功也。韓子窮古書，好斯文，嘉穎之能盡其意，故奮而爲之傳，以發其鬱積，而學者得之勵，其有益於世歟？㉘

觀此書可知，宗元謫永後，未嘗與韓愈通信，此時，向楊誨之索讀〈毛穎傳〉後，卻主動爲文贊揚與辯護。他認爲，韓愈〈毛穎傳〉之「怪」、「奇」與「俳」，皆非聖人所棄，而於世人有益。可使終日忙碌之學者，得以鬆弛身心，息焉遊焉，亦可盡六藝之奇味，滿足各人喜好。韓愈「窮古書，好斯文」，是典型的文人，而毛穎不僅對文人有功，甚至可視爲文人的化身。他爲秦始皇奉獻了畢生的心力，立下無數功勞，卻未得到應有之酬賞，反而以老見疏，這種遭遇正是許多不幸文人的寫照，因此，宗元讀後，頗能產生共鳴。他指出，韓愈是藉此「發其鬱積」，可使「學者得之勵」，而他作此後題，就正是受到激勵的一種反應。

韓愈獲讀宗元此文後，想必許爲知音。因此，韓、柳之間又恢復了文字的交往。這年，柳宗元在永州作序送元十八山人南遊，曰：

余觀老子亦孔氏之異流也，不得以相抗，又況楊墨申商刑名縱橫之說，其迭相訾毀牴牾而不合者，可勝言耶？然皆有以佐世。……其後有釋氏，固學者之所怪駭舛逆其尤者也。……今有河南元生者，……悉取向之所以異者，通而同之，……要之與孔子同

㉘《柳集》卷二十一，頁三六六—三六七〈讀韓愈所著毛穎傳後題〉。

道，必有以會其趣㉙。

宗元此序謂釋、老與孔子同道，可以相通。韓愈在洛陽讀後，深感不滿，乃藉友人李礎南歸之便，寄書宗元，加以責備。宗元乃又作〈送僧浩初序〉云：

> 儒者韓退之與余善，嘗病余嗜浮圖言，訾余與浮圖遊。……浮圖誠有不可斥者，往往與《易》、《論語》合，誠樂之，其於性情奭然，不與孔子異道。退之好儒未能過揚子，揚子之書於莊墨申韓皆有取焉。浮圖者，反不及莊墨申韓之怪僻險賊耶？曰：「以其夷也。」果不信道而斥焉以夷，則將友惡來、盜跖而賤季札、由余乎？非所謂去名求實者矣。吾之所取者與《易》、《論語》合。雖聖人復生不可得而斥也。退之所罪者其跡也，曰：「髡而緇，無夫婦父子，不爲耕農蠶桑而活乎人。」若是，雖吾亦不樂也。退之忿其外而遺其中，是知石而不知韞玉也。吾之所以嗜浮圖之言以此。……且凡爲其道者，不愛官，不爭能，樂山水而嗜閑安者爲多，吾病世之逐逐然唯印組爲務以相軋也，則舍是其焉從？吾之好與浮圖遊以此。……李生礎與浩初又善，今之往也，以吾言示之，因北人寓退之視何如也㉚？

宗元此序雖是贈送浩初，其實是對韓愈的指責做一正式答辯。前此，韓愈作〈送浮屠文暢師

㉙《柳集》卷二十五，頁四一九。

㉚《柳集》卷二十五，頁四二五—四二六。

序〉曾經嚴厲批評宗元沒有站穩儒家立場。宗元未予辯駁，現在韓愈再次來書責備，宗元乃就韓愈闢佛觀點一一反駁，並爲自己的信佛做有力的辯護。首先他以「儒者」稱韓愈，是針對韓愈在〈送浮屠文暢師序〉中所表現的純儒家立場而言，然後指出：「浮圖與《易》、《論語》合」，「其於性情奭然，不與孔子異道」，因此做爲一個儒者，不但不必排佛，而且可以取其長處。其次，他指出，所謂佛教是夷狄之教，只是名的問題，並不重要，要緊的是「實」，是佛教本身是否可取。就佛教某些行爲來說，他也同意韓愈對佛徒出家，不婚不娶，不事生產的批評，但他認爲這些只是粗跡，不能因此而抹煞佛教之精義。佛徒淡泊名利，比互相傾軋、爭名奪利之俗人，更值得交往。因此，他堅持對佛教採取兼容之態度，而駁回了韓愈的批評。以後，韓愈不再爲文指斥宗元信佛，想是因爲宗元在此序中表示了堅定的信佛立場，難以動搖，韓愈也就不再費辭相勸了。

此後，韓、柳之間，又爲天人關係而展開辯論。柳宗元〈天說〉云：

> 韓愈謂柳子曰：「若知天之說乎？吾爲子言天之說。今夫人有疾痛倦辱飢寒甚者，因仰而呼天曰：『殘民者昌，佑民者殃。』又仰而呼天曰：『何爲使至此極戾也？』若是者，舉不能知天。夫果蓏、飲食既壞，蟲生之；……元氣陰陽之壞，人由之生。蟲之生，而物益壞，……其有能去之者，有功於物者也；繁而息之者，物之讎也。人之壞元氣陰陽也亦滋甚，墾原田，伐山林……，其爲禍元氣陰陽也，不甚於蟲之所爲乎？吾意有能殘斯人，使日薄歲削，禍元氣陰陽者滋少，是則有功於天地者也；繁而息之

者，天地之讎也。今夫人舉不能知天，故爲是呼且怨也。……子以吾言爲何如？」柳子曰：「子誠有激而爲是耶？則信辯且美矣。吾能終其說。彼上而玄者，世謂之天；下而黃者，世謂之地；渾然而中處者，世謂之元氣；寒而暑者，世謂之陰陽。是雖大，無疑果蓏、癰痔、草木也。假而有能去其攻穴者，是物也，其能有報乎？蕃而息之者，其能有怒乎？天地，大果蓏也。元氣，大癰痔也。陰陽，大草木也，其烏能賞功而罰禍乎？功者自功，禍者自禍。欲望其賞罰者大謬；呼而怨，欲望其哀且仁者，愈大謬矣。子而信子之義，以遊其內，生而死爾，烏置存亡得喪於果蓏癰痔草木耶？㉛

這場辯論是由韓愈先引起的，他對柳宗元說，凡人呼天怨天，都是因爲不了解天人本相讎的關係。人在天地之間蕃息，爲禍於元氣陰陽，就好像蟲對草木果蓏的腐蝕一樣，具有破壞性。因此，草木以蟲爲敵，天地以人爲讎。能除去蟲害，就有功於草木，能殘賊人類，就有功於天地。因此，上天使殘民者昌，佑民者殃，正是依其功過，加以賞罰，受苦之人根本不必呼天怨天。柳宗元認爲韓愈此說乃有激而云，不夠透徹，乃進一步指出，天地、元氣、陰陽與果蓏、癰痔、草木一樣，都是「物」，人對它有功也好，有禍也好，它都不能賞罰，因此，人只要守住自己的原則生活即可，根本不必寄望於無知的天地。

劉禹錫見到韓、柳之說以後，也作三篇〈天論〉加入辯論。他說：

㉛ 《柳集》卷十六，頁二八五—二八六。

吾友河東解人柳子厚，作〈天說〉以折韓退之之言，文信美矣，蓋有激而云，非所以盡天人之際，故余作〈天論〉以極其辯云㉜。

他認爲子厚的〈天說〉也是有激而云，未能透徹說明天人關係，因此，自作〈天論〉三篇，提出「天人交相勝」之說，認爲天、人都是物質存在，各有其能。天之能，人固不能；人之能，天亦有所不能。天之能在生植，人之能在法制。法大行，則是非明，賞罰當，與天無涉，故曰人勝天。法大弛，則是非謬，賞罰誤，人人歸怨於天，故曰天勝人。其實，天人本不相預，何須呼天怨天？

宗元讀後，寄書禹錫，謂此論「爲〈天說〉傳疏耳，無異道焉」㉝。可見，劉、柳乃持同一觀點以駁韓愈天人相讎之說。

根據現存資料，無法確定此次辯論的時間和背景，但由韓、柳皆「有激而云」的心態看來，都像是受到貶抑，有冤難伸，所以對天表示懷疑，而一抒憤懣。韓愈在元和七年，因論柳澗事，黜爲國子博士，鬱鬱不自得，曾作〈進學解〉曰：「跋前躓後，動輒得咎，暫爲御史，遂竄南夷，三年博士，冗不見治，命與仇謀，取敗幾時？」㉞可見他對自己又回國學任此閑職，十分不平。在此種心態下，對宗元提出天與人爲讎之說，是很可能的。而這時，宗

㉜《劉賓客文集》卷五，頁三。又見《柳集・天說》附錄。

㉝《柳集》卷三十一，頁五〇三，〈答劉禹錫天論書〉。

㉞《韓集》卷一，頁二六。

元謫永已八、九年，幾次遇到朝廷恩赦，皆不得量移，內心的失望與痛苦日益加深。故〈天說〉謂天地爲大果蓏，「欲望其賞罰者大謬，欲望其哀且仁者，愈大謬矣。」不僅是對天地的無知感到失望，而且像是對天子的痲木不仁，不能賞罰感到絕望。因此，禹錫謂宗元「有激而云」，而宗元對韓愈的有激之言，所以會產生如此強烈之反響，主要目的並不在駁韓，而在發洩自己的怨憤，是可以由字裡行間感受到的。

此一時期，韓、柳在仕途上都不順利，但是，在文壇上的名氣卻日益響亮。因此，學子們紛來請益。韓愈在北方抗顏而爲師，柳宗元則在南方熱心指導後進，但拒受師名。元和八年，韋中立自京來永，欲拜宗元爲師，宗元答書云：

今之世不聞有師，有輒譁笑之，以爲狂人，獨韓愈奮不顧流俗，犯笑侮，收召後學，作〈師說〉，因抗顏而爲師。世果羣怪聚罵，指目牽引，而增與爲言辭。愈以是得狂名，居長安，炊不暇熟，又挈挈而東，如是者數矣！屈子賦曰：「邑犬羣吠，吠所怪也。」僕往聞庸蜀之南，恆雨少日，日出則犬吠，余以爲過言。前六、七年，僕來南……幸大雪，踰嶺，被南越中數州，數州之犬皆蒼黃吠噬，狂走者累日，至無雪乃已，然後始信前所聞者。今韓愈既自以爲蜀之日，而吾子又欲使吾爲越之雪，不以病乎？然雪與日豈有過哉？顧吠者犬耳。度今天下不吠者幾人？而誰敢衒怪於羣目，以召鬧取怒乎？……假而以僕年先吾子，聞道著書之日不後，誠欲往來言所聞，則僕固願悉陳中所得者。……若定是非以教吾子，僕材不足，而又畏前所陳者，其爲不敢也決矣。

……取其實而去其名，無招越蜀吠怪，……則幸矣[35]！

韓愈在舉世不爲師的情形下，抗顏而爲師，使自己遭到世人的責怪笑罵，並屢次被迫離京，柳宗元是深表同情的。因此，他以蜀日、越雪爲喻，說明自己若像韓愈一樣爲師，必招羣犬吠怪。這不是因爲雪與日有錯；而是因爲羣犬無知，可是天下人卻多像羣犬一樣，所以他堅決不敢爲師，以免招來犬吠。由此便可見出，他雖拒絕爲師，卻以此文深刻諷刺了那些批評韓愈爲師的人，這就等於是對韓愈的支持與鼓勵。因此，在實質上，他仍積極指導後進學文，對師道的提倡盡了一己的心力，只是不居師名而已。稍後，在〈答嚴厚輿秀才論師道書〉中，他說：

言道、講古、窮文辭以爲師，則固吾屬事。僕才能勇敢不如韓退之，故又不爲人師。人之所見有同異，吾子無以韓責我。若曰僕拒千百人，又非也。僕之所拒，拒爲師弟子名，而不敢當其禮者也。若言道、講古、窮文辭，有來問我者，吾豈嘗瞋目閉口耶[36]。

當時學子多盼宗元效法韓愈，收召後學而爲師，宗元自謂才能勇敢不如韓，所見亦有同異，堅拒師名。韓愈曾推薦韋珩向宗元學文，宗元〈答韋珩書〉云：

[35] 《柳集》卷三十四，頁五四一—五四三。

[36] 《柳集》卷三十四，頁五四六。

足下所封示退之書，云欲推避僕以文墨事，且以勵足下。若退之之才，過僕數等，尚不宜推避於僕，非其實可知。固相假借爲之辭耳。退之所敬者，司馬遷、揚雄。遷於退之固相上下，若雄者，如太玄、法言、及四愁賦，退之獨未作耳，決作之，加恢奇，至他文過揚雄遠甚。雄之遺言、措意，頗短局滯澀，不若退之猖狂恣睢，肆意有所作。若然者，使雄來，尚不宜推避，而況僕耶？……足下幸勿信之。……吾子年甚少，知己者如麻，不患不顯，患道不立爾。此僕以自勵，亦以佐退之勵足下[37]。

韓愈對韋珩稱讚宗元文章在己之上，而宗元亦稱讚韓愈之文與司馬遷不相上下，可見，韓、柳對彼此的文章均極欣賞，故能虛心相推。他們同心協力教導後進，因此，在當時學子的心目中都具有崇高的聲望。

元和八年，韓愈自國子博士調爲比部郎中兼史館修撰，有〈答劉秀才論史書〉云：

辱問見愛，教勉以所宜務，敢不拜賜？愚以爲凡史事褒貶大法，春秋已備之矣，後之作者，在據事跡實錄，則善惡自見。然此尚非淺陋偷惰者所能就，況褒貶邪？孔子聖人，作《春秋》，辱於魯衛陳宋齊楚，卒不遇而死；齊太史兄弟幾盡；左丘明紀春秋時事以失明；司馬遷作《史記》，刑誅；……夫爲史者，不有人禍，則有天刑，豈可不畏懼而輕爲之哉？……僕年志已就衰退，……宰相知其無他才能，……苟加一職榮

---

37 《柳集》卷三十四，頁五四八—五四九。

之耳，非必督責迫蹙，令就功役也。賤不敢逆盛指，行且謀引去。且傳聞不同，善惡隨人所見，……於今何所承受取信，而可草草作傳記令傳萬世乎？若無鬼神，豈可不自心慚愧？若有鬼神，將不福人，僕雖騃，亦粗知自愛，實不敢率爾爲也。夫聖唐鉅跡，及賢士大夫事，皆磊磊軒天地，決不沈沒，今館中非無人，將必有作者勤而纂之。後生可畏，安知不在足下？亦宜勉之㊳。

劉秀才以書勉韓愈恪盡史官記錄褒貶之責，而韓愈答書卻大歎史官難爲，舉十數人之不幸遭遇爲例，謂爲史者不有人禍，則有天刑。又謂傳聞不同，記錄史事須極謹愼，否則或將爲鬼神所罰，故己不敢輕率爲史，行將辭職，以待後之作者。

稍後，宗元獲見此書，極爲不滿，乃作〈與韓愈論史官書〉云：

獲書言史事，云具〈與劉秀才書〉，及今乃見書稿，私心甚不喜，與退之往年言史事甚大謬。若書中言，退之不宜一日在館下，安有探宰相意，以爲苟以史榮一韓退之耶？……且退之以爲紀錄者有刑禍，避不肯就，尤非也。史以名爲褒貶，猶且恐懼不敢爲，設使退之爲御史中丞大夫，其褒貶成敗人愈益顯，其宜恐懼尤大也……又言「不有人禍，則有天刑」……亦甚惑。凡居其位，思直其道，道苟直，雖死不可回也；如回之，莫若亟去其位。孔子之困於魯衛陳宋蔡齊楚者，其時暗，諸侯不能行也。其不遇而

㊳《韓外集》上卷，頁三八七—三八九。

死，不以作《春秋》故也。……司馬遷觸天子喜怒，……左丘明以疾盲……，不可以是爲戒。……是退之宜守中道不忘其直，無以他事自恐。……不然，徒信人口語，每每異辭，日以滋久，則所云磊磊軒天地者決必沈沒。……豈當待人督責迫蹙，然後爲官守耶？又凡鬼神事眇茫荒惑無可準，明者所不道，……今學如退之，辭如退之，好議論如退之，慷慨自謂正直行行焉如退之，猶所云若是，則唐之史述，其卒無可託乎？明天子賢宰相得史才如此，而又不果，甚可痛哉！果卒以爲恐懼不敢，則一日可引去，又何以云行且謀也？今人當爲而不爲，又誘館中他人及後生者，此大惑已，不勉己而欲勉人，難矣哉㊴！

宗元針對韓書句句加以批駁，指出古之爲史者所以不幸，皆另有原因，而非因作史招禍，故勸韓愈勿以「人禍」、「天刑」爲懼，更勿以鬼神事爲念。又謂韓愈爲難得之史才，卻不敢擔負修史重任，是令人痛心之事，若眞不敢爲史，就該立刻辭職，不可冒居史館，引誘他人怠忽職守。此信措辭十分嚴厲，充分表露他對韓愈愛深責切之心情，因此，韓愈讀後，未以爲忤，而復來書解釋。宗元乃作〈段太尉逸事狀〉獻上史館，並作書與韓愈云：

前者書進退之力史事，奉答誠中吾病。若疑不得實，未即籍者，諸皆是也。退之平生不以不信見遇。竊自冠好遊邊上，問故老卒吏，得段太尉事最詳。……太尉大節，古

㊴《柳集》卷三十一，頁四九八—五〇〇。

固無有。……非直以一時取笏爲諒也。太史遷死，退之復以史道在職，宜不苟過日時。昔與退之期爲史，志甚壯，今孤囚廢錮……無能爲也，第不能竟其業。若太尉者，宜使勿墜。太史遷言荊軻徵夏無且，……竊自以爲信且著，其逸事有狀[40]。

宗元對韓愈來書的解釋，欣然接受，而憶及往年二人曾共同立志爲史，如今，韓愈得居史館，自己卻久遭廢錮，不免傷懷。但他仍深切期望韓愈能繼司馬遷爲良史，自己則扮演從旁提供史料的角色，因此，他把多年考察段太尉事蹟之心得撰爲逸事與狀，寄交史館，盼韓愈採入正式記錄，使太尉大節得昭於世。但今傳《舊唐書·段秀實傳》未採宗元所述逸事，可見，唐時並未將此文採入正式記錄，直至宋人修《新唐書》，才採入〈段傳〉。

(四)重晤與永訣

元和十年正月，宗元奉詔赴長安，二月，抵京，時愈爲考功郎中知制誥，二人當曾晤面，但爲時極短，三月，宗元即復出爲柳州刺史。此後四年之中，韓愈升中書舍人，貶太子右庶子，又隨裴度出征淮西，任行軍司馬，還朝後，升任刑部侍郎，官顯職重。而宗元在柳州亦全心全力爲民興利除害，無暇他顧。因此，韓、柳二人未見有詩文往還。

元和十四年正月，韓愈因諫佛骨事，貶爲潮州刺史，赴任途中，曾遇元集虛奉桂管觀察使裴行立之命，攜書與藥物相贈。韓愈乃作〈贈別元十八協律詩〉六首，其三云：

---

[40]《柳集》卷十一，頁五〇〇—五〇一〈與史官韓愈致段太尉逸事書〉。

吾友柳子厚，其人藝且賢，吾未識子時，已覽贈子篇……不意流竄路，旬日同食眠。

其四云：

嶷嶷桂林伯，矯矯義勇身，生平所未識，待我逾交親。遺我數幅書，繼以藥物珍。

集虛、行立均與韓愈素不相識，卻因宗元之故，而前來慰問。柳州屬桂管，宗元曾爲行立作〈訾家洲亭記〉，又代作奏表、奏狀多篇，甚爲行立倚重。元集虛與宗元更是舊識，早在十年前，宗元作〈元十八山人南遊序〉，就曾引起韓愈的批評、論戰。因此，韓愈見集虛奉行立之命前來，立即想起宗元，其六云：

寄書龍城守，君驥何時秣……余罪不足惜，子生未宜忽，胡爲不忍別？感謝情至骨。

可見，他對宗元的友誼十分珍惜。

韓愈到潮州以後，宗元曾以〈食蝦蟆詩〉相贈，韓答詩云：

蝦蟆雖水居，水特變形貌……鳴聲相呼和，無理祇取鬧……我棄愁海濱，恆願眠不覺。叵堪朋類多，沸耳作驚爆。……居然當鼎味，豈不辱釣罩？余初不下喉，近亦能稍稍，常懼染蠻夷，失平生好樂，而君復何爲，甘食比豢豹？獵較務同俗，全身斯爲孝，哀哉思慮深，未見許迴櫂。[41]

---

[41] 《韓詩》卷十一，頁一一三八—一一三九，〈答柳柳州食蝦蟆〉。

南方人好食蝦蟆，宗元貶謫南方十餘年，亦隨俗而嗜食此味，乃以詩薦於韓愈。韓愈以蝦蟆形狀醜怪，鳴聲喧鬧而惡之，原本不食，經宗元相薦，亦稍嚐之，卻深懼染上夷俗，而有心抗拒。他希望早日離南北返，而對宗元改從南俗之無奈，深感遺憾與同情。

十月，韓愈改授袁州刺史北移，而十一月，宗元卻病逝於柳州，未能生還北方。次年五月，宗元喪柩北歸，韓愈自袁州遣使致祭，有祭文曰：

> 嗟嗟子厚，而至然邪？……凡物之生，不願爲材，犧尊青黃，乃木之災。子之中棄，天脫馽羈，玉佩瓊琚，大放厥辭。富貴無能，磨滅誰紀？子之自著，表表愈偉。不善爲斲，血指汗顏，巧匠旁觀，縮手袖間。子之文章，而不用世，乃令吾徒，掌帝之制。子之視人，自以無前，一斥不復，羣飛刺天。嗟嗟子厚，今也則亡，臨絕之音，一何琅琅？徧告諸友，以寄厥子，不鄙謂余，亦託以死。凡今之交，觀勢厚薄，余豈可保？能承子託？非我知子，子實命我，猶有鬼神，寧敢遺墮？念子永歸，無復來期，設祭棺前，矢心以辭[42]。

由這篇祭文可以看出，韓愈對宗元的才華、文章極爲欽佩，而爲他一斥不復的遭遇深感不平與惋惜。宗元臨終時，寄書禹錫、韓愈、崔群，託以編集撫孤，韓愈承此重託，深受感動，立誓撫孤，以慰亡友，二人友誼之深篤由此益見。

---

42 《韓集》卷五，頁一八八〈祭柳子厚文〉。

七月，宗元返葬於長安萬年縣，韓愈爲作墓誌銘，評述他心目中的柳宗元，是這樣的：少年時代：「精敏，無不通達」；青年時代：「儁傑廉悍，議論證據今古，出入經史百子，踔厲風發，率常屈其座人」；壯年時代，貶永州：「居閒，益自刻苦，務記覽，爲詞章，汎濫停蓄，爲深博無涯涘，而自肆於山水間。」中年時代，刺柳州：「因其土俗，爲設教禁，州人順賴；其俗以男女質錢，約不時贖，子本相侔，則沒爲奴婢。子厚與設方計，悉令贖歸，……觀察使下其法於他州，比一歲，免而歸者且千人。」在永、柳二州十五年：「衡湘以南，爲進士者，皆以子厚爲師，其經承子厚口講指畫爲文詞者，悉有法度可觀。」至於宗元的爲人，他用一事明其節義：「其召至京師，而復爲刺史也，中山劉夢得禹錫亦在遣中，當詣播州。子厚泣曰：播州非人所居，而夢得親在堂，吾不忍夢得之窮，無辭以白其大人，且萬無母子俱往理，請於朝，將拜疏，以柳易播，雖重得罪死不恨。遇有以夢得事白上者，夢得於是改刺連州。」宗元在自身難保的困境之中，猶能爲朋友而犧牲自己。這種節義，深深感動了韓愈，因此，他說：「嗚呼！士窮乃見節義，今夫平居里巷相慕悅，酒食遊戲相徵逐，詡詡強笑語以相取下，握手出肺肝相示，指天日涕泣，誓生死不相背負，眞若可信，一旦臨小利害，僅如毛髮比，反眼若不相識，落陷阱，不一引手救，反擠之，又下石焉者，皆是也。此宜禽獸夷狄所不忍爲，而其人自視以爲得計，聞子厚之風，亦可以少媿矣！」他痛罵那些落井下石的小人，爲宗元受到的種種打擊抱不平，更感歎宗元被貶後，「無相知有氣力得位者推挽，故卒死於窮裔，材不爲世用，道不行於時也。」對宗元的一生，他的總評是：「使子厚在臺省時自持其身，已能如司馬刺史時，亦自不斥，斥時有人力能舉之，且必復用不窮；

然子厚斥不久，窮不極，雖有出於人，其文學辭章必不能自力以致必傳於後如今，無疑也。雖使子厚得所願，爲將相於一時，以彼易此，孰得孰失，必有能辨之者。」可見，他對宗元早年交友不愼造成貶謫，雖然深覺惋惜，但卻肯定這種斥久窮極的不幸使宗元的文學辭章得以不朽，這種不朽遠比生前位居將相更爲可貴，也就足以慰其不幸了。劉禹錫爲柳宗元編集作序云：「昌黎韓退之誌其墓，且以書來弔，曰：哀哉！若人之不淑，吾嘗評其文雄深雅健，似司馬子長，崔、蔡不足多也。」可見，韓愈對宗元的文學成就是極爲推崇與欣賞的。

宗元歿後，柳民懷之，謂其爲神，顯靈於州之後堂，乃作廟於羅池。穆宗長慶三年，柳州部將謝寧至京，請韓愈作碑、銘述其事，韓愈乃作羅池廟碑，詳記宗元在柳州之惠政，並述顯靈經過。末云：

> 余謂柳侯生能澤其民，死能驚動禍福之，以食其土，可謂靈也已。作〈迎享送神詩〉遺柳民，俾歌以祀焉，而並刻之[43]。

韓愈樂見柳民奉祀宗元，故依所請爲碑、作詩，以資紀念，他對宗元的欽敬、懷念亦由此可見。

綜觀韓、柳畢生之交誼，聚少而離多[44]，思想亦多異，本不利於建立深厚之情誼，而竟

---

[43] 《韓集》卷七，頁二八五。

[44] 羅師聯添《韓愈研究》曰：「韓、柳相交二十年，其間僅四度相聚：即貞元十五年冬暮、十九年冬、二十

成爲生死之交，主要原因有二：

1.彼此才學相當、文學主張相近，文學成就亦相若，在當時文壇上並無第三者可與匹敵，因此，惺惺相惜，互敬互重，共同指導後進，改革文弊。

2.彼此均重道義，具有接受批評的雅量，因此，不論政治立場是否相同，思想觀念是否各異，終能互信互諒，化解嫌隙，眞誠相待。

三、韓、柳相互影響

(一)思想、行為有所修正

韓、柳二人思想觀念多所不同，因此時相辯論。這些辯論可以促使雙方對問題深入探索，因此，在思想、行爲上或多或少會產生一些良性的影響。例如，宗元〈與韓愈論史官書〉勸韓愈勿以所謂「人禍」、「天刑」爲懼，只要秉守中道，不忘其直，善盡紀錄、褒貶之責。韓愈受此勸勉，乃孜孜撰述，完成《順宗實錄》五卷，於元和十年夏，獻上朝廷。〈進順宗皇帝實錄表狀〉云：

一年十一月、元和十年春）。二人情誼之建立，全憑文字來往。」（說見頁一七四）其實，除此四度相聚外，早在貞元四年至十一年間，與貞元十六年冬至十九年冬，韓、柳即有頻繁交往之可能。二人畢生情誼深篤，當即早年在京交往時所奠立，恐非全憑文字來往。

> 去八年十一月，臣在史職，監脩李吉甫授臣以前史官韋處厚所撰《先帝實錄》三卷，云未周悉，令臣重修。臣與……沈傳師……宇文籍等共加探訪，……削去常事，著其繫於政者，比之舊錄，十益六七。忠良姦佞，莫不備書，苟關於時，無所不錄。……臣於吉甫宅取得舊本，自冬及夏，刊正方畢，文字鄙陋，實懼塵玷㊺。

觀此可知，韓愈修《順宗實錄》，極爲用心，不僅記事增多十之六七，而且重新剪裁取捨，擇要以錄，雖然沈傳師、宇文籍等同時參與修史，但是執筆撰述，乃至最後刊正的工作，都由韓愈擔任。這種認眞負責的修史態度大異於〈答劉秀才書〉所云：「行且謀引去」、「今館中非無人，將必有作者勤而纂之」的推諉態度，應是受到宗元激勵所致。尤其可貴的是，韓愈修《順宗實錄》，竟不畏宦官權勢，直書其惡。如卷二載宮市事云：

> 貞元末，以宦者爲使，抑買人物。……率用百錢買人直數千錢物。……將物詣市，至有空手而歸者，名爲宮市，而實奪之。嘗有農夫以驢負柴至城賣，遇宦者，稱宮市取之，才與絹數尺。……仍邀以驢送至內。農夫涕泣，以所得絹付之。不肯受，曰：「須汝驢送柴至內。」農夫曰：「我有父母妻子待此然後食，今以柴與汝，不取直而歸，汝尚不肯，我有死而已。」遂毆宦者，街吏擒以聞，詔黜此宦者，而賜農夫絹十匹。然宮市亦不爲之改易。

㊺《韓集》卷八，頁三四五。

類此記載充分暴露宦者欺壓百姓之惡跡，因此，《順宗實錄》獻上後，翌月即令韓愈修改，以後各朝亦屢詔修改。《舊唐書》卷一五九〈路隨傳〉云：

> 初韓愈撰《順宗實錄》，說禁中事頗切直，內官惡之，往往於上前言其不實，累朝有詔修改。及隨進《憲宗實錄》後，文宗復令改正永貞時事。隨奏曰：「……伏望條示舊紀最錯誤者，宣付史官，委以修定。」詔曰：「其實錄中所書德宗、順宗朝禁中事，宜令史官詳正刊去，其他不要更修。」

由路隨所奏便知，並非《順宗實錄》記事錯誤，而是某些記載為皇帝、宦官所忌，因此，史官不知如何「改正」，只好請求皇帝明示。可見，韓愈《順宗實錄》對於禁中惡跡必多所揭發，而較宮市更甚之惡跡，皆遭刪去，故不見於今本。這種勇於直書的精神，正是不畏「人禍」、「天刑」的表現，亦似與宗元之激勵有關。

另一方面，韓、柳為史事辯論之後，宗元作成〈段太尉逸事狀〉，一則展現自己的史才、史學，再則也藉以提供史料，助愈一盡史職，可見，這番辯論對宗元也有激勵作用。

再如，韓愈闢佛，柳宗元信佛，二人經過幾次激辯，仍然各持己見，但也稍稍接受了對方的看法。宗元〈送僧浩初序〉云：「退之所罪者其跡也，曰髡而緇，無夫婦父子，不為耕農蠶桑而活乎人。若是，雖吾亦不樂也。」這是韓愈闢佛的主要原因，而柳宗元表示支持。至於韓愈貶潮州以後，與僧大顛來往，他的解釋是：

> 有一老僧號大顛，頗聰明，識道理，遠地無可與語者，故自山召至州郭，留十數日。實能外形骸，以理自勝，不為事物侵亂，與之語，雖不盡解，要自胸中無滯礙，以為難得，因與來往，……非崇信其法，求福田利益也㊻。

他稱讚大顛能「外形骸，以理自勝，不為事物侵亂」，並承認自己與大顛交談，能使「胸中無滯礙」，這是對佛徒內心修養的肯定，已與早年闢佛時，「忿其外而遺其中，知石而不知韞玉」的態度有別，可能是受了宗元影響。宗元信佛，也非求福田利益，他說：

> 凡為其道者，不愛官、不爭能，樂山水而嗜閑安者為多。吾病世之逐逐然唯印組為務以相軋也，則舍是其焉從？吾之好與浮圖遊以此㊼。

他欣賞佛徒不逐名利，「閑其性，安其情」的修養，故與來往，而這正是韓愈與大顛交往的原因。可見，韓、柳為佛教而辯論對彼此均有一些影響。

至於韓、柳對天人關係加以辯論後，則未見二人對天人鬼神之觀念有所改變。宗元〈天說〉謂「功者自功，禍者自禍」，以為天無意志，不能賞罰。後來與韓愈論史官，依然反對人禍天刑之說，以為「凡鬼神事眇茫荒惑無可準，明者所不道」。可見，他仍堅持無天無神的觀點。而韓愈則一直相信天地鬼神能賞功罰禍。元和十五年〈與孟簡書云〉：

㊻ 《韓集》卷三，頁一二四〈與孟尚書書〉。

㊼ 《柳集》卷二十五，頁四二五〈送僧浩初序〉。

且彼佛者，果何人哉？……若君子也，必不妄加禍於守道之人；如小人也，其身已死，其鬼不靈。天地神祇昭布森列，非可誣也。又肯令其鬼行胸臆，作威福於其間哉？

他認爲天地神祇昭布森列，不會令佛加禍於君子，可見，他並未接受宗元以天地爲大果蓏之觀點。尤其有趣的是，韓愈爲宗元作〈羅池廟碑〉云：

嘗與其部將魏忠、謝寧、歐陽翼飲酒驛亭，謂曰：「吾棄於時，而寄於此，與若等好也，明年，吾將死，死而爲神，後三年，爲廟祀我。」及期而死，三年孟秋辛卯，侯降於州之後堂，歐陽翼等見而拜之，其夕，夢翼而告曰：「館我於羅池」，其月景辰，廟成大祭，過客李儀醉酒，慢侮堂上，得疾，扶出廟門即死。

韓愈謂宗元預言自己死後爲神，要求部將立廟祭之，又顯靈出現，使慢侮者得疾而死。敘述得活靈活現，神乎其神，而實與宗元平生不信鬼神之思想完全相悖。雖然此事爲謝寧所述，但韓愈如此詳敘靈跡，也算是對亡友幽上一默了。

在政治方面，韓愈對宗元參與王、韋集團不滿，卻極稱讚他在柳州的治績。宗元解放奴婢著有成效，韓愈在潮州、袁州刺史任內，以計傭償值之法放免奴婢，就是取法於宗元。

(二)文學創作時相競勝

在文學方面，韓、柳相互影響最大。前人曾經指出，韓柳爲文，時相競勝，如孫鑛云：

> 古人作文，多欲相角……如韓有〈張中丞傳後敘〉，柳有〈段太尉逸事狀〉；韓有〈進學解〉，柳有〈晉問〉；韓有〈平淮碑〉，柳有〈平淮雅〉；韓有〈送窮文〉，柳有〈乞巧文〉，若相配者。子厚有〈韓公毛穎傳後題〉云：「急與之角而力不敢暇。」然則前數篇，當是有意力角者耶[48]！

案宗元〈讀毛穎傳後題〉謂：「索而讀之，若捕龍蛇，搏虎豹，急與之角而力不敢暇，信韓子之怪於文也。」原是形容自己讀〈毛穎傳〉的感覺，就像是與龍蛇虎豹相搏，怪變百出，力大無窮，使人應接不暇，而非謂己有意爲文與韓爭勝。但若詳細比較韓、柳之文，其中若干篇章確似有相角之意。例如：

1.〈平淮西碑〉與〈平淮夷雅〉

平淮西之役爲舉世矚目之大事，韓愈躬逢其盛，隨軍出征，賊平後，又奉詔撰碑，刻石紀功，他的〈平淮西碑〉自是朝野關注之焦點。韓愈認爲，淮西得平，主因在於憲宗決志平賊，力排衆議，不赦不疑。而丞相裴度奉命宣慰，督戰有方，居功亦偉，因此，碑文以頌美憲宗爲主，並多敘裴度宣慰事，對於李愬雪夜入蔡之奇功，點到即止，未多鋪敘。不料碑文刻成以後，引起軒然大波。《新唐書》卷二一四〈吳元濟傳〉云：

> 愈以元濟之平，由度能固天子意，得不赦，故諸將不敢首鼠，卒禽之，多歸度功。而愬特以入蔡功居第一。愬妻，唐安公主女也，出入禁中，訴愈文不實，帝亦重牾武臣

[48]《韓愈資料彙編》（頁八二二，台北，學海出版社）引蔣之翹注本唐柳河東集卷首敘說。

心，詔斲其文，更命翰林學士段文昌爲之。

晚唐羅隱〈說石烈士〉一文，亦載李愬麾下士卒石孝忠憤而推倒韓碑，殺獄吏，見天子，爲鳴不平。可見，韓愈此碑撰成之後，招致許多責難。憲宗爲安撫武臣，乃下令斲去，命段文昌重撰。這時，柳宗元在柳州，劉禹錫在連州，雖然沒有機會與韓愈一樣奉詔撰碑，亦欲有所撰述，與之媲美。因此，宗元作〈平淮夷雅〉二篇㊾，禹錫則作〈平蔡州詩〉三首。㊿

《劉公嘉話》載：

柳八駁韓十八〈平淮西碑〉云：「左餐右粥，何如我〈平淮西雅〉云：『仰父俯子』？」禹錫曰：「美憲宗俯下之道盡矣！」柳曰：「韓碑兼有冒子，使我爲之，便說用兵討叛矣。」劉禹錫曰：「韓碑，柳雅，予詩云：『城中晨雞喔喔鳴，城頭鼓角聲和平。』美李尚書愬之入蔡城也，須臾之間，賊都不覺。又詩落句言：『始知元和十二載，四海重見昇平時』，所以言十二載者，因以記淮西平之年。段相文昌重爲〈淮西碑〉，碑頭便曰：『韓宏爲統，公武爲將』用《左氏》：『欒書將中軍，欒黶佐之』文勢也，甚善。亦是效班固〈燕然碑〉樣，別是一家之美」㉛

可見，劉、柳二人對己作均極自負。宗元駁〈平淮西碑〉「左餐右粥」一語不若〈平淮夷

㊾《柳集》卷一，頁二—六。
㊿《劉賓客文集》卷二十五，頁二—三。
㉛《唐語林》卷二，頁五二引。

雅〉所謂「仰父俯子」，禹錫亦以爲宗元此語形容憲宗俯下之道盡矣。宗元又評韓碑兼有冒子，這是因爲韓碑首敘唐朝立國以至德、順二宗之治亂形勢，然後才敘入憲宗即位，立志恢復祖先版圖，連連用兵伐叛，一再告捷。至元和九年，蔡人作亂，始敘及平淮西之役。宗元認爲這段「冒子」是多餘的，若由他執筆，便直入本題，敘述對淮西用兵事。

今觀〈平淮夷雅〉二篇，首名〈皇武〉，序曰：「命丞相度董師，集大功也」，次名〈方城〉，序曰：「命愬守也，卒入蔡，得其大醜以平淮右。」可見，宗元有意強調淮西之平，是由於天子命相與命將得宜，相、將協力，故能奏功。這種觀點似乎得自韓碑。韓碑自始至終均愼重敘述天子如何分命將相，如何施恩蔡人；而柳雅亦處處強調「皇命」。但柳雅將裴、李之功績分敘並列，便不致如韓碑一般，招致武臣不滿。而且，韓碑綜述全局，於君、相外，又須兼述諸將，在結構上難以詳敘李愬之功。柳雅分爲兩篇，正可詳韓所略，補其不足。再就碑、雅內容比較，柳雅二篇均自起始即敘入伐蔡之事，不似韓碑之有「冒子」。可見，宗元作二雅時，因有韓碑在先，確是有意捨短取長，另闢蹊徑，以與韓愈爭勝。

2.〈張中丞傳後敘〉與〈南府君睢陽廟碑〉、〈段太尉逸事狀〉

韓愈於元和二年閱李翰所作〈張巡傳〉後，有所不滿，乃執筆作〈張中丞傳後敘〉。先爲許遠辨誣，而後稱讚張、許死守睢陽之功，再寫南霽雲向賀蘭進明乞救事，末載張巡就死之從容與記性奇佳等逸事數則。

柳宗元作〈南府君睢陽廟碑〉是應南霽雲之子承嗣之請託。承嗣於元和元年冬謫永州，四年夏，量移灃州，廖本注謂此碑爲三年作，應可信。霽雲爲張巡部將，同守睢陽，城陷遇害。因此，宗元作此碑，必敘睢陽死守事。何焯《義門讀書記》云：

當時睢陽死守，李翰既爲之傳，南八事首尾，韓氏又書之矣。此碑用南朝文體，蓋相避也。[52]

何焯認爲此碑以駢體爲之，是欲與韓、李之作相避，不無可能，南霽雲個人事蹟不多，運用駢文，易藉典故鋪陳，行文語氣亦較莊重，適合廟碑之體。若以散文爲之，則難於韓、李所敘事蹟外，別增聲色。例如，韓文敘霽雲乞救事云：

南霽雲之乞救於賀蘭也，賀蘭嫉巡、遠之聲威功績出己上，不肯出師救。愛霽雲之勇且壯，不聽其語，彊留之，具食與樂，延霽雲坐。霽雲慷慨語曰：「雲來時睢陽之人不食月餘日矣，雲雖欲獨食，義不忍，雖食，且不下咽。」因拔所佩刀，斷一指，血淋漓，以示賀蘭。一座大驚，皆感激，爲雲泣下。雲知賀蘭終無爲雲出師意，即馳去。將出城，抽矢，射佛寺浮圖，矢著其上甎半箭，曰：「吾歸破賊，必滅賀蘭，此矢所以志也。」[53]

此段敘述聲色壯烈，極爲生動，而爲李傳所未載。宗元改用駢文曰：

---

[52] 引自《柳宗元研究資料彙編》頁三四六，（台北，明倫出版社）。

[53] 《韓集》卷二，頁四四。

諸侯環顧而莫救，國命阻絕而無歸。以有盡之疲人，敵無已之強寇。公乃躍馬潰圍，馳出萬眾，抵賀蘭進明乞師。進明乃張樂侑食，以好聘待之。公曰：「弊邑父子相食，而君辱以燕禮，獨何心歟？」乃自嚙其指曰：「噉此足矣。」遂慟哭而返，即死孤城。首碎秦庭，終懵無衣之賦；身離楚野，徒傷帶劍之辭[54]。

宗元此碑通體使用駢文，而自「公乃躍馬潰圍」至「即死孤城」一段，卻以散文氣體爲之，疑受韓文影響。韓謂賀蘭「具食與樂，延霽雲坐」；柳云：「進門乃張樂侑食，以好聘待之」韓謂「人相食且盡」，「睢陽之人不食月餘日矣」；柳云：「弊邑父子相食」。又，韓文云：「當其圍守時，外無蚍蜉蟻子之援，所欲忠者國與主耳，而賊語以國亡主滅。……擅強兵坐而觀者相環也。」柳則括述爲：「諸侯環顧而莫救，國命阻絕而無歸。」韓謂「以千百就盡之卒，戰百萬日滋之師」；柳則曰：「以有盡之疲人，敵無已之強寇。」凡此皆似由韓文變化而得。

睢陽之事，韓愈先已爲文敘述，極爲出色，柳再敘述同樣事跡，若不能別出新意，即不免相形遜色，故云：

於戲！睢陽之事，不唯以能死爲勇，善守爲功，所以出奇以恥敵，立慬以怒寇，俾其專力於東南，而去備於西北。力專則堅城必陷，備去則天討可行，是故即城陷之辰，爲剋敵之日。世徒知力保於江淮，而不知功靖乎醜虜，論者或未之思歟！

---

[54]《柳集》卷五，頁八七。

這段議論似針對韓文而言，韓論張、許之功曰：

守一城，捍天下，以千百就盡之卒，戰百萬日滋之師，蔽遮江淮，沮遏其勢，天下之不亡，其誰之功也？

即著眼於「能死」、「善守」，並謂其功在於「蔽遮江淮，沮遏其勢」。而宗元以爲，張、許堅守孤城之功，不僅在於力保江淮，更是王師能否靖亂平賊之關鍵。可見，宗元作此碑時，似乎有意在論事觀點上，補韓愈之不足，至於敘事，實難與韓愈爭勝，故即取韓文爲用，變化出之。

元和九年，宗元作〈段太尉逸事狀〉，乃得以在敘事上與韓相競。段秀實在朱泚爲亂時，以笏擊泚，唾面大罵，遇害而死。或謂秀實乃「一時奮不顧死，以取名天下」，而不知「其處心未嘗虧側，其蒞事無一不可紀」。因此，宗元特作此文敘述三事：一、汾陽王郭子儀之子晞寓軍邠州，縱任軍士擾害百姓，邠寧節度使不敢治。秀實本在涇州爲刺史，特往邠州請命爲都虞侯，斷十七人頭，往見郭晞，曉喻一軍，無復暴橫。二、涇州大將焦令諶強取民田，遇旱，猶笞責農人納穀。秀實乃賣馬代償，令諶愧恨而死。三、朱泚嘗以大綾三百匹相贈，秀實不受，置於治事堂梁木之上，封識具存。宗元敘此三事，洋洋有生氣，寫秀實之忠義慷慨、慈祥愷悌、廉潔辭讓，俱在目前，充分展現爲史長才。

前人謂宗元以此文與韓〈張中丞傳後敘〉相角[55]，並未提出證據。但就題材來看，張、

---

[55] 除孫鑛外，錢基博《韓愈志・韓友四子傳》（頁七二，台北，華正書局）、羅師聯添《韓愈研究・韓愈交遊章》（頁一七四）均持此說。

許、南爲安、史亂時之烈士，而秀實則爲朱泚亂時之烈士，秀實不讓張、許等人專美於前，宗元亦不欲〈張中丞傳後敘〉獨美於前，故爲此文表彰秀實之忠義，與韓文先後相輝映。撰成後，寄與韓愈曰：「竊自以爲信且著」，自負之意可見。此文既欲寄交韓愈，必曾仔細斟酌，務求盡善，以免貽笑於方家。因此，秉筆之際，或許不無與韓相媲之心理。在作法上，韓文乃混合議論與敘事爲之，柳文則純屬敘事，而另以狀駁斥時人之誤解。此固二文體裁不同所致，但亦可能是宗元有心避免用同樣作法爲文，故採取了不同的方式來爲賢者辨誣。

3.〈圬者王承福傳〉與〈種樹郭橐駝傳〉、〈梓人傳〉

韓愈〈圬者王承福傳〉云：

> 圬之爲技，賤且勞者也，有業之其色若自得者，聽其言，約而盡，問之，王其姓，承福其名。世爲京兆長安農夫，天寶之亂發人爲兵，持弓矢十三年，有官勳，棄之來歸，喪其土田，手鏝衣食，餘三十年[56]。

案天寶之亂發生於十四載（七五五）冬天，王承福持弓矢十三年來歸，約在代宗大曆二年（七六七）。又餘三十年，則在德宗貞元十三年（七九七）以後，韓愈自貞元十七至十九年在長安任職，遇承福而爲之作傳，當在此時。

韓愈爲此傳，用意不在記人，而在記言。王承福謂，人各有能有不能，應各致其能以相

[56] 《韓集》卷二。

生，「用力者使於人，用心者使人」，己之智不足以任官，故寧捨官勳，操鏝爲生，雖賤且勞，心安無愧。又謂己出入富貴之家有年，多見不能自保者，或謂「食焉怠其事而得天殃」所致。韓愈聞言，以爲：

> 賢於世之患不得之而患失之者，以濟其生之欲，貪邪而亡道以喪其身者，其亦遠矣，又其言有可以警余者，故余爲之傳而自鑒焉。

韓愈作此傳，雖曰「警余」、「自鑒」，而實借以諷勸貪邪無道，尸位素餐者。文中所謂「用力者使於人，用心者使人」，即《孟子・滕文公篇》所云：「勞心者治人，勞力者治於人」。承福出身農家，以圬爲業，未必能知其意與孟子合。韓愈記其言，卻有意發揮孟子之說，故文中用「勞心」、「勞力」、「獨善其身」、「楊朱之道」等語，均出孟子㊼。韓愈以爲，王承福雖爲賤者，而其言卻寓有至高至貴之理，足以警人。相形之下，一般所謂「貴富者」，反見不智與無道。這種借人託諷，寓至貴之理於至賤者之作法，最能強化反諷之效果，發人深省。

因此，柳宗元亦有類似之作。〈種樹郭橐駝傳〉記一個以種樹爲業的奇人——郭橐駝，因爲比同業善於植樹，引起他人詢問。橐駝謂己並無奇術，只是「順木之天，以致其性焉爾」。也就是說，種植之時用心照顧，種好之後，就「勿動勿慮，去不復顧」，以免妨害它的生長。

㊼《孟子・盡心上》：「窮則獨善其身。」又：「楊子取爲我，拔一毛而利天下不爲也。」

他人種樹則不然，往往「愛之太恩，憂之太勤」，甚至「爪其膚以驗其生枯，搖其本以觀其疏密」，反而因此害之。於是，

> 問者曰：「以子之道移之官理可乎？」駝曰：「我知種樹而已，理非吾業也。然吾居鄉，見長人者好煩其令，若甚憐焉，而卒以禍，旦暮吏來而呼曰：『官命促爾耕，勗爾植，督爾穫。』……鳴鼓而聚之，擊木而召之，吾小人輟飧饔以勞吏者且不得暇，又何以蕃吾生而安吾性耶？故病且怠。若是則與吾業者其亦有類乎？」問者嘻曰：「不亦善夫！吾問養樹，得養人術。」傳其事以爲官戒。

當時地方官吏爲了增加賦稅收入，往往派人督責百姓努力生產，百姓疲於接待，無暇耕織，反使民生日瘁。因此，宗元藉郭橐駝之口說出百姓的心聲，希望地方官養民能如養樹，聽其自然，勿煩勿擾，方能使民生繁榮富足。橐駝只是一個種樹的百姓，身分卑賤，作者卻以其言爲官戒，這也是寓至貴之理於至賤者，與韓愈〈圬者王承福傳〉如出一轍。韓藉承福發揮孟子之說，柳則藉橐駝發揮莊子之說。所謂「順木之天以致其性」、「天者全而其性得」，即取莊子所謂「無以人滅天」、「全於天」之意[58]。而傳中謂：

> 郭橐駝，不知始何名，病瘻，隆然伏行，有類橐駝者，故鄉人號之駝，駝聞之曰，甚善，名我固當，因捨其名，亦自謂橐駝云。

---

58 分見於〈秋水〉、〈達生〉。

亦頗似莊子書中支離疏等異人㊾，能泰然接受自己形體異常之事實。

韓、柳這兩篇文章，在命題上頗爲相似，都是先標職業，再言姓名。承福爲長安農夫，「操鏝以入貴富之家有年」；而橐駝居長安西之豐樂鄉，「業種樹，凡長安豪富人爲觀游及賣果者皆爭迎取養」，可見，王、郭二人都是長安富豪所熟知之小人物。韓、柳分記這兩個小人物之言以爲官宦人士戒，頗似有意相角。柳文寫作年代難考。若就內容、作法觀之，似乎韓作在先，柳作在後。韓記承福較近史傳之寫法，先敘身世、經歷，而後記言，未加評論。文中記言，以歎富貴之家爲主，但亦敘及承福以有家爲勞心，不蓄妻子，則歧出於主題之外，而成副題。因此，作者評論亦兼及兩方面，比較不利於讀者全心接受主題之勸戒。柳作似乎有意改進這種缺點，故不再以近史傳之筆法爲之，而較近寓言、小說之作法。先敘橐駝命名由來，令人連想到莊子書中之異人，而後記其與人問答之語，分成兩幅，前幅敘養樹，後幅敘養人，以養樹喻養人，句句鬭合，主題十分明確，而作者始終未置一言。由此似可推測韓作在先，柳作在後，故雖同取「傳」名，而後者改變「傳」體較多。

宗元又作〈梓人傳〉，述己於長安光德里裴封叔之第初遇梓人，聞其自言能指揮衆工築屋。他日，卻見其床闕足不能理，另求他工，乃以爲無能。及後親見梓人如何指揮群工建屋，乃大駭而知其術之工。繼而歎曰：

> 彼將捨其手藝，專其心智，而能知體要者歟？吾聞：「勞心者役人，勞力者役於人。」

㊾《莊子·大宗師》：「支離疏者，頤隱於臍，肩高於頂。」

彼其勞心者歟？能者用而智者謀，彼其智者歟？是足爲佐天子相天下法矣[60]。

以下遂論宰相指使羣官，亦猶梓人，當知體要，使人各稱其職，以治天下，而不宜「親小勞，侵衆官，竊取六職百役之事听听於府廷，而遺其大者遠者焉」。復設問討論主人「發其私智，牽制梓人之慮」時，梓人應辭而去，絕不屈從，始爲良梓人。借喻君主不能信任宰相時，宰相亦當辭職，不可貪祿以屈吾道。文末云：「余謂梓人之道類於相，故書而藏之。梓人蓋古之審曲面勢者，今謂之都料匠云。余所遇者，楊氏，潛其名。」可見，此文旨在討論相道，而非爲所遇之梓人立傳，故題目唯書梓人，而不書楊潛之名。

此文寫作時間亦難確定，但似爲德宗不能信任宰相，甚至躬親庶務而發，故應作於貞元時期。文中謂己於光德里遇楊潛，當是在長安時所作。就命題、內容觀之，與〈圬者王承福傳〉亦有相似之處。韓記承福自謂爲勞力者，不宜勞心；柳文則謂梓人爲勞心者，不宜勞力。二文均自所謂「勞心者役人，勞力者役於人」之觀念加以發揮，而立論重點適相反而相成。韓記圬者之言，旨在促使官場中人自省是否稱職？是否「強心以智而不足，不擇其才之稱否而冒之」？柳記梓人之事，亦在促使爲相者自省是否稱職？是否「不知體要」、「親小勞，侵衆官」？可見，韓、柳均是借此諷彼，或曾相互影響。就內容、作法觀之，柳文寫梓人，句句暗伏相道；寫相道，句句回應梓人，設喻精當，說理明確，雖名爲「傳」，而實爲論說，比之韓文，改變傳體尤多，故疑在後。

[60] 《柳集》卷十七，頁三〇九。

根據以上三例可知，韓、柳爲文確有相角情形，若併前節所述辯論情形以觀，尤可斷言韓、柳爲文具有相互競勝之心理。前述辯論，除佛教之辯由韓向柳發難外，其餘均是韓作先出，而柳加以駁難，本節所舉三例，亦是韓先柳後，可見，韓愈爲文，頗能引起宗元注意，而欲與之爭勝。這種心理，或許正是造成韓、柳集中許多篇章似若相配、相競之因素。錢基博《韓愈志・韓友四子傳》云：

> 宗元集中有有意與韓愈爭能者：韓愈有〈元和聖德詩〉、〈平淮西碑〉，而宗元則爲〈平淮西雅表〉、〈平淮西雅〉及〈貞符〉，皆仿《詩》、《書》。韓愈有〈感二鳥賦〉、〈復志賦〉、〈閔己賦〉、〈別知賦〉，而宗元則爲〈佩韋〉、〈解祟〉、〈懲咎〉、〈閔生〉諸賦，皆仿〈離騷〉。韓愈有〈進學解〉、〈送窮文〉，而宗元則爲〈瓶賦〉、〈牛賦〉、〈乞巧文〉、〈罵尸蟲文〉，皆學揚雄。韓愈有〈爭臣論〉、〈鄆州谿堂詩序〉，而宗元則爲〈館驛使壁記〉、〈嶺南節度使饗軍堂記〉、〈邠寧進奏院記〉、〈興州江運記〉、〈賀進士王參元失火書〉，皆脫胎《左傳》、《國語》。韓愈有〈答崔立之書〉、〈與崔羣書〉，而宗元則爲〈許京兆孟容書〉、與〈楊京兆憑書〉、〈與蕭翰林俛書〉，皆脫胎太史公〈報任少卿書〉。韓愈有〈伯夷頌〉，而宗元則爲〈伊尹五就桀贊〉，皆以自喩。韓愈有〈五箴〉，而宗元則爲〈戒懼箴〉、〈憂箴〉，皆以自箴。韓愈有〈雜說〉、〈獲麟解〉，而宗元則爲〈羆說〉、〈蝜蝂傳〉、〈臨江之麋〉、〈黔之驢〉、〈永某氏之鼠〉、〈鞭賈〉，比物連類，抑揚諷諭，皆以諸子之議論，而託詩人之比興；韓愈有

〈圬者王承福傳〉，而宗元則爲〈捕蛇者說〉、〈種樹郭槖駝傳〉、〈梓人傳〉，借題抒慨，抑揚諷諭，又以諸子之議論，而爲史傳之傳記；同爲諸子之支與流裔也。他如韓愈有〈師說〉，宗元則有〈答韋中立論師道書〉；韓愈有〈張中丞傳後序〉，宗元則有〈段太尉逸事狀〉；韓愈有〈驅鱷魚文〉，宗元則有〈宥蝮蛇文〉；韓愈有〈後十九日復上宰相書〉，〈應科目時與人書〉，宗元則有〈上門下李夷簡相公書〉；辭意即異，蹊徑儘似，若有意，若無意。

錢氏舉例甚寬，所謂「有意」、「無意」亦往往難以確定，但由這些篇章之中，多可發現某些相似之點，因此，錢氏遂據以推論柳與韓爭勝。若就所舉諸例，觀察作品先後，中有二例，是韓在柳後：一爲〈鄆州谿堂詩序〉，作於長慶二年，柳已卒；二爲〈驅鱷魚文〉，作於元和十四年，而宗元〈宥蝮蛇文〉乃元和九年以前在永州作，故知錢氏所謂柳與韓爭能之例，不盡可信。至於宗元其他篇章，是否刻意與韓某篇文章爭勝？由於缺乏確證，若是強加論證，或不免流於附會，故不論。

大體而言，韓愈早歲即已致力於樹立文名，因此，在貞元時期已有不少傑出作品傳誦一時，並已提出重要之文學理論，指導後進爲古文。宗元早歲文名雖盛，卻不以爲意，而致力於政治改革，故貞元以前重要作品不多，至貶永州之後，方才致力於創作，因此，他比較注意韓愈的作品，試圖與韓爭勝。後人論中唐時期古文運動，多稱韓愈首倡而宗元和之[61]，亦

[61] 例如《新唐書·文藝傳》：「大曆貞元間，美才輩出，擩嚌道眞，涵泳聖涯，於是韓愈倡之，柳宗元、李

可由此得證。

四、結　論

綜合以上所論，要點有四：

1.韓、柳二人有世交關係，早在貞元四年，即有相互結識之可能。其後數年同於長安應進士試，並先後及第，釋褐入仕，均有甚多機緣共同往還於朋友之間，交誼非淺。前人論韓、柳初識之年，或定於貞元九年，或定於貞元十五年，恐非其實。

2.貞元十九年冬，韓、柳、劉同時入朝爲監察御史，彼此交往十分密切。至十二月，韓愈上〈論天旱人飢狀〉，旋被貶爲陽山令，自疑爲劉、柳洩言於王、韋所致，故生嫌隙。然就史書考察，韓愈被貶，恐係出於李實之排擯。

3.貞元二十一年八月，順宗退位，王、韋黨敗，柳宗元南遷，而韓愈北移，曾於江陵一晤。從此闊別有十年之久，僅賴文字往還。元和十年，宗元奉詔赴長安，旋又出貶柳州，自此未再與韓晤面，但仍有詩篇來往。至元和十四年冬，宗元病逝，曾寄書託孤於韓。韓爲作祭文與墓誌銘，深致惋惜與同情，並極力推崇柳之才華、文章。可見，韓、柳畢生雖是聚少離多，思想各異，政治立場亦不相同，而曾生嫌隙，但因彼此才學相當，文學

翱、皇甫湜和之。」姚鉉《唐文粹》卷首亦曰：「韓吏部超卓羣流，獨高遂古……首倡古文……於是柳子厚、李元賓……又從而和之。」

主張相近，文學成就亦相若，故能惺惺相惜，互敬互重，共同指導後進，改革文弊。加以彼此均重道義，具有接受批評之雅量，故終得以化解嫌隙，眞誠相待。

4. 韓、柳曾就修史、闢佛之事再三辯論，因而互有影響，但對天人關係互辯後，仍然各持己見。至於政治方面，韓愈取法宗元放免奴婢。文學方面，則是彼此觀摩，互相競勝。前人曾就韓、柳文集列舉似若相角之篇名，而未予推論。本文擇取數例，詳加比較，證明韓、柳爲文確有競勝心理，且多是韓作先出，柳作在後，可見韓文對柳影響之大。在中唐古文運動中，韓愈確居首倡地位。

（本文原載《國立編譯館館刊》廿三卷一期，一九九四年六月）

韓、柳對儒、釋、道的取捨

一、前 言

自從佛教傳入中國以後，儒、道、佛三教的消長，便對中國文化、學術與政治、經濟的發展，造成了重大的衝擊。以唐代而言，佛、道二教極爲盛行，因此，天子公卿往往施財立寺、贈田廟觀，庶民百姓則多剃度出家，不事生產。於是，寺觀愈富有，僧、尼、道士日多，納稅人民日少，稅收乃益不足。因此，當時有部分士大夫反佛、反道，時或上疏請求減少寺觀、沙汰僧道，或令僧道就役輸課。如傅奕〈請廢佛法表〉❶，辛替否〈陳時政疏〉❷，姚崇〈諫造寺度僧奏〉❸，李嶠〈諫建白馬大象疏〉❹，彭偃〈刪汰僧道議〉❺等皆是。但是，

❶《全唐文》卷一三三，頁一六九二，台北，大通書局，一九七九。
❷《全唐文》卷二七二，頁三四九一。
❸《全唐文》卷二〇六，頁二六三二。
❹《全唐文》卷二四七，頁三一六〇。
❺《全唐文》卷四四五，頁五七四七。

這些建議大多未獲採行，即或略予刪減，亦旋增多如故。因此，到韓、柳之時，佛、道過盛仍是嚴重的社會問題。

反觀儒學在唐代的發展，主要是藉科舉鼓勵士子讀經。但是，當時策試經書，主要在於帖經、帖注，學子讀經便以記誦爲主，未必通達義理。尤其在高宗永徽四年頒布《五經正義》以後，經說統一，記誦更爲方便，士人尤少用心思索，經學研究反而停頓下來。而且由於明經考試以帖經爲主，枯燥乏味，士子多半喜攻進士。武后崇獎詞科以後，進士尤爲朝野所崇，才智之士均醉心於詩文，不重經術，也不重修身，士風普遍浮薄，功名所在，趨之若鶩，反是，則乏人問津。官學以經學爲主，修業長達九年，士人多不喜就讀，也不願拜師以究經說，因此，經學益加衰微。

這種種情形，頗令有志之士憂慮。因此，早在武后時，便有王元感作《尚書糾繆》、《春秋振滯》、《禮記繩愆》來反對《五經正義》❻。中宗之世，劉知幾作《史通》，大膽批駁經史，亦與當時墨守經注之風氣相抗。至代宗大曆以後，又有部分學者脫離《五經正義》之束縛，自行解經。如啖助、趙匡、陸質以《春秋》，施士丐以《詩》，仲子陵、袁彝、韋彤、韋茝以《禮》，蔡廣成以《易》，強蒙以《論語》，著名於時❼，皆能擺脫舊注，自標新義，引起士子學習經書之興趣。

❻《舊唐書・王元感傳》卷一八九，頁四九六三，台北，鼎文書局，一九七六。

❼《新唐書・啖助傳》卷二〇〇，頁五七〇七，台北，鼎文書局，一九七六。案丐，《新唐書》作匄，同丐，今依《韓集・施先生墓銘》作丐。

其中啖、趙、陸三人專研《春秋》，能兼通三傳，而不墨守三傳，不僅打破以往對三傳注之盲從，且大膽推翻三傳之權威，逕用己意解經。他們鄙棄章句注疏之學，而重義例之研究。同時，特別發揮尊王之義，以針砭時弊。此種切合時世之研究，引起部分有志之士共鳴，因此，德宗貞元年間出現一個研究《春秋》的小團體，包括呂溫、劉禹錫、韓泰、韓曄、淩準、柳宗元等人，皆以陸質爲師，以其所纂《春秋集注》、《辨疑》、《微旨》三書爲討論基礎，因爲注重通經致用之學，其後多爲王叔文、韋執誼網羅，成爲政治革新的中堅分子。

這種輕章句，重義理，甚至力求經世的新經學，所以會在大曆以後逐漸形成風氣，一方面是由於中唐時代的衰亂，引起學者對時事的關心，想要藉著儒學救世，另一方面也是由於舊有的經學自漢迄唐累積了千年的傳注義疏，過於繁瑣，令人生厭，因此，學子紛紛拋棄舊注，以己意解經，而改變了原有的學風。以呂溫爲例，他說：

> 儒風不振久矣。……師資道喪八百年矣。自鳳鳥不至，……火發暴秦，先王之道，幾隕於地，賴漢氏勃焉而拯之。……當時大教中興，去聖未遠，學士非師說，不敢輒言……。夫學者豈徒受章句而已？蓋必求所以化人，日日新，又日新，以至乎終身。夫教者，豈徒博文字而已？蓋必本之以忠孝，申之以禮義，……故兩漢多名臣，諫諍之風同乎三代。……魏晉之後，其風大壞，學者皆以不師爲天縱，獨學爲生知，譯疏翻音，執疑護失，率乃私意，攻乎異端，以諷誦章句爲精，以穿鑿文字爲奧，至於聖賢之微旨，教化之大本，……則蕩然莫知所措矣。其先進者，亦以教授爲鄙，公卿大夫

恥爲人師，至使鄉校之老人呼以先生，則勃然動色。痛乎！風俗之移人也如是，是以今之君子，事君者不諫諍，與人交者無切磋，蓋由其身不受師保之教誨，……則我先師之道，其隕於深泉。……小子狂簡，實有微志，……所與者不唯鴻碩之老，……與我同志者，則爲吾師，……其所貴乎道者六，其《詩》、《書》、《禮》、《樂》、《大易》、《春秋》歟？人皆知之，鄙尚或異。所曰《禮》者，非酌獻酬酢之數，……必可以經乾坤，……措天下者，某願學焉。所曰《樂》者，非綴兆屈伸之度，……必可以厚風俗，……茂萬物者，某願學焉。所曰《易》者，非揲蓍演數之妙，……必可以正性命，……貞夫一者，某願學焉。所曰《書》者，非古今文字之舛，……必可以辯帝王，……，建皇極者，某願學焉。所曰《詩》者，非山川風土之狀，……必可以警暴虐，……盡忠孝者，某願學焉。所曰《春秋》者，非戰爭攻伐之事，……必可以尊天子，……繩賊亂者，某願學焉。此外非聖人所論，不與於君臣父子之際，雖欲博聞，不敢學矣。❽

他指出，兩漢時代的經學注重師說，學者不只從師以受章句，而且從師以學做人，故能造就許多名臣。魏晉以後，儒風不振，師道大壞，學者只知譯疏翻音，穿鑿文字，而不明聖人之旨，不受師保教誨，故雖知六經，而不能爲政。因此，他要拜有道之士爲師，以學習六經，不再拘泥於名物訓詁，而要通其大義，用以修身治世。這種治學態度顯然是要反魏晉而復兩

---

❽《全唐文・呂溫與族兄臯請學春秋書》卷二六七、頁八〇四四。

漢，甚至超越兩漢，因爲兩漢經生重視章句訓詁，而他卻只重大義，只求致用。因此，他不以注經爲業，而把經學用於政事、文學、人生之中。

由這種態度，我們便可了解，中唐時代的儒學復興，不僅是要拋棄舊注，爲經書做新解，而且要衝破注疏之學的藩籬，把儒學用在人生之中，去影響政治，影響教育，影響社會，影響文學。韓、柳二人也受到中唐新學風的影響，輕章句，重大義，他們要把儒學融入文學之中，並且用儒學來修身、治國，因此，無論儒學、文學都富有明道、致用的精神。

前此，傅、姚反佛激烈而熱衷於奉道，辛替否等人則主張節制僧道，而仍信奉二教，均未站在儒家立場，徹底反對佛、道。韓愈卻在中唐新學風的影響下極力尊儒，站在儒家立場，不斷以言論、文章、行動，堅排佛老。他認爲，唯有昌明儒學，方能抵排佛老，也唯有力排佛老，方能昌明儒學。但是，與他同時代的柳宗元，卻認爲，儒學固當推尊，佛、道亦或有可取，當以儒學爲主，統合佛、道之長，而黜棄其短，不必完全排斥。因此，韓、柳二人可以說是分別代表了魏晉以後三教互斥、融合的兩種態度。但是，在互斥之中不免融合，在融合之時也不免有所揚棄，因此，他們對儒、釋、道的取捨，乃呈現出同中有異，異中有同的現象。這些異、同，反映了各人思想的特色，也反映了時代的影響，值得一探究竟。

二、韓、柳同尊儒學而取捨有別

韓、柳同尊儒學，是因爲他們對於中唐時代的衰亂均有高度的關心。韓愈認爲，佛、道盛行，儒學不振，是使綱紀紊亂，民窮國亂的主因，因此，他要力排佛老，重振儒學。柳宗元亦以爲，當前政治、經濟的種種積弊，不是聽天由命，相信鬼神所能解決，唯有提倡儒家積極入世，因時制宜的「中道」，方可振衰起弊。因此，他們對於儒學一致表現推尊的態度，對於孔子也表示了最高的敬意。

韓愈曾自言：「口不絕吟於六藝之文，……觝排異端，攘斥佛老，補苴罅漏，張皇幽渺，尋墜緒之茫茫，獨旁搜而遠紹，障百川而東之，迴狂瀾於既倒，先生之於儒，可謂有勞矣。」❾；可見，他對儒學用功甚深。早年他曾往太學聽施士丐講經。作刑部侍郎以後，猶願虛心向殷侑請教公羊學，他說：

> 愈於進士中，粗爲知讀經書者，前者蒙示新注《公羊春秋》，又聞口授指略，私心喜幸，……願盡傳其學。……況近世公羊學幾絕，何氏注外不見他書，聖經賢傳屏而不省，要妙之義無自而尋，非先生好之，樂之，味於衆人之所不味，務張而明之，其孰能勤勤綣綣若此之至？❿

可見，他對治經有成的學士眞儒十分敬重，對於衆所忽略的《公羊春秋》，也願虛心請學。

---

❾《韓集・進學解》卷一，頁二六。馬其昶：《韓昌黎文集校注》，台北，河洛圖書出版社《韓昌黎集》，一九七五。

❿《韓集・答殷侍御書》卷三，頁一二二。

他曾稱讚施士丏講經曰：「古聖人言，其旨密微，箋注紛羅，顚倒是非，聞先生講論，如客得歸。」⓫；可見，他對當時擺脫舊注，以己意解經的新學風頗爲贊許。他曾自注《論語》，由現存與李翺合著之《筆解》看來，頗多新解，甚至臆說。他對皇甫湜說：「《爾雅》注蟲魚，定非磊落人。」⓬可見，他雖爲《論語》作注，卻不屑於從事名物訓詁，對舊時繁瑣的經注之學是加以反對的。又說：「少小尙奇偉，平生足悲吒，猶嫌子夏儒，肯學樊遲稼？」⓭可見；他不願像子夏一樣做個傳經之儒，而要從事治國平大下的奇偉大業，因此，他的《論語注》終究未能完成。⓮

柳宗元也重視《六經》、《論》、《孟》。他曾拜陸質爲師，深研《春秋》，以期通經致用。陸質死後，爲作〈墓表〉曰：

孔子作《春秋》千五百年，以名爲傳者五家，今用其三焉。秉觚牘，焦思慮，以爲論註疏說者百千人矣。攻訐很怒，以辭氣相擊排冒沒者，其爲書，處則充棟宇，出則汗牛馬，……後之學者，窮老盡氣，……莫得而本。則專其所學以訾其所異，黨枯竹，

⓫《韓集・施先生墓銘》卷六，頁二〇四。

⓬《韓詩集・讀皇甫湜公安園池詩書其後》卷二，頁一〇八一。錢仲聯：《韓昌黎詩繫年集釋》，上海古籍出版社，一九八四。

⓭《韓詩集・縣齋有懷》卷二，頁二二九。

⓮《張司業集・祭退之》：「魯論未訖注，手跡今微茫。」文淵閣《四庫全書》，集部二九，卷一，頁一四，台北，商務印書館，一九八六

護朽骨，以至於父子傷夷，君臣詆悖者，前世多有之。甚矣！聖人之難知也。有吳郡人陸先生質，與其師友天水啖助，洎趙匡，能知聖人之旨，故《春秋》之言及是而光明，使庸人小童，皆可積學以入聖人之道，傳聖人之教，是其德豈不侈大矣哉！⑮

可見，他也受中唐新學風的影響，鄙棄章句注疏之學，而重視大義。他說：

馬融、鄭玄者，二子獨章句師耳。今世固不少章句師，僕幸非其人。……言道、講古、窮文辭以爲師，則固吾屬事。⑯

又說：

得位而以詩、禮、春秋之道施於事，及於物，思不負孔子之筆舌，能如是，然後可以爲儒，儒可以說讀爲哉？⑰

可見，他之所以學爲儒者，是要用以施於事，及於物，即或不能得位，亦寧可言道、講古、窮文辭，而不願做個章句之師。他和韓愈一樣，要把儒學融入文學之中，並以儒學修身、治

---

⑮《柳集・陸文通先生墓表》卷九，頁二〇八。吳文治校：《柳宗元集》，台北，漢京文化事業有限公司，一九八二

⑯《柳集・答嚴厚輿秀才論爲師道書》卷三十四，頁八七八。

⑰《柳集・送徐從事北遊序》卷二十五，頁六六〇。

世，因此，他們所取於儒學者，乃是聖人之道與文辭之妙，而絕不以章句自限。在儒學的廣大範圍中，韓愈最重《論語》，並且特尊孟子。他曾說：

吾常以爲孔子之道大而能博，門弟子不能遍觀而盡識也，故學焉而皆得其性之所近。其後離散，……又各以所能授弟子，原遠而末益分。蓋子夏之學，其後有田子方，子方之後，流而爲莊周，……荀卿之書，語聖人必曰孔子、子弓。……子弓受易於商瞿。孟軻師子思，子思之學，蓋出曾子。自孔子沒，群弟子莫不有書，獨孟軻氏之傳得其宗，故吾少而樂觀焉。……故學者必愼其所道，道於楊、墨、老、莊、佛之學，而欲之聖人之道，猶航斷港絕潢，以望至於海也。⓲

他認爲，孔子之道大而能博，門弟子各得一端，分授後人，於是漸行漸遠，產生各種學說。莊周、荀卿、孟軻之說皆是孔學之流衍，而唯孟子獨得孔子眞傳，因此，求觀聖人之道，必自孟子始。孟子之學出於子思，子思出於曾子。相傳子思作〈中庸〉，曾子作〈大學〉，因此，韓愈對於〈大學〉、〈中庸〉亦頗留心。⓳至於荀卿之說，雖亦出於孔子之徒，「與孔子異者鮮矣」；然而，「考其辭，時若不粹」，因此，他要「削荀氏之不合者，附于聖人之籍」。至於楊、墨、老、莊、佛之學，既已遠離聖人之道，因此，無法藉之以入聖道。

⓲《韓集·送王秀才序》卷四、頁一五三。
⓳《韓集·原道》卷一，頁九—一〇；卷二〈省試顏子不貳過論〉頁七二—七三。

漢儒之中，韓愈最敬揚雄，他說：

晚得揚雄書，益尊信孟氏，因雄書而孟氏益尊，則雄者，亦聖人之徒歟？……火于秦，黃老于漢，其存而醇者，孟軻氏而止耳，揚雄氏而止耳。

可見，他之所以推崇揚雄，是因爲揚雄尊孟。但是，他認爲，只有孟子才是「醇乎醇者也」，荀與揚，均是「大醇而小疵」。因此，儒者爲學，當法「孔子刪《詩》《書》，筆削《春秋》，合於道者著之，離於道者黜去之」[20]的態度，去疵而存醇。

本著這種態度，他對儒家以外的學說，亦能有所吸收。因此，他雖讚揚孟子闢楊、墨，卻又說：

儒譏墨以上同、兼愛、上賢、明鬼，而孔子畏大人，居是邦，不非其大夫，《春秋》譏專臣，不上同哉？孔子泛愛親仁，以博施濟衆爲聖，不兼愛哉？孔子賢賢，以四科進褒弟子，疾歿世而名不稱，不上賢哉？孔子祭如在，譏祭如不祭者曰：「我祭則受福。」不明鬼哉？儒墨同是堯舜，同非桀紂，同修身正心以治天下國家，奚不相悅如是哉？余以爲辯生於末學，各務售其師之說，非二師之道本然也。孔子必用墨子，墨子必用孔子，不相用，不足爲孔、墨。[21]

---

[20] 以上七處引文俱出《韓集・讀荀》卷一，頁二〇—二一。

[21] 《韓集・讀墨子》卷一，頁二二—二三。

他認爲，墨子上同、兼愛、上賢、明鬼之說並未違背孔子之道，儒、墨兩家又皆推崇堯、舜，主張修身、正心以治天下國家，因此，儒、墨兩家實可相互爲用，而不必相譏相非。他曾指出，取道於楊、墨，必無法達於聖人之道，這是因爲儒、墨兩家畢竟有別，要尊儒，就不可由墨而入。但是，儒者既明孔子之道，而後再讀《墨子》，就不致爲邪說所惑，而可見其異中之同，有以貫通。〈讀鶡冠子〉曰：

其詞雜黃老刑名，其〈博選〉篇，四稽五至之說當矣，使其人遇時，援其道而施於國家，功德豈少哉？[22]

可見，他也不反對自黃老刑名雜說之中，採取治國之道。又作〈進士策問〉曰：

所貴乎道者，不以其便於己乎？當周之衰，管夷吾以其君霸，九合諸侯，一匡天下，……天下諸侯奔走其政令之不暇，而誰與爲敵？此豈非便於人而得於己乎？秦用商君之法，人以富，國以彊，……使天下爲秦者，商君也，而後代之稱道者，咸羞言管、商氏，何哉？庸非求其名而不責其實歟？[23]

管仲、商鞅實行法治，富國強兵，而後代儒者，卻或羞言管、商。韓愈認爲，管、商之政

---

[22] 《韓集》卷一，頁二一—二二。
[23] 《韓集》卷二，頁六〇。

「便於人而得於己」，有合於道，可見，他對法家治國之道，亦有所肯定。

由於他對儒家以外的學說，時或本著致用的精神加以淬取，因此，後人或謂其非醇儒。但這種融合異說而富有致用精神的儒學，實是當時儒者普遍具有的治學傾向。比較起來，韓愈對儒家以外的學說多斥而少取，實已異於其他學者之兼容博採，而更具有獨尊儒學的特色。

柳宗元對儒學的取捨與韓愈有別。韓愈最重《論語》，柳宗元卻最重《春秋》。他曾說：「《春秋》之道，如日月不可贊也。」㉔又讚友人元饒州「通《春秋》，取聖人大中之道以爲理。」㉕可見，他之所以拜陸質爲師，與友人共論《春秋》，是要取以爲政。陸質爲啖助門人，啖助謂《春秋》之作，乃欲「救時之弊，革禮之薄」，「以權輔正，以誠斷禮」，「以忠道原情爲本」，「從宜救亂，因時黜陟」。陸質論《春秋》，亦多以「變而得中」爲言。可見，宗元參與王、韋集團，推行政治革新，重視大中之道，正是受了啖、陸《春秋》學的影響。陸質謂三傳中《穀梁》斷義最精，宗元屢讚《穀梁》峻潔，也是受了他的影響。㉖

除《春秋》外，宗元又重視《易經》。他曾爲書與劉禹錫論《易》，批評禹錫治《易》不詳參舊注，而爲淺人謬說所誤㉗。可見，他對《易經》頗爲熟稔。《易經》言變，以「時

㉔《柳集・與元饒州論春秋書》卷三十一，頁八二〇。
㉕《柳集・答元饒州論政理書》卷三十二，頁八三三。
㉖詳見拙作〈柳宗元的思想背景〉，《書目季刊》一五卷一期，頁一八—二六，一九八一.六。
㉗《柳集・與劉禹錫論易九六書》卷三十一，頁八一三—八一六。

中」爲貴，宗元喜言「大中」之道，而「大中」一詞即出於《易·大有卦·彖辭》。㉘

《論語》一書是記載「孔子應答弟子時人，及弟子相與言而接聞於夫子之語也。」㉙因此，出現在《論語》書中的孔子，具有至聖先師的形象。他教導弟子「克己復禮」，「修己以安百姓」，對於德行、政事均有所論。但，既以修己爲先，故尤重德行修養。韓愈重視《論語》，正是要學孔子，做個行己有道，博施濟衆的仁人君子，進而垂教當世與後世，因此，他以儒家道統自任，抗顏而爲師。韓文引用《論語》頗多，如：

孔子曰：「道之以政，齊之以刑，則民免而無恥。」不如以德禮爲先，而輔以政刑也。夫欲用德禮，未有不由學校師弟子者。㉚

君子之於人，無不欲其入於善，寧有不可告而告之？孰有可進而不進也？言辭之不酬，禮貌之不答，雖孔子不得行於互鄉，宜乎余之不爲也。㉛

孔子曰：「三人行，則必有我師。」是故弟子不必不如師，師不必賢於弟子。㉜

可見，他所側重的，正是孔子做爲教育家的形象。

㉘ 詳見拙作〈柳宗元的中道思想〉，《書目季刊》一五卷二期，頁六五，一九八一·九。

㉙ 《漢書·藝文志》卷三十，頁一七一七，台北，鼎文書局，一九七五。

㉚ 《韓集·潮州請置鄉校牒》文外集上卷，頁四〇二。

㉛ 《韓集·重答翊書》卷三，頁一〇〇。

㉜ 《韓集·師說》卷一，頁二五。

柳宗元曾謂：「《論語》、孟軻書皆經言」[33]，可見，他對《論》、《孟》也相當重視，但，他作〈論語辯〉曰：

堯曰：「咨，爾舜！天之曆數在爾躬，……」舜亦以命禹。曰：「余小子履，敢用玄牡，敢昭告于皇天后土，……」或問之曰：「《論語》書記問對之辭云爾，今卒篇之首，章然有是，何也？」柳先生曰：「《論語》之大，莫大乎是也，是乃孔子常常諷道之辭云爾。彼孔子者，覆生人之器者也，上之堯、舜之不遭，而禪不及己；下之無湯之勢，而已不得為天吏，生人無以澤其德，日視聞其勞死怨呼，而己之德涸然無所依而施，故於常常諷道云爾而止也。此聖人之大志也，無容問對於其間……故於其為書也，卒篇之首嚴而立之。」[34]

他認為，孔子有德無位，既不能遭逢堯舜，受禪為君；又不能有湯之勢，弔民伐罪，因此，常常諷誦〈堯曰〉篇首之言，以寓其志。可見，他所了解的孔子，並不以教授生徒，與弟子問對為已足，而實寓有得位行道，以覆生人的大志，堪為聖王。這就與韓愈對孔子的看法有別，而實與他自《春秋》所認知的孔子一致。

《春秋》是孔子根據魯史加以筆削而成，「是非二百四十二年之中，以為天下儀表，貶

[33] 《柳集·報袁君陳秀才避師名書》卷三十四，頁八八〇。

[34] 《柳集·論語辯下篇》卷四，頁一一一—一一二。

天子，退諸侯，討大夫，以達王事」㉟，故孟子曰：「春秋，天子之事也」㊱，漢儒亦謂孔子「因魯史記，設素王之法」㊲。可見，由《春秋》所反映的孔子，是個「撥亂世，反諸正」㊳，堪爲聖王的政治家。柳宗元既有志撥亂反正，做個通權達變，興利除弊的政治家，故特重《春秋》。他所關切的是如何施展政治抱負，以濟生人，因此，他對孟子的重視，也不及韓愈。孟子好言仁義，重視心性修養，對於爲政治國，則僅大略言之，不免疏闊。因此，宗元曾評孟子「好道而無情，未若孔子之急民」㊴，又謂：「仁義忠信，先儒名以爲天爵，未之盡也」㊵。可見，他不像韓愈那樣極尊孟子，而且對孟子的思想也有所批判。

韓愈尊孟過於尊荀，宗元謂「《論語》、孟軻書皆經言」，而未將荀子視爲經書，似亦比較尊孟，然而，他教人爲文曰：「參之《孟》、《荀》以暢其支」㊶，可見，他對荀子也很重視。若就其思想路線以觀，尤可見出荀子對他影響頗深。例如：他主張天無意志、不能

㉟《史記・太史公自序》引董生語，卷一三〇，頁三二九七，台北，鼎文書局，一九七五。

㊱《孟子・滕文公下》，頁一一七，《十三經注疏》，台北，藝文印書館，一九六五・

㊲趙岐注，同上。

㊳《公羊傳・哀公十四年》：「撥亂世，反諸正，莫近諸春秋。」頁三五八，《十三經注疏》，台北，藝文印書館，一九六五

㊴《柳集・吏商》卷二十，頁五六四。

㊵《柳集・天爵論》卷三，頁七九。

㊶《柳集・答韋中立論師道書》卷三十四，頁八七三。

賞罰，功者自功，禍者自禍㊷，與荀子〈天論〉的主張一致。他指出：「當也者，大中之道也。」㊸也與荀子〈不苟〉所謂：「君子行不貴苟難，說不貴苟察，名不貴苟傳，唯當之爲貴。故懷負石而且赴河，……君子不貴者，非禮、義之中也」相通㊹。此外，荀子主張明分以防亂，並且肯定刑、政之用，宗元〈守道論〉亦有類似主張。可見，他雖未特別尊荀，而實多取荀子思想。

至於韓愈推尊揚雄，宗元也不以爲然。他曾著〈貞符〉，指責漢儒董仲舒、司馬相如、劉向、揚雄、班彪、班固等人喜言符命，可見，他對漢代流行的天人感應之說與讖緯之學，是加以反對的。

大體而言，韓愈對於傳統儒學，多加接受，而少有批判。他尊天命，信鬼神，重仁義，談心性，就思想型態以觀，是承繼了孟子一路。而柳宗元對傳統儒學則富於懷疑精神。他只接受所謂合乎中道的思想，對於不合中道者，即大力予以批判。例如，《國語》一書向爲儒者所重，他卻作《非國語》六十七篇駁其謬說。《禮記・月令》之說爲漢儒所重，他也作〈時令論〉加以駁斥。至於〈六逆論〉、〈守道論〉，則批評《左傳》之言。可見，他對傳統儒學富有批判精神，而其中，駁斥最力的，則是天命、鬼神之說。因此，他的思想較

㊷《柳集・天說》卷十六，頁四四三。

㊸《柳集・斷刑論》卷三，頁九一。

㊹王先謙：《荀子集解》卷二，頁三七—三八，北京中華書局，一九八八。

近荀子一路，而與韓愈之繼孟有別。

韓愈對儒家以外的學說，多斥而少取，柳宗元則採兼容並包的態度，多所吸收。例如〈辯列子〉曰：

雖不概孔子道，然其虛泊寥闊，居亂世，遠於利，禍不得逮乎身，而其心不窮。《易》之遁世無悶者，其近是歟？余故取焉。其文辭類《莊子》，而尤質厚，少為作，好文者可廢耶？㊺

〈辯文子〉曰：

其辭時有若可取，其指意皆本老子，然考其書，蓋駁書也，……然觀其往往有可立者，又頗為發其意藏於家。㊻

可見，他對諸子雜家時有所取。〈送元十八山人南遊序〉云：

太史公嘗言：「世之學孔氏者，則黜老子；學老子者，則黜孔氏，道不同不相為謀。」余觀老子，亦孔氏之異流也，不得以相抗，又況楊、墨、申、商、刑名、縱橫之說，其迭相訾毀抵捂而不合者，可勝言耶？然皆有以佐世。其後有釋氏，固學者之所怪駭

㊺《柳集》卷四，頁一〇七—一〇八。
㊻《柳集》卷四，頁一〇九。

舛逆其尤者也，今有河南元生者，……悉取向之所以異者，通而同之。搜擇融液，與道大適，咸伸其所長，而黜其奇衺。要之，與孔子同道，皆有以會其趣。47

司馬遷謂孔、老之道不同，宗元卻以為，老子為孔子之異流，儒、道兩家無須相黜。至於楊、墨、申、商、刑名、縱橫之說，乃至後來的釋氏，亦皆有以佐世。因此，他盛讚元生為學恢博，能以孔子之道會通諸家，伸其所長，黜其奇邪，而這也正是他自己的治學態度。他說：

退之好儒未能過揚子，揚子之書於莊、墨、申、韓皆有取焉。浮圖者，反不及莊、墨、申、韓之怪僻險賊耶？48

他認為，好儒不必排佛，對莊墨申韓之說也無須盡棄，只要以孔子之道加以會通，去其「怪僻險賊」，而取其所長，就可用以佐世。因此，他不像韓愈那樣多斥異端，獨尊儒學，而欲以儒學統合各家思想。

三、韓愈嚴斥佛、老而略取莊子

韓愈一生堅排佛、老，是為了尊儒。他認為，中國的社會奠基於儒家的道統，如果任由

47 《柳集》卷二十五，頁六六二—六六三。

48 《柳集·送僧浩初序》卷二十五，頁六七三。

佛、老二教肆行於時，必使儒統中斷，造成中國的亂亡。因此，早在貞元十四年，他就對張籍說：

> 世俗陵靡，不及古昔，蓋聖人之道廢弛之所爲也。……宣尼沒後，楊朱、墨翟恢詭異說，干惑人聽，孟子作書而正之，聖人復存於世。秦氏滅學，漢重以黃老之術教人，使人寖惑。揚雄作《法言》而辯之，聖人之道猶明。及漢衰末，西域浮屠之法入於中國，中國之人世世譯而廣之，黃老之術相沿而熾，天下之言善者，唯二者而已矣。昔者，聖人以天下生生之道曠，乃物其金、木、水、火、土、穀、藥之用以厚之，因人資善，乃明乎仁義之德以教之，俾人有常，故治生相存而不殊。今天下資於生者，咸備聖人之器用，至於人情，則溺乎異學，而不由乎聖人之道，使君臣、父子、夫婦、朋友之義沉於世，而邦家繼亂，固仁人之所痛也。㊾

古代聖人用金、木、水、火、土、穀、藥改善了人類的生活，並且教以仁義，建立倫常，人類社會才能一直延續發展。但是，自從佛教傳入，道教興盛以後，人情溺於佛、老，而不由聖道，遂使倫常汨沒，邦家繼亂。因此，要救亂正俗，就必須排斥佛、老，一如孟子闢楊、墨，揚雄作《法言》一樣，使聖人之道復明於世。

㊾ 此段引文見於《全唐文》卷六八四，頁八八八一，張籍〈上韓昌黎書〉。書云：「頃承論於執事，嘗以爲世俗陵靡，不及古昔，……執事聰明，文章與孟軻揚雄相若，盍爲一書以興存聖人之道？」可見這是韓愈對張籍所言。

但是，當張籍勸他著書排佛，興存聖道時，他卻說：

今夫二氏之所宗而事之者，下乃公卿輔相，吾豈敢昌言排之哉？擇其可語者誨之，猶時與吾悖，其聲曉曉，若遂成其書，則見而怒之者必多矣，……今夫二氏行乎中土也，蓋六百年有餘矣。其植根固，其流波漫，非所以朝令而夕禁也。……吾其可易而爲之哉？其爲也易，則其傳也不遠，余所以不敢也。……五、六十爲之未失也。㊿

可見，在此之前，他只是私下與人辯論佛、老之非，而不敢昌言排之。佛、老盛行已達六百年，絕非一朝一夕可以禁絕。若是輕易爲書，不但無法奏功，且有觸怒衆人，得罪天子、公卿的危險。因此，他打算五六十歲再著書傳道。但是，經過張籍一再的勸勉，使他更加積極排佛，不但以言論人，而且一再爲文論說。貞元十九年，他應柳宗元之請，爲浮屠文暢作序，卻嚴厲批評宗元等人不以儒家二帝三王之道告浮屠，而「徒舉浮屠之說贈焉」。他說：

民之初生固若禽獸夷狄然，聖人者立，然后知宮居而粒食，親親而尊尊，生者養而死者藏。是故道莫大乎仁義，教莫正乎禮樂刑政，施之於天下，萬物得其宜，措之於其躬，體安而氣平。堯以是傳之舜，舜以是傳之禹，禹以是傳之湯，湯以是傳之文武，文武以是傳之周公、孔子，書之於冊，中國之人世守之。今浮居者，孰爲而孰傳之邪？

㊿《韓集・重答張籍書》卷二，頁七八—七九。

……今吾與文暢，安居而暇食，優游以生死，與禽獸異者，寧可不知其所其自邪？❺❶

中國之所以能夠脫離如同禽獸夷狄的原始階段，而懂得宮居粒食，親親尊尊，是因爲接受了聖人的教誨，以仁義禮樂刑政，建立了和諧安樂的社會。因此，身爲中國人就應把堯、舜、禹、湯、文、武、周公、孔子所傳的道統，代代傳續下去。若是忘記此一傳統，而去接受夷狄所傳之佛教，就與禽獸無異。這樣的指責，顯然較前更加嚴厲。前此，他說：

自文王沒，武王、周公、成、康相與守之，禮樂皆在，及乎夫子未久也；自夫子而及乎孟子，未久也；自孟子而及乎揚雄，亦未久也；然猶其勤若此，其困若此，而後能有所立。……天不欲使茲人有知乎？則吾之命不可期，如使茲人有知乎？非我其誰哉？其行道，其爲書，其化今，其傳後，必有在矣！吾子其何遽戚戚於吾所爲哉？……已之道，乃夫子、孟軻、揚雄所傳之道也。❺❷

已具有道統觀念的雛型，而且視己爲孔、孟、揚雄之傳人，立志傳道。此時，則更明確提出儒家聖聖相傳的道統，來與佛教對抗，並且將佛教比爲禽獸夷狄，大張旗鼓地加以聲討。

稍後，在貞元二十一年，他就寫成了〈原道〉，詳細指陳儒家道統之可尊與佛、老二教之大害，他說：

❺❶ 《韓集・送浮屠文暢師序》卷四，頁一四八。
❺❷ 同註❺⓿。

> 博愛之謂仁，行而宜之之謂義，由是而之焉之謂道，足乎己，無待於外之謂德。仁與義，爲定名；道與德，爲虛位。故道有君子小人，而德有凶有吉。老子之小仁義，非毀之也，其見者小也。……彼以煦煦爲仁，孑孑爲義，其小之也則宜。……凡吾所謂道德云者，合仁與義言之也，天下之公言也；老子之所謂道德云者，去仁與義言之也，一人之私言也。周道衰，孔子沒，火于秦，黃老于漢，佛于晉、魏、梁、隋之間。其言道德仁義者，不入于楊，則入于墨；不入于老，則入于佛。……入者主之，出者奴之；……。噫！後之人其欲聞仁義道德之說，孰從而聽之？老者曰：「孔子，吾師之弟子也。」佛者曰：「孔子，吾師之弟子也。」爲孔子者，習聞其說，樂其誕而自小也，亦曰：「吾師亦嘗師之云爾。」……甚矣！人之好怪也，不求其端，不訊其末，惟怪之欲聞。[53]

當時，朝野流行三教融合之說，認爲佛、老之教與儒家之道可以融會貫通，並行不悖。甚至傳說孔子是老子、釋迦的弟子，使儒家淪爲奴屬，而相率入於佛、老之教，奉以爲主。因此，韓愈首先強調，儒家之道與佛、老之道根本不同。儒家所謂的道德是以仁義爲內涵，老子卻是空言道德、棄絕仁義的。老子不了解儒家以博愛爲仁，行而宜之爲義，卻視煦煦爲仁，孑子爲義，所以反對仁義。楊朱、墨翟以及後來傳入的佛教，也都不了解儒家的大仁大義，因此，他們的主張愈是盛行，就愈足以誤導大衆背離仁義。儒教與佛、老二教難以相容，原因正在於此。

---

53 《韓集・原道》卷一，頁七—八。

其次，他指出佛、老盛行之害曰：

古之爲民者四，今之爲民者六；古之教者處其一，今之教者處其三；農之家一，而食粟之家六；工之家一，而用器之家六；賈之家一，而資焉之家六；奈之何民不窮且盜也？54

就最現實的經濟問題來說，佛、老盛行以後，士、農、工、商四民之外，就多了僧尼、道士，成爲六民。這些僧、道不耕、不織、不工、不賈，卻坐享他人的勞動成果，致使人民負擔格外加重，生活益形窮困，盜賊也就增多了。

再就倫常綱紀來說：

古之時，人之害多矣，有聖人者立，然後教之以相生養之道，爲之君，爲之師，驅其蟲蛇禽獸而處之中土。寒，然后爲之衣；飢，然后爲之食；……害至，而爲之備；患生，而爲之防。今其言曰：「聖人不死，大盜不止。剖斗折衡，而民不爭。」嗚呼！其亦不思而已矣。如古之無聖人，人之類滅久矣。…是故君者，出令者也；臣者，行君之令而致之民者也；民者，出粟米麻絲，作器皿，通貨財，以事其上者也。……今其法曰：必棄而君臣，去而父子，禁而相生養之道，以求其所謂清淨寂滅者。嗚呼！其亦幸而出於三代之後，不見黜於禹、湯、文、武、周公、孔子也，其亦不幸而不出

54 同上，頁八。

於三代之前，不見正於禹、湯、文、武、周公、孔子也。帝之與王，其號名殊，其所以爲聖一也；夏葛而冬裘，渴飲而飢食，其事殊，其所以爲智一也。今其言曰：「曷不爲太古之無事？」是亦責冬之裘者曰：「曷不爲葛之之易也？」55

人類的生存、社會的秩序，以及文化的發展，都奠基於聖人的教誨，而老子卻說：「聖人不死，大盜不止」，這種錯誤的觀念，會使人背棄聖教，破壞綱紀與倫常，造成君主統治的困難。而佛教追求所謂清淨寂滅，以出家爲尙，更是破壞了君臣、父子的倫常關係，他們不婚不娶，不事生產，不向君主納稅，不必參加勞役，完全違背了聖人所教誨的相生養之道，也將導致人類社會的危亡。人類社會是不斷進步，向前發展的，老子批評儒家聖王之有爲，而要求復歸太古之無事，就好像要求冬天穿裘衣者，改穿葛衣，完全違背了時代的需要，而徒增社會的困擾。

再就心性修養來說，這是佛教吸引許多士大夫投入的主因，韓愈卻舉出〈大學〉之說加以駁斥曰：

傳曰：「古之欲明明德於天下者，先治其國；欲治其國者，先齊其家；欲齊其家者，先修其身；欲修其身者，先正其心；欲正其心者，先誠其意。」然則古之所謂正心而誠意者，將以有爲也。今也欲治其心，而外天下國家，滅其天常，子焉而不父其父，

55 同上，頁八—九。

臣焉而不君其君，民焉而不事其事。[56]

佛徒講究心性修養，是要拋棄世間一切的負擔和煩惱，尋求心靈的解脫，因此，他們自外於天下、國家，全然不顧爲子、爲臣和爲民的責任。儒家〈大學〉也講心性修養，但是，儒者正心誠意，重視修身，是爲了齊家、治國、平天下，這種積極有爲的入世精神，是佛徒所最欠缺的。

另外，由民族文化的觀點來說：

孔子之作《春秋》也，諸侯用夷禮，則夷之；進於中國，則中國之。經曰：「夷狄之有君，不如諸夏之亡。」《詩》曰：「戎狄是膺，荊舒是懲。」今也舉夷狄之法，而加之先王之教之上，幾何其不胥而爲夷也？[57]

身爲中國人，應當依據春秋之義，使夷狄接受中國的禮教和文化，不當反去信奉夷狄之佛法，而淪爲夷狄。

因此，他鄭重指出中國人所應遵守的先王之教是：

博愛之謂仁，行而宜之之謂義，由是而之焉之謂道，足乎己，無待於外之謂德。其文

---

[56] 同上，頁九—一〇。
[57] 同上，頁一〇。

詩書易春秋，其法禮樂刑政，其民士農工賈，其位君臣父子師友賓主昆弟夫婦，其服麻絲，其居宮室，其食粟米果蔬魚肉，其爲道易明，而其爲教易行也。是故以之爲己，則順而祥；以之爲人，則愛而公；以之爲心，則和而平；以之爲天下國家，無所處而不當。[58]

這樣的生活方式，易明而又易行，小自個人身心，大至天下國家，都能安樂祥和，無所不當。故曰：

斯吾所謂道也，非向所謂老與佛之道也。堯以是傳之舜，舜以是傳之禹，禹以是傳之湯，湯以是傳之文武周公，文武周公傳之孔子，孔子傳之孟軻，軻之死，不得其傳焉。荀與揚也，擇焉而不精，語焉而不詳。[59]

這是堯、舜、禹、湯、文、武、周公、孔、孟所傳之道，而絕非老、佛之道所能企及。孟子之後，雖有荀子、揚雄，卻是大醇小疵，有欠精詳，因此不得上承列聖之傳統。至於當今，佛、老盛行，又該如何維繫此一道統？他說：

由周公而上，上而爲君，故其事行；由周公而下，下而爲臣，故其說長，然則如之何

[58] 同上，頁一〇。
[59] 同上，頁一〇。

而可也？曰，不塞，不流；不止，不行。人其人，火其書，廬其居，明先王之道以道之，鰥寡孤獨廢疾者有養也，其亦庶乎其可也。60

堯、舜、禹、湯、文、武身爲君主，所以能行此道，使天下安和。周公以下，身爲臣子，亦盡力傳揚此道，因此，至今尚可得聞其說。若是任由佛、老肆行而不加禁止，則必使儒道無法施行。因此，他主張下令僧、道還俗，焚毀佛經、道書，改變寺觀爲宅第，以先王之道教導他們，讓鰥寡孤獨廢疾者皆得其養，這樣才能使社會重歸祥和。

在此之前，北魏武帝滅佛，曾下令：「諸有佛圖形象及胡經，盡皆擊破焚燒，沙門無少長悉坑之。」61佛寺塔廟亦多被毀，手段殘酷而激烈。至北周武帝禁佛，則改用較爲溫和的措施，雖仍焚毀經、像，但不殺僧尼，而令之還俗；不毀寺廟，而賜與王公爲第宅。韓愈主張「人其人，火其書，廬其居」，正是希望唐朝天子採用北周武帝的方法禁止佛、道。但是，他更進一步注意如何使這些還俗的僧尼、道士，能夠安居樂業，各得其養，接受先王的教化，可見，他不只是消極地闢佛老，更要積極地推行儒家仁義之道來替代佛老。〈原道〉由經濟政治、倫常綱紀、民族文化的觀點來闢佛、老，大致不出前人所論。但他以道統說闢佛老，卻是首創，而有重大意義。在此之前，孟子曾說：

---

60 同上，頁一〇—一一。

61 《魏書·釋老志》卷一一四，頁三〇三五，台北，鼎文書局，一九七五。

由堯、舜至於湯，五百有餘歲，若禹、皐陶則見而知之，若湯則聞而知之；由湯至於文王，五百有餘歲，若伊尹、萊朱則見而知之，若文王則聞而知之；由文王至於孔子，五百有餘歲，若太公望、散宜生則見而知之，若孔子則聞而知之。由孔子而來，至於今，百有餘歲，去聖人之世若此其未遠也，近聖人之居若此其甚也，然而無有乎爾，則亦無有乎爾。62

又說：

五百年必有王者興，其間必有名世者。由周而來，七百有餘歲矣；以其數則過矣，以其時考之則可矣。夫天未欲平治天下也；如欲平治天下，當今之世，舍我其誰也？63

孟子歷述先聖代興以平治天下，深歎孔子之後無人繼起，而自信其傳在己，故謂「當今之世，舍我其誰也？」韓愈〈重答張籍書〉謂「己之道乃夫子、孟軻、揚雄所傳之道也」，並謂「非我其誰哉？」可見，他以道統自任，深受孟子影響。孟子以孔子傳人自居，以闢楊、墨；韓愈則以孟子傳人自居，而排佛、老。〈原道〉述道統傳承，至孟軻而止，不再以揚雄繼承孟子，殆因揚雄雜有道家思想。可見，此時，韓愈不僅嚴斥佛教，也力排道教。

前此，排斥道教者，以佛徒爲主，而罕見以儒家立場嚴斥道教之言論。其斥道教者，亦

62 《孟子・盡心下》，頁二六四。
63 《孟子・公孫丑下》，頁八五。

多攻擊神仙小道、張陵之徒，而猶尊老、莊，韓愈對於莊子的文辭、思想亦有所取，如〈爲人求薦書〉云：「及至匠石過之而不睨」❻❹，〈應科目時與人書〉云：「天池」、「有力者」❻❺，分別採取莊子〈人間世〉、〈消遙遊〉、〈大宗師〉之用語。又如〈答楊子書〉云：

東野砳砳說足下不離口，……故不待相見，相信已熟，……・今辱書乃云云，是所謂以黃金注，重外而內惑也。❻❻

〈送區冊序〉云：

陽山，天下之窮處也。……莊周云：「逃空虛者，聞人足音跫然而喜矣。」況如斯人者，豈易得哉？❻❼

則分別取用莊子〈達生〉、〈徐鬼〉之辭、意。至若〈答渝州李使君書〉云：

莊子云：「知其無可奈何而安之若命者，聖也。」……良務寬大。❻❽

---

❻❹《韓集・爲人求薦書》卷三，頁一一九。
❻❺《韓集》卷三，頁一二〇。
❻❻《韓集》卷二，頁八五。
❻❼《韓集》卷四，頁一五六。
❻❽《韓集》卷三，頁一二八。

乃取用莊子〈德充符〉語意安慰友人。〈送高閑上人序〉云：

苟可以寓其巧智，使機應於心，不挫於氣，則神完而守固，雖外物至，不膠於心。……庖丁治牛，……僚之於丸，……樂之終身不厭，奚暇外慕？⑲

則綜合莊子〈養生主〉、〈達生〉、〈徐鬼〉諸篇思想，來說明藝術創作時心神專一入化的情形。他如〈祭柳子厚文〉曰：

人之生世，如夢一覺，其間利害，竟亦何校？當其夢時，有樂有悲，及其既覺，豈足追惟？凡物之生、不願爲材，犧尊青黃，乃木之災。⑳

則取莊子〈齊物論〉、〈天地篇〉思想慨歎友人不幸早逝。而〈庫部郎中鄭君墓誌銘〉云：

與之遊者，自少及老，未嘗見其言色有若憂歎者，豈列禦寇、莊周等所謂近於道者耶？㉑

則對友人近於列、莊之修養表示欣賞。凡此均可見出韓愈對於莊子並不排斥。在〈送王秀才序〉中，他曾指出：「子夏之學，其後有田子方；子方之後，流而爲莊周。」因此，他雖謂：

⑲《韓集》卷四，頁一五七—一五八。
⑳《韓集》卷五，頁一八八。
㉑《韓集》卷七，頁二九九。

「道於楊、墨、老、莊、佛之學，而欲之聖人之道，猶航斷港絕潢以望至於海也。」卻對孔學流衍分出之莊子，另眼相看，並未予以力斥。

但是，對於神仙小道與老子思想，他卻排斥甚力，例如〈與馮宿論文書〉云：

其時桓譚亦以爲雄書勝老子；老子未足道也，子雲豈止與老子爭彊而已乎？⑫

這是因爲排斥老子思想，而一併輕視其文。又如〈進士策問〉曰：

食粟、衣帛、服行仁義，以死者，二帝三王之所守，聖人未之有改焉者也。今之說者，有神仙不死之道，不食粟、不衣帛、薄仁義，以爲不足爲，是誠何道邪？⑬

〈故太學博士李君墓誌〉曰：

余不知服食說自何世起，殺人不可計，而世慕尚之益至，此其惑也。……今直取目見親與之游，而以藥敗者六、七公，以爲世誡，……蘄不死，乃速得死，謂之智，可不可也？五穀三牲，鹽醯果蔬，人所常御。人相厚勉，必曰強食，今惑者皆曰：五穀令人夭，不能無食，當務減節。……一筵之饌，禁忌十常不食二、三。不信常道，而務鬼怪，臨死乃悔。後之好者，又曰：彼死者皆不得其道也，我則不然。始病曰：「藥動故病。

⑫《韓集》卷三，頁一一五。
⑬《韓集》卷二，頁六二。

病去、藥行，乃不死矣。」及且死，又悔。嗚呼！可哀也已！可哀也已！74可見，他對神仙小道，服食以求不死之術，甚爲反對75。而且，還一再駁斥老子之「小仁義」，而獨尊儒術。這在以老子爲先祖，以道教爲國教的唐朝來說，是極爲大膽之言論。〈原道〉謂人類社會由原始而文明，是由於「有聖人者立」，可見，後人所當尊奉的是聖人，而不是主張「聖人不死，大盜不止」的老子。因此，韓愈所提出的道統說，並不只是爲了排除夷狄所傳的佛教，也是爲了反對以老子爲先祖的道教。

而且，正因爲佛、道二教是天子公卿乃至舉世臣民所尊奉，盛行已達六百年，要以卑微的個人來闢佛、老，無異以卵擊石。因此，韓愈特別提出道統說，以堯、舜至孔、孟之傳人自居，這樣，與佛、老二教相抗的，就不再是他一己之道，而是儒家列聖先王之教。他舉起標識儒家道統的大旗，號召世人脫離佛、老的蠱惑，而回歸儒家的陣營。這樣嚴格畫分儒教與佛、老的陣線，以正統排異端，遂對後人起了帶頭示範的作用，使儒家的正統地位重新獲得肯定。〈原道〉又提出〈大學〉「誠意、正心、修身、齊家、治國、平天下」之說，批評

74 《韓集》卷七，頁三一九—三二〇。

75 韓愈雖爲文反對服食，但白居易〈思舊詩〉曾指出：「退之服硫磺，一病訖不痊。」韓愈〈寄隨州刺史周君巢詩〉亦云：「金丹別後知傳得，乞取刀圭救病身。」後人遂據以謂其服食丹藥。鄭因百先生〈古今誹韓考辨〉（《書目季刊》一一卷四期，頁三—二二，一九七八・三）曾以醫書爲證，謂韓文公因患腳氣病，而依相傳舊方服食未經燒鍊之硫磺，不能與服金石藥混爲一談。所論至爲詳確，足可祛疑辨惑。

佛徒「欲治其心而外天下國家」，這也是前人未曾用以闢佛的論點。韓愈以為，好談心性者，不應違背儒家典籍，而向佛、老去尋，因此，又作〈原性〉，站在儒家立場談性情。他說：

性也者，與生俱生也；情也者，接於物而生也。……性之品有上、中、下三：上焉者，善焉而已矣；中焉者，可導而上下也；下焉者，惡焉而已矣。其所以為性者五：曰仁，曰禮，曰信，曰義，曰智。上焉者之於五也，主於一而行於四；中焉者之於五也，一不少有焉，則少反焉，其於四也混；下焉者之於五也，反於一而悖於四。性之於情視其品。情之品有上中下三，其所以為情者七：曰喜，曰怒，曰哀，曰懼，曰愛，曰惡，曰欲。上焉者之於七也，動而處其中；中焉者之於七也，有所甚有所亡，然而求合其中者也；下焉者之於七也，亡與甚直情而行者也。情之於性視其品。❼❻

佛教把一切的情欲視為無明、煩惱的根源，認為，要明心見性，就必須消滅情欲。道家和道教也有去情、寡欲的主張，因此，韓愈特別指出，情與性不是互相對立，互相排斥的。人一生下來就具有「性」，一接觸外界事物就產生「情」，性是情的根本，情是性的表現，若是滅情，又何以見性？再者，他強調，仁、義、禮、智、信五德是構成人性的要素，喜、怒、哀、懼、愛、惡、欲七情則是構成情感的要素。上品之人以一德為主，而兼備四德，發而為情，無不恰當，何須滅情？中品之人對其中一德或有不足，但多少具備了其餘四德，故其情

---

❼❻ 《韓集》卷一，頁一一—一二。

感表現有過有不及，但可加以教導，求合於中，亦不須滅情。下品之人不僅違背其中一德，而且對其餘四德也有所欠缺，故多放縱情欲，又豈能做到滅情？因此，根據〈原性〉的理論，佛、老既欲「滅其天常」而「小仁義」，就只能歸屬下品，而他們所謂的「性」，既無足取，他們所謂的滅情見性，也就更爲荒謬了。韓愈在〈原性〉的最後，特別指出：「今之言性者異於此，何也？曰：今之言者，雜佛老而言也。雜佛老而言也者，奚言而不異？」可見，〈原性〉是爲了排斥佛、老的心性論而作。後來宋儒重視〈大學〉「正心誠意」之說，又根據四書五經談心說性，而排斥佛學，都受到他的影響。

元和十四年正月，憲宗遣使迎鳳翔寺佛骨入禁中供養，韓愈目睹京都士庶爲此狂熱奔走，棄其生業，乃向天子上表，直接提出闢佛的主張。他指出，上古之時，佛教未入中國，而帝王年壽久長，天下太平，百姓安樂。及至後漢，佛法傳入中國，卻是：

> 亂亡相繼，運祚不長。宋、齊、梁、陳、元魏已下，事佛漸謹，年代尤促。惟梁武帝在位四十八年，前後三度捨身施佛，……其後竟爲侯景所逼，餓死臺城，國亦尋滅。事佛求福，乃更得禍，由此觀之，佛不足事，亦可知矣。[77]

這是根據帝王年祚的長短，證明事佛無益於求福，而反得禍。

其次，他指出，憲宗迎佛骨，會對百姓造成不良的影響：

---

[77]《韓集·論佛骨表》卷八，頁三五五。

百姓愚冥，易惑難曉，苟見陛下如此，將謂眞心事佛，皆云：「天子大聖，猶一心敬信；百姓何人？豈合更惜身命？」焚頂燒指，百十爲群，解衣散錢，自朝至暮，轉相倣效，惟恐後時，老少奔波，棄其業次，若不即加禁遏，更歷諸寺，必有斷臂臠身以爲供養者，傷風敗俗，傳笑四方，非細事也。[78]

這是描述當時百姓的瘋狂情況，說明如此奉佛傷風敗俗。

然後，他指出：

夫佛本夷狄之人，與中國言語不通，衣服殊製，……假如其身至今尚在，奉其國命，來朝京師，陛下容而接之，不過宣政一見，……衛而出之於境，不令惑眾也。況其身死已久，枯朽之骨，凶穢之餘，豈宜令入宮禁？孔子曰：「敬鬼神而遠之」；……今無故取朽穢之物，親臨觀之，……臣實恥之。乞以此骨付之有司，投諸水火，永絕根本，斷天下之疑，絕後代之惑，使天下之人知大聖人之所作爲，出於尋常萬萬也，豈不盛哉！豈不快哉！[79]

佛乃夷狄之人，地位遠在中國君主之下，佛骨更是凶穢之物，不宜令入宮禁。如今天子率先

[78] 同上，頁三五五。
[79] 同上，頁三五六。

恭迎佛骨，不唯有失尊嚴，亦恐有所不祥。還不如將此骨投諸水火，永絕根本，以為天下除害。

最後，他表示：

佛如有靈，能作禍祟，凡有殃咎，宜加臣身，上天鑒臨，臣不怨悔。⑳

他自願承擔焚毀佛骨的一切後果，希望憲宗勇於闢佛。然而，憲宗見表之後，卻對韓愈所謂「事佛漸謹，年代尤促」之說，大為震怒，將加極法。幸賴大臣力救，方貶為潮州刺史。其實，韓愈以歷代年祚長短，證明事佛之禍亂，並非一己創說。遠如荀濟，近如傅奕，都有同樣的論點，但是，焚毀佛骨的主張，卻僅見於韓愈。這種大膽而激烈的言論，實足以震驚朝野，引人矚目。

以後，韓愈在潮州與大顛和尚來往，因而有人傳說他已改信釋氏，他的朋友孟簡來信求證，愈答書曰：

有人傳愈近少信奉釋氏，此傳之者妄也。潮州時，有一老僧號大顛，頗聰明，識道理，遠地無可與語者，故自山召至州郭，留十數日。實能外形骸，以理自勝，不為事物侵亂，與之語，雖不盡解，要自胸中無滯礙，以為難得，因與來往。及祭神至海上，遂

⑳ 同上，頁三五六。

造其廬。及來袁州，留衣服爲別，乃人之情，非崇信其法，求福田利益也。[81]

他強調自己和大顛來往，並非崇信其法，求福田利益。但卻承認大顛「實能外形骸，以理自勝，不爲事物侵亂」，與大顛交談，可使「胸中無滯礙」。可見，這時，他對佛徒的心性修養有所肯定，不像早年那樣一概排斥。但是，他仍持一貫立場堅決闢佛，故對孟簡說：

孔子云：「丘之禱久矣。」凡君子行己立身，自有法度，聖賢事業，具在方册，可效可師，仰不愧天，俯不愧人，內不愧心，積善積惡，殃慶自各以其類至。何有去聖人之道，捨先王之法，而從夷狄之教以求福利也？……假如釋氏能與人爲禍祟，非守道君子之所懼也，況萬萬無此理。且彼佛者果何人哉？其行事類君子邪？小人邪？若君子也，必不妄加禍於守道之人；如小人也，其身已死，其鬼不靈，天地神祇，昭布森列，非可誣也。又肯令其鬼行胸臆，作威福於其間哉？進退無所據，而信奉之，亦且惑矣！[82]

君子行己立身自有法度，不可去聖人之道，捨先王之法，而從夷狄之教，以求福利。而且，天地神祇，昭布森列，必不容許釋氏妄作威福，因此，縱使信佛，也得不到福田利益。

---

[81] 《韓集・答孟尚書書》卷三，頁一二四——一二五。
[82] 同上，頁一二五。

其次，他說：

且愈不助釋氏而排之者，其亦有說。孟子云：「今天下不之楊，則之墨，楊墨交亂，而聖賢之道不明，則三綱淪而九法斁，禮樂崩而夷狄橫，幾何其不爲禽獸也？」……楊墨行，正道廢，……以至於秦，卒滅先王之法，燒除其經，……二帝三王群聖人之道於是大壞，後之學者無所尋逐，以至於今泯泯也，其禍出於楊墨肆行而莫之禁故也。孟子雖賢聖，不得位，空言無施，雖切何補？然賴其言，而今學者尚知宗孔氏，崇仁義，貴王賤霸而已。……然向無孟氏，則皆服左衽而言侏離矣。故愈嘗推尊孟氏以爲功不在禹下者，爲此也。漢氏已來，群儒區區修補，百孔千瘡，隨亂隨失，其危如一髮引千鈞，…寖以微滅，於是時也，而唱釋老於其間，鼓天下之衆而從之，嗚呼！其亦不仁甚矣！[83]

楊墨肆行以後，儒學寖微，孟子雖力拒楊墨，卻因不得位，無以禁之，故只能存十一於千百，使學者尚知孔氏宗旨而已。漢以後，群儒努力修補秦火殘餘之經籍，然而，隨亂隨失，儒學寖以微滅，這時，再來提倡釋、老之教，可謂不仁甚矣。因此，他立志效法孟子，力排佛、老，以維聖道。他說：

釋老之害過於楊墨，韓愈之賢不及孟子，孟子不能救之於未亡之前，而韓愈乃欲全

---

[83] 同上，頁一二五—一二六。

之於已壞之後，嗚呼！其亦不量其力，且見其身之危，莫之救以死也。雖然，使其道由愈而粗傳，雖滅死萬萬無恨，……又安得因一摧折，自毀其道，以從於邪也？84

可見，孟子闢楊墨，宗孔氏，崇仁義的思想，對他影響極深。因此，經歷九死一生之後，他仍以道統自任，堅決排佛。

四、柳宗元統合佛道之長而黜棄其短

柳宗元與韓愈同尊儒學，而他對佛、道的取捨則與韓愈有別。韓愈一生力斥佛、道二教，對於老子思想亦加以排斥，僅略取莊子。柳宗元則以儒學為基礎，吸收佛學與老、莊之精義，而黜棄佛、道二教之流弊。他們對於佛、道的取捨雖然頗有差異，但皆有見於二教之弊而推尊儒學，因此，仍有部分意見是相合的。

以佛教而論，宗元嘗自謂：

吾自幼好佛，求其道積三十年，世之言者罕能通其說，於零陵吾獨有得焉。85

可見，他早年即已究心於佛學，貶謫之後，尤有深悟。柳集之中，釋教碑銘兩卷，記寺廟、

84 同上，頁一二六。
85 《柳集・送巽上人赴中丞叔父召序》卷二十五，頁六七一。

贈僧徒之文亦近兩卷，而與僧徒贈答或宣揚佛理之詩，則有二十餘首。歸納其中思想，可以看出，他是以儒學爲基礎來吸收佛理。因此，曾作〈送文暢上人登五台遂遊河朔序〉盛讚晉、宋以來文士與沙門相交之風，並勉勵文暢「統合儒釋，宣滌疑滯」，使「眞乘法印與儒典並用」。又作〈送僧浩初序〉云：

浮圖誠有不可斥者，往往與《易》、《論語》合，誠樂之，其於性情奭然，不與孔子異道。退之好儒未能過揚子，揚子之書於莊、墨、申、韓皆有取焉。浮圖者，反不及莊、墨、申、韓之怪僻險賊耶？……非所謂去名求實者矣。……退之所罪者其跡也，曰：「髡而緇，無夫婦父子，不爲耕農蠶桑而活乎人。」若是，雖吾亦不樂也。退之忿其外而遺其中，是知石而不知韞玉也。……且凡爲其道者，不愛官，不爭能，樂山水而嗜閑安者爲多。吾病世之逐逐然唯印組爲務以相軋也，則舍是其焉從？吾之好與浮圖遊以此。[86]

他認爲，佛徒出家，「髡而緇」，「無夫婦父子」，「不爲耕農蠶桑而活乎人」，有違儒家文化，因此，他像韓愈一樣，反對此種行跡。但是，浮圖之言往往與《易》、《論語》合；佛徒重視心性修養，不愛官、不爭能、樂山水而嗜閑安，不與孔子異道，因此，他亦有取於浮圖之言，而樂與浮圖交遊。他對佛教的採取和接受，一如揚雄之有取於莊、墨、申、韓，

[86] 《柳集·送僧浩初序》卷二十五，頁六七三—六七四。

乃是以儒家思想來包融各家，故以爲信佛無礙於崇儒，不必因其所短而棄其所長，也無須以夷斥之。

當時佛教宗派繁多，僧徒蕪雜，流弊叢生，宗元以爲，佛家中道與儒家中道相通，可用以救弊，因此，爲文之時，多讚高僧能得中道，而駁斥俗僧之謬誤。例如，送〈巽上人赴中丞叔父召序〉云：

今是上人窮其書，得其言，論其意，推而大之，逾萬言而不煩，總而括之，立片辭而不遺。與夫世之析章句，徵文字，言至虛之極，則蕩而失守，辯群有之夥，則泥而皆存者，不以遠乎？……中書見上人，執經而師受，且曰：「於中道吾得以益達。」❽❼

重巽爲天台九祖湛然的再傳弟子，居永州龍興寺。宗元深服其教，時時與之往來，乃對佛家中道深有所悟。當時，有部分僧徒只知「析章句，徵文字」，（如唯識宗、華嚴宗均極繁瑣），又有一些僧徒偏空或偏有，以致「蕩而失守、泥而皆存」（如南禪末流誕妄，而北禪末流拘泥），因此，宗元盛讚重巽能通中道而一其空有。他曾爲重巽之師法證作碑曰：「惟大中以告，後學是效。」❽❽又爲岳州聖安寺無姓和尚法劍作碑曰：

嗚呼！佛道逾遠，異端競起，唯天台大師爲得其說。和尚紹承本統，以順中道，凡受

---

❽❼ 同註❽❺。
❽❽ 《柳集・南嶽雲峰寺和尚碑》卷七，頁一六四。

教者不失其宗。[89]

可見，在佛教各宗之中，他對天台學說最爲服膺，甚至許爲佛學正統。

當時，禪宗有北漸南頓之爭，俗禪或泥或誕，不讀經、不坐禪、不修行，流弊最多。宗元乃一再加以指正。〈送琛上人南遊序〉云：

法之至，莫尚乎般若；經之大，莫極乎涅槃。世之上士，將欲由是以入者，非取乎經論則悖矣。而今之言禪者，有流盪舛誤，迭相師用，妄取空語，而脫略方便，顚倒眞實，以陷乎己，而又陷乎人；又有能言體而不及用者，不知二者之不可斯須離也，離之外矣，是世之所大患也。[90]

〈龍安海禪師碑〉亦云：

佛之生也，遠中國僅二萬里；其沒也，距今茲僅二千歲。故傳道益微，而言禪最病，拘則泥乎物，誕則離乎眞，眞離而誕益勝。故今之空愚失惑縱傲自我者，皆誣禪以亂其教，冒于嚚昏，放于淫荒。其異是者，長沙之南曰龍安師。師之言曰：「由迦葉至師子，二十三世而離，離而爲達摩。由達摩至忍，五世而益離，離而爲秀、爲能，

[89]《柳集》卷六，頁一五六。

[90]《柳集·送琛上人南遊序》卷二十五，頁六八〇。

南北相訾，反戾鬥狠，其道遂隱。嗚呼！吾將合焉。」於是北學於惠隱，南求於馬素，咸黜其異，以蹈乎中。91

他稱讚龍安能合南北，咸黜其異，以蹈乎中，可見，他所反對的只是禪宗末流，對於得道的禪師仍然十分敬重。〈曹溪大鑒禪師碑〉云：

其道以無爲爲有，以空洞爲實，以廣大不蕩爲歸。其教人，始以性善，終以性善，不假耘鋤，本其靜矣。92

六祖慧能教人直指本心，頓悟成佛。宗元謂其主「性善」，「本其靜」，乃是以孟子性善說及《禮記·樂記》所謂「人生而靜，天之性也」加以解釋，可見，他對禪宗的理解、接受亦是基於儒學素養。

他又盛讚律宗，作〈南嶽般舟和尙第二碑〉云：

佛法至于衡山及津大師，始修起律教，由其壇場而出者，爲得正法，其大弟子曰日悟和尙，盡得師之道。……以爲由定發慧，必用毗尼爲之室宇。93

91 《柳集》卷六，頁一五九—一六〇。
92 《柳集》卷六，頁一五〇。
93 《柳集》卷七，頁一六七。

並作〈南嶽大明寺律和尚碑〉云：

儒以禮立仁義，無之則壞；佛以律持定慧，去之則喪。是故離禮於仁義者，不可與言儒；異律於定慧者，不可與言佛。……浮圖之道衰，其徒必小律而去經。94

可見，他之所以稱讚律宗，是因爲佛教以律持定慧，猶如儒教以禮立仁義，佛徒若是不守戒律，不僅違背佛道，也違背儒家禮教。〈送濬上人歸淮南覲省序〉云：

金仙氏之道，蓋本於孝敬，而後積以眾德，歸於空無，其敷演教戒於中國者，離爲異門：曰禪、曰法、曰律，以誘掖迷濁，世用宗奉。其有修整觀行，尊嚴法容，以儀範于後學者，以爲持律之宗焉。95

他認爲，佛教以孝敬爲本，要人積累眾德，歸於空無。故不僅重視禪、法，也重視戒律，〈送元暠師序〉云：

釋之書有《大報恩》十篇，咸言由孝而極其業。世之蕩誕慢訑者，雖爲其道而好違其書，於元暠師，吾見其不違且與儒合也。96

94 《柳集》卷七，頁一七〇。
95 《柳集》卷二十五，頁六八三。
96 《柳集》卷二十五，頁六七八。

可見，他重視戒律，強調佛徒必須孝敬父母，實是受到儒家以孝悌爲仁之本，以克己復禮爲仁之影響。

至於淨土宗勸人以信心念佛，往生西方極樂淨土之說，宗元亦表贊同。他稱讚法照國師曰：

> 凡化人，立中道而教之權，俾得以疾至，故示專念，書塗巷，刻谿谷，丕勤誘掖，以援于下。97

又作〈永州龍興寺修淨土院記〉曰：

> 彼佛言曰：西方過十萬億佛土，有世界曰極樂，佛號無量壽如來。其國無有三惡、八難，眾寶以爲飾；其人無有十纏、九惱，群聖以爲友。有能誠心大願歸心是土者，苟念力具足，則往生彼國……98

這種信仰當亦與儒家對「誠」的重視有關。《易》曰：「閑邪存其誠」99，〈中庸〉曰：「至誠如神」，即其顯例。

97 《柳集·南嶽彌陀和尚碑》卷六，頁一五三。
98 《柳集》卷二十八，頁七五四。
99 《周易·乾卦文言》，頁一三，《十三經注疏》，台北，藝文印書館，一九六五。

總之，宗元所取於佛教者，爲其中道，因此，他主張戒、定、慧三學兼修，對天台宗、禪宗、律宗、淨土宗的精義均有所取，對於俗僧的謬誤則加以針砭。他認爲，佛家以中道教人，有以佐世，因此，不僅熱心爲文宣揚佛理，而且在柳州重修大雲寺，鼓勵人民信佛，藉以改變迷信巫卜，濫殺牲口的惡俗，使人「去鬼息殺而務趣於仁愛」。他說：「浮圖事神而語大，可因而入焉，有以佐教化。」[100]但是，他之所以接受佛教，宣揚佛理，實是因其「語大」，而無意於「事神」求福。對於佛教的神跡，他也表示懷疑。例如〈南嶽大明寺律和尚碑陰〉曰：

> 又言師始爲童時，夢大人縞冠素舄來告曰：「居南嶽、大吾道者，必爾也。」已而信然。將終，夜有光明，笙磬之音，眾咸見聞，若是類甚眾。以儒者所不道，而無染勤以爲請，故末傳焉。[101]

可見，他雖信奉佛教，卻始終站在儒者的立場，反對迷信。這和韓愈所謂：「非崇信其法，求福田利益」的態度是一致的。

韓愈反對道教，連帶反對道家的思想，力斥老子。柳宗元也反對道教，但是，他對道家老莊思想卻加以接納。早在貞元十八年，任藍田縣尉時，即曾學習老子和光同塵的處世態度

---

[100] 《柳集·柳州復大雲寺記》卷二十八，頁七五二。

[101] 《柳集》卷七，頁一七三。

[102]。貶謫以後，處境艱危，內心苦悶焦慮，乃又藉道家思想化除憂悶。他曾作〈解祟賦〉曰：

去爾中躁與外撓，姑務清爲室而靜爲家。苟能是，則始也汝邇，今也汝遐，涼汝者遐，烈汝者賒。……今汝不知清己之慮，而惡人之譁；不知靜之爲勝，而動焉是嘉，徒遑遑乎狂奔而西傃，盛氣而長嗟，不亦遼乎？於是釋然自得，以泠風濯熱，以清源滌瑕，履仁之實，去盜之夸，冠太清之玄冕，佩至道之瑤華，鋪沖虛以爲席，駕恬泊以爲車，瀏乎以遊於萬物……[103]

所謂「清靜」、「沖虛」、「恬泊」，正是道家所追求的理想心境。老子說：「靜勝躁，寒勝熱，清靜爲天下正。」[104]又說：「大盈若沖，其用不窮。」[105]「致虛極，守靜篤。」[106]「恬淡爲上」[107]「我獨泊兮」[108]。宗元乃取以自戒，以免躁進取禍。但他同時強調「履仁之實，去盜之夸」，可見，他一方面用道家思想去除弊病，增進修養，另一方面也仍然堅持實

[102] 《柳集・與楊誨之第二書》卷三十三，頁八五六。
[103] 《柳集》卷二，頁五二。
[104] 四十五章，頁六五，《王弼老子注》，台北，河洛圖書出版社，一九七四
[105] 四十五章，頁六四。
[106] 十六章，頁一八。
[107] 三十一章，頁四三。
[108] 二十章，頁二五。

踐儒家的仁道。

這時，他所作的詩文，時見道家思想，例如，〈始得西山宴遊記〉曰：

悠悠乎與顥氣俱而莫得其涯，洋洋乎與造物者遊而不知其所窮，……心凝形釋，與萬化冥合。[109]

這種境界也就是莊子所說的：「與造物者爲人，而遊乎天地之一氣。」[110]「上與造物者遊，而下與外死生無終始者爲友。」[111]至於詩中反映道家思想者尤多。例如：「逍遙屏幽昧，澹薄辭喧呶」[112]「機心久已忘，何事驚麋鹿？」[113]「悟拙甘自足，激清愧同波，單豹且理內，高門復如何？」[114]等近二十篇。可見，他確是經常藉著道家思想力圖忘憂。但是，他始終未忘經世之志，〈獨覺〉詩云：

爲問經世心，古人誰盡了？[115]

---

[109]《柳集》卷二十九，頁七六三。

[110]《莊子・大宗師第六》頁二六八，郭慶藩《莊子集釋》，北京，中華書局，一九八二。

[111]《莊子・天下第三十三》。頁一〇九九。

[112]《柳集・遊朝陽巖遂登西亭三十韻》卷四十三，頁一一九〇。

[113]《柳集・秋曉行南谷經荒村》卷四十三，頁一二一七。

[114]《柳集・種朮》卷四十三，頁一二二六——一二二七。

[115]《柳集》卷四十三，頁一二一二。

因此，在貶謫之後，所極力講求的，仍是儒家堯、舜、孔子之道。〈與楊誨之第二書〉云：

> 至永州七年矣，蚤夜惶惶，追思咎過，往來甚熟，講堯舜孔子之道亦熟，益知出於世者之難自任也。[116]

他認爲，要出於世而仕，就須講求堯、舜、孔子之道，不可放任自己。即或遭遇貶謫，亦當堅守聖道，不可爲道教所惑，轉圖一己之長生。因此，他拒絕周君巢所贈丹藥，答書曰：

> 宗元以罪大擯廢。……然猶未嘗肯道鬼神等事。今丈人乃盛譽山澤之臞者，以爲壽且神，其道若與堯舜孔子似不相類焉，何哉？……今夫山澤之臞，於我無有焉。視世之亂若理，視人之害若利，視道之悖若義，我壽而生，彼夭而死，固無能動其肺肝焉。昧昧而趨，屯屯而居，浩然若有餘，掘草烹石，以私其筋骨，而日以益愚。他人莫利，己獨以愉，若是者愈千百年，滋所謂夭也，又何以爲高明之圖哉？宗元始者講道不篤，……用是奔竄禁錮。……然苟守先聖之道，由大中以出，雖萬受擯棄，不更乎其內，……亦欲丈人固往時所執，推而大之，不爲方士所惑，仕雖未達，無忘生人之患，則聖人之道幸甚。[117]

---

116 《柳集》卷三十三，頁八五六。

117 《柳集・答周君巢餌藥久壽書》卷三十二，頁八四〇—八四一。

又勸婁圖南勿遁爲道士，而贈序曰：

夫君子之出，以行道也；其處，以獨善其身也。……若苟焉以圖壽爲道，又非吾之所謂道也。夫形軀之寓於土，非吾能私之。幸而好求堯舜孔子之志，唯恐不得；幸而遇行堯舜孔子之道，唯恐不慊，若是而壽可也。求之而得，行之而慊，雖夭，其誰悲？今將以呼嘘爲食，咀嚼爲神。無事爲閑，不死爲生，則深山之木石，大澤之龜蛇，皆老而久，其於道何如也？[118]

他認爲，道士以無事爲閑，不死爲生，無異於木石、龜蛇，是一種自私自利，浪費生命的行爲，因此，始終堅持儒家立場，而拒斥道教，反對服食。他勸友人李睦州勿服氣曰：

愚頗椎肥牛，擊大豕，刲群羊，以爲兄饌；……極五味之適，致五藏之安，……醉飽謳歌，愉懌訢歡。……不亦旨哉？孰與去味以即淡，去樂以即愁，悴悴然膚日皺，肌日虛，守無所師之術，尊不可傳之書，悲所愛而慶所憎，徒曰：「我能堅壁拒境，以爲強大。」是豈所謂強而大也哉？[119]

道教講求吐納服氣之術，飲食多所避忌，宗元目睹李睦州因服氣而衰老，深以爲憂，乃極力

[118]《柳集・送婁圖南秀才遊淮南將入道序》卷二十五，頁六五六。
[119]《柳集・與李睦州論服氣書》卷三十二，頁八四四—八四五。

勸阻。這和韓愈在〈故太學博士李君墓誌〉中，反對服食丹藥的態度是一致的。至於道教所謂神仙不死之術，亦爲韓、柳所共斥。韓愈〈誰氏子〉詩曰：「神仙雖然有傳說，知者盡知其妄矣。聖君賢相安可欺？乾死窮山竟何俟？」[120]〈謝自然〉詩亦云：「木石生怪變，狐狸騁妖患，莫能盡性命，安得更長延？……人生有常理，男女各有倫，寒衣及飢食，在紡織耕耘，下以保子孫，上以奉君親，苟異於此道，皆爲棄其身，噫乎彼寒女，永託異物群。」[121]可見，韓愈站在儒家倫常的觀點，反對求道學仙，一如柳宗元勸阻婁圖南入道，都表示了鮮明的儒家立場。

五、結　論

韓、柳生當安史亂後，民窮國弊的中唐時期，均有志於經世濟民，撥亂反正。因此，他們同尊儒學，要把儒學融入文學之中，並以儒學修身、治世。他們對於儒家的經典都很重視，但是，對於煩瑣的章句注疏之學，均有所不滿。故或捨棄舊注，直探經書大義，期能明道、致用。這種治經方向，適足以見中唐新學風的影響。

韓愈尊孔，側重其爲至聖先師的形象，欲學孔子傳道立教，故最重《論語》，並且特重

[120]《韓詩集》卷七，頁七九〇。
[121]《韓詩集》卷一，頁二九。

《孟子》，對於〈大學〉、〈中庸〉亦頗留心。柳宗元尊孔，則側重其堪爲聖王的形象，欲學孔子做個通權達變，興利除弊的政治家，故特重《春秋》，對《論》、《孟》的詮解也別具特色。大體而言，韓愈對於傳統儒學，多加接受而少有批判，他尊天命，信鬼神，重仁義，談心性，就思想型態以觀，是繼承了孟子一路。柳宗元對傳統儒學則富有懷疑、批判的精神，他不信天命，駁斥鬼神，重視中道，就思想型態以觀，則較近荀子一路。

韓愈對於儒家以外的學說，多斥而少取。爲了維儒家的道統，他貶抑老子，駁斥佛、道二教，指責僧尼、道士不事生產，不納賦稅，違反倫常，變夏爲夷，並斥其果報說與服食術，僅對佛徒「外形骸，以理自勝」的修養略有肯定，對莊子亦略有所取。柳宗元對儒家以外的學說，則欲去短取長，以儒家中道予以統合。因此，對佛教，他主張戒、定、慧三學兼修，對天台宗、禪宗、律宗、淨土宗的精義均有所取，對於俗僧的謬誤則加以針砭。對道教，他反對服食求仙，但對道家老、莊思想，則多所吸收。至於佛、道二教不事生產，不納賦稅，違反倫常，迷信果報之病，亦所斥棄。可見，韓、柳二人對儒、釋、道的取捨乃是同中有異，異中有同，在相互辯難中，逐漸捨異求同。不僅反映了各人思想特色，也反映了時代的趨勢，共同促成了中唐儒學的復興。往後，宋代的儒者一方面高舉儒家道統排佛，另一方面卻又吸收佛理談心說性，正是順著韓、柳所代表的兩條路線合流發展而成。

（本文原載中正大學《中文學術年刊》創刊號，一九九七年十二月）

韓柳新論

方介/著.— 初版.--- 臺北市：臺灣學生，民 88
參考書目；面

ISBN 957-15-0940- X (精裝)
ISBN 957-15-0941- 8 (平裝)

1.(唐)韓愈 – 學術思想
2.(唐)柳宗元 – 學術思想

112.41 88003692

韓柳新論（全一冊）

著作者：方介
出版者：臺灣學生書局
本書局登記證字號：行政院新聞局局版北市業字第捌玖壹號
發行人：孫善治
發行所：臺灣學生書局
臺北市和平東路一段一九八號
郵政劃撥戶：〇〇〇二四六六八號
電話：(〇二)二三六三四一五六
傳真：(〇二)二三六三六三三四
印刷所：宏輝彩色印刷公司
中和市永和路三六三巷四二號
電話：二二二六八八五三

定價：精裝新臺幣四〇〇元
平裝新臺幣三三〇元

西元一九九九年三月初版

82506

ISBN 957-15-0940-X(精裝)
ISBN 957-15-0941-8(平裝)

臺灣 學生書局 出版

中國文學研究叢刊

❶	詩經比較研究與欣賞	裴普賢著
❷	中國古典文學論叢	薛順雄著
❸	詩經名著評介	趙制陽著
❹	詩經評釋(全二冊)	朱守亮著
❺	中國文學論著譯叢	王秋桂著
❻	宋南渡詞人	黃文吉著
❼	范成大研究	張劍霞著
❽	文學批評論集	張　健著
❾	詞曲選注	王熙元等編著
❿	敦煌兒童文學	雷僑雲著
⓫	清代詩學初探	吳宏一著
⓬	陶謝詩之比較	沈振奇著
⓭	文氣論研究	朱榮智著
⓮	詩史本色與妙悟	龔鵬程著
⓯	明代傳奇之劇場及其藝術	王安祈著
⓰	漢魏六朝賦家論略	何沛雄著
⓱	古典文學散論	王安祈著
⓲	晚清古典戲劇的歷史意義	陳　芳著
⓳	趙甌北研究(全二冊)	王建生著
⓴	中國兒童文學研究	雷僑雲著
㉑	中國文學的本源	王更生著
㉒	中國文學的世界	前野直彬著，龔霓馨譯
㉓	唐末五代散文研究	呂武志著

㉔ 元代新樂府研究 廖美雲著
㉕ 五四文學與文化變遷 中國古典文學研究會主編
㉖ 南宋詩人論 胡　明著
㉗ 唐詩的傳承—明代復古詩論研究 陳國球著
㉘ 中外比較文學研究　第一冊(上、下) 李達三、劉介民主編
㉙ 文學與社會 中國古典文學研究會主編
㉚ 中國現代文學新貌 陳炳良編
㉛ 中國古典文學研究在蘇聯 (俄)李福清著，田大長譯
㉜ 李商隱詩箋釋方法論 顏崑陽著
㉝ 中國古代文體學 褚斌杰著
㉞ 韓柳文新探 胡楚生著
㉟ 唐代社會與元白文學集團關係之研究 馬銘浩著
㊱ 文轍(全二冊) 饒宗頤著
㊲ 二十世紀中國文學 中國古典文學研究會主編
㊳ 牡丹亭研究 楊振良著
㊴ 中國戲劇史 魏子雲著
㊵ 中外比較文學研究　第二冊 李達三、劉介民主編
㊶ 中國近代詩歌史 馬亞中著
㊷ 近代曲學二家研究—吳梅・毛季烈 蔡孟珍著
㊸ 金元詞史 黃兆漢著
㊹ 中國歷代詩經學 林葉連著
㊺ 徐霞客及其遊記研究 方麗娜著
㊻ 杜牧散文研究 呂武志著
㊼ 民間文學與元雜劇 譚達先著
㊽ 文學與佛教的關係 中國古典文學研究會主編
㊾ 兩宋題畫詩論 李　栖著

㊿ 王十朋及其詩　鄭定國著
51 文學與傳播的關係　中國古典文學研究會主編
52 中國民間文學　高國藩著
53 清人雜劇論略　黃影靖著，黃兆漢校訂
54 唐伎研究　廖美雲著
55 孔子詩學研究　文幸福著
56 昭明文選學術論考　游志誠著
57 六朝情境美學綜論　鄭毓瑜著
58 詩經論文　林葉連著
59 傣族敘事詩研究　鹿憶鹿著
60 蔣心餘研究（全三冊）　王建生著
61 眞善美的世界—高中高職國文賞析　戴朝福著
62 何景明叢考　白潤德著
63 湯顯祖的戲曲藝術　陳美雪著
64 姜白石詞詳注　黃兆漢等編著
65 辭賦論集　鄭良樹著
66 走看臺灣九〇年代的散文　鹿憶鹿著
67 唐賢三體詩法詮評　工禮卿著
68 清初前期話本小說之研究　徐志平著
69 文心雕龍要義申說　華仲麟著
70 楚辭詮微集　彭　毅著
71 習賦椎輪記　朱曉海著
72 韓柳新論　方　介著
73 西崑研究論集　周益忠著